重庆鹅公岩轨道大桥大跨径自锚式悬索桥建造关键技术丛书

Chongqing Egongyan Rail-transit Bridge—
Research and Application of Scientific Innovation

重庆鹅公岩轨道大桥科研创新研究与应用

重庆市轨道交通(集团)有限公司
中国铁建投资集团有限公司

人民交通出版社股份有限公司
北京

内 容 提 要

鹅公岩轨道大桥为重庆市轨道环线跨越长江的重要节点，受建设条件的约束，主桥采用跨径600m的自锚式悬索桥结构，在世界同类型结构中跨径最大；同时，首次采用"先斜拉、后悬索"的施工工艺，成功解决了繁忙航道上施工大跨径自锚式悬索桥的难题；通过车-桥及风-车-桥耦合分析，确保了该桥用于轨道交通的安全性和舒适性。全书共分为12章，除第1章介绍科研的规划及概况外，其余各章针对大桥的各项研究情况及成果进行了介绍，依次为设计准则及技术标准研究、车桥耦合分析、整体及局部稳定分析、钢混结合段及主缆锚固段试验研究、体系转换研究、桥梁抗风研究、钢梁及吊杆疲劳分析、桥梁抗震研究、船撞专题研究、先斜拉后悬索施工关键技术研究、平曲线区段大位移梁端伸缩装置与钢轨伸缩调节器一体化设计与研究。

本书可供桥梁设计、施工、监理、建设、运营管理和科研人员参考使用，也可作为高等院校桥梁工程相关专业师生的教学案例参考。

图书在版编目(CIP)数据

重庆鹅公岩轨道大桥科研创新研究与应用／重庆市轨道交通(集团)有限公司，中国铁建投资集团有限公司著. — 北京：人民交通出版社股份有限公司，2021.9
ISBN 978-7-114-17434-6

Ⅰ. ①重… Ⅱ. ①重… ②中… Ⅲ. ①铁路桥—悬索桥—桥梁施工—科研管理—研究—重庆 Ⅳ. ①U448.135.4

中国版本图书馆 CIP 数据核字(2021)第130131号

重庆鹅公岩轨道大桥大跨径自锚式悬索桥建造关键技术丛书
Chongqing Egongyan Guidao Daqiao Keyan Chuangxin Yanjiu yu Yingyong

书　　名：	重庆鹅公岩轨道大桥科研创新研究与应用
著 作 者：	重庆市轨道交通(集团)有限公司 中国铁建投资集团有限公司
责任编辑：	牛家鸣
责任校对：	刘　芹
责任印制：	张　凯
出版发行：	人民交通出版社股份有限公司
地　　址：	(100011)北京市朝阳区安定门外外馆斜街3号
网　　址：	http://www.ccpcl.com.cn
销售电话：	(010)59757973
总 经 销：	人民交通出版社股份有限公司发行部
经　　销：	各地新华书店
印　　刷：	北京市密东印刷有限公司
开　　本：	787×1092　1/16
印　　张：	19.5
字　　数：	343千
版　　次：	2021年9月　第1版
印　　次：	2021年9月　第1次印刷
书　　号：	ISBN 978-7-114-17434-6
定　　价：	95.00元

(有印刷、装订质量问题的图书由本公司负责调换)

重庆鹅公岩轨道大桥大跨径自锚式悬索桥
建造关键技术丛书
编审委员会

顾　　问：包叙定　周新六　邵长宇　蒋中贵　向中富

主　　任：吴　波　王　峤　周建庭

副 主 任：乐　梅　董文斌　马　虎　林　莉　李新民

委　　员：（委员按姓氏笔画排名）

王学民　王朝鹏　毛东晖　付铁军　冯文丹

任化庆　宋伟俊　张宇川　段玉顺　高俊宏

程　波　臧　瑜

《重庆鹅公岩轨道大桥科研创新研究与应用》编写委员会

主　　任： 马　虎　毛东晖

副 主 任： 付铁军　冯文丹　臧　瑜　陈宁贤　戴建国
　　　　　　陈晓虎

委　　员：（委员按姓氏笔画排名）

王春江	王　猛	王　鹏	王殿伟	尤志浩
曲江峰	朱立锋	朱林达	刘长辉	刘　志
许　骏	孙东超	李永乐	李建中	李洞明
李晓燕	李海洋	李　锦	李福鼎	肖　尧
吴　冲	吴　庆	何紫薇	余国生	狄　谨
沈锐利	张　庆	张海顺	陈可华	陈　多
陈　宇	范先知	罗汝洲	郁培东	孟宝全
赵社戍	赵　亮	段向虎	洪习宝	姚大伟
秦洪飞	袁慧玉	耿　波	郭向荣	郭　济
龚国锋	章耀林	鲁勇飞	裴　野	漆　勇
黎小刚				

特邀委员： 宋伟俊　郭　辉　曾　勇　严仁章　蒋金洲

序 Xu

我国正在从交通大国向交通强国迈进,对交通建设提出了更高的要求。重庆市轨道交通环线的建设是这一历史背景下的必然,它作为重庆轨道交通的主骨架,连接了城市主要客流集散点,对于解决城市拥堵,实现都市1小时通勤,满足人民对日益增长的美好生活需要意义非凡。鹅公岩轨道大桥是轨道交通环线跨越长江的重要控制性节点工程,对于构建便捷顺畅的城市交通网意义重大。

鹅公岩轨道大桥位于既有鹅公岩大桥上游,连接九龙坡区和南岸区,对满足重庆市未来交通发展需求和实现畅通重庆的发展目标具有重要意义。综合社会价值以及经济价值考量,自锚式悬索桥方案从自锚式悬索-斜拉组合桥、斜拉桥以及钢桁架梁桥中最终胜出,其主桥的桥跨布置为 50m + 210m + 600m + 210m + 50m = 1120m,为五跨连续双塔双索面自锚式悬索桥。该桥的顺利建成,使得自锚式悬索桥的主跨跨径从406m跃升至600m,成为世界上最大跨径的自锚式悬索桥和最大跨径的轨道专用悬索桥,充分体现了我国悬索桥建设的水平。

对于600m级的自锚式悬索桥,世界上尚无建设的先例,其诞生历程中的调研、设计、施工、管理、技术等都面临无例可循的难题,也给设计、施工以及管理等带来了新的挑战,它的建设过程同时也是开发和验证的过程。为保证大桥的顺利建成,依托本桥的工程实践,建设业主联合设计团队和多家高等院校、著名科研机构进行了诸如承受超大轴压力的主梁设计、"先斜拉后悬索"的体系转换设计等11项科研研究,为设计和施工等工作提供了有力的技术支撑。设计方面,综合考虑列车运行安全性和舒适性、材料特性、锚固构造等因素,实现了桥梁刚度、主梁、主缆的最优设计,刷新了同类型桥梁世界之最;施工方面,国内外首次安全、高效地完成了工艺复杂、技术含量高、施工难度大、施工风险高的特大跨径悬索桥"先斜拉、后悬索"施工,实现了诸如主缆锚固段混凝土梁带载自动可滑移支架、斜拉扣挂法施工主跨钢箱加劲梁的技术与工法创新;管理方面,形成了高效的管理团队,在项目前期建设手续办理、方案优化、设计配合、技术管理、征地折迁、合同履约管理、进度管控等方面成效显著,在预计的工期内顺利实现了大桥通车。

丛书共分为4册。《重庆鹅公岩轨道大桥建设管理实践》归纳总结了大桥建造过程中的管理经验,详细阐述了大桥建设过程中各参与方对于质量、安全、进度、环保等方面的管理职责、机构、目标、细则以及措施。《重庆鹅公岩轨道大桥勘察设计理论与实践》详述了方案的比较和选择、技术标准的研究和确定、主桥结构的设计与分析、施工用临时塔和临时拉索的设计、轨道结构以及其他结构的设计和结构分析等内容。《重庆鹅公岩轨道大桥科研创新研究与应用》主要讲述了车桥耦合分析、钢混结合段及主缆锚固段试验研究、体系转换研究、钢梁及吊杆疲劳分析、先斜拉后悬索施工关键技术研究等11项科研成果以及相应成果在大桥建设过程中的具体应用。《重庆鹅公岩轨道大桥施工建造关键技术》系统介绍了自锚式悬索桥"先斜拉、后悬索"施工技术,包括钢-混凝土结合围堰与索塔施工、临时斜拉结构施工、锚固段及锚跨段箱梁结构施工、主缆架设施工、临时斜拉结构转换为悬索结构施工、施工过程控制等内容。

鹅公岩轨道大桥在建设管理、勘察设计、施工、科研、运营等方面都取得了可喜成绩,形成了具有自主知识产权的自锚式悬索桥设计与施工成套技术,取得了一系列创新性成果,填补了国内自锚式悬索轨道桥建造技术空白,为后续同类型桥梁的建设提供了重要参考的依据和经验。大桥高超的建造水平和一流的建设质量是中国制造向中国创造转变的又一例证,也是我国向交通强国道路迈进的坚实一步。

2021年1月

前言 Qianyan

重庆鹅公岩轨道大桥采用主跨600m的自锚式悬索桥,是结合地理环境并考虑安全、技术、景观等因素的综合选择。作为迄今为止世界上最大跨径的自锚式悬索桥、最大跨径的轨道专用悬索桥,它给设计与施工带来了新的挑战。诸如承受超大轴压力的主梁设计、超大吨位的主缆锚固设计、"先斜拉后悬索"的体系转换设计等。为此,依托本桥的工程实践,建设单位联合设计团队和多家高等院校、著名科研机构进行了11项研究,并在建设实践基础上编成此书,总结研究成果,以期为我国桥梁建设积累一些宝贵的经验。

本书作为"重庆鹅公岩轨道大桥大跨径自锚式悬索桥建造关键技术丛书"之一,旨在为广大桥梁工程师提供一本可供借鉴的大跨径自锚式悬索桥科研方面的技术性参考书。全书共12章。第1章介绍了科研的规划及概况,其余各章针对重庆鹅公岩轨道大桥的各项研究情况及成果进行了介绍,第2~12章依次为:设计准则及技术标准研究、车桥耦合分析、整体及局部稳定分析、钢-混凝土结合段及主缆锚固段静力性能试验研究、体系转换研究、桥梁抗风研究、钢梁及吊杆疲劳分析、桥梁抗震研究、船撞专题研究、先斜拉后悬索施工关键技术研究、平曲线区段大位移梁端伸缩装置与钢轨伸缩调节器一体化设计与研究。

本书各章节均由参与本桥科研工作的研究人员和技术人员编写,具体的编撰人员详见编写委员会名单。本书由马虎、毛东晖任主编,付铁军、臧瑜、戴建国、陈晓虎、刘志、陈可华、秦洪飞负责统稿,编审委员会及宋伟俊、郭辉、曾勇、严仁章、蒋金洲负责主审。

感谢参与本书技术审核的各位专家和同仁,感谢人民交通出版社股份有限公司的编辑们,感谢你们的支持、鼓励与信任!

限于时间仓促,水平有限,书中难免存在差错、遗漏,恳请专家和读者不吝指正。

作　者

2021年1月

目录 Mulu

第1章 绪论	001
1.1 研究背景	001
1.2 研究意义	002
1.3 科研规划	003
1.4 科研实施	004
第2章 设计准则及技术标准研究	007
2.1 研究背景	007
2.2 主要技术标准	009
2.3 总体设计	010
2.4 结构变形与动力性能要求	019
2.5 主桥设计	020
2.6 专项设计	023
2.7 耐久性设计	028
第3章 车-桥、风-车-桥耦合振动性能研究	031
3.1 研究背景	031
3.2 国内外研究现状	033
3.3 研究内容及过程	034
3.4 研究结论	054
第4章 整体稳定及局部稳定分析	056
4.1 研究背景	056
4.2 国内外研究现状	057
4.3 研究内容及过程	058
4.4 结果及结论	090
第5章 主梁钢-混凝土结合段及主缆锚固段静力性能试验	092
5.1 研究背景	092
5.2 主缆锚固段模型试验研究	093

5.3 主梁钢-混凝土结合段模型试验研究 ········ 101
5.4 试验结论 ········ 107
5.5 精细化数值模拟分析 ········ 108

第6章 "先斜拉后悬索"施工方案研究 ········ 122
6.1 研究背景 ········ 122
6.2 国内外研究现状 ········ 123
6.3 研究内容及过程 ········ 125
6.4 研究结论 ········ 150

第7章 抗风性能研究 ········ 152
7.1 国内外研究现状 ········ 152
7.2 研究内容及过程 ········ 153
7.3 研究结论 ········ 172

第8章 正交异性钢桥面板及吊杆疲劳分析 ········ 174
8.1 研究背景 ········ 174
8.2 国内外研究现状 ········ 177
8.3 研究内容 ········ 183
8.4 结论 ········ 193

第9章 主桥抗震性能研究 ········ 195
9.1 研究背景 ········ 195
9.2 国内外研究现状 ········ 196
9.3 研究内容 ········ 198
9.4 研究结论 ········ 218

第10章 船舶撞击专题研究 ········ 220
10.1 研究背景 ········ 220
10.2 国内外研究现状 ········ 221
10.3 研究内容及过程 ········ 223
10.4 研究结论 ········ 245

第11章 大跨径自锚式悬索桥先斜拉后悬索施工技术研究 ········ 247
11.1 研究背景 ········ 247
11.2 研究方法、技术路线及研究内容 ········ 248
11.3 施工关键技术 ········ 249
11.4 小结 ········ 258

第12章　平曲线区段大位移梁端伸缩装置与钢轨伸缩调节器一体化研究 ………… 259
12.1　研究背景 ………… 259
12.2　国内外研究现状 ………… 261
12.3　研究内容及过程 ………… 272
12.4　研究结论 ………… 290

参考文献 ………… 293
索引 ………… 295
鸣谢 ………… 297

第1章 绪 论

1.1 研究背景

自锚式悬索桥作为一种特殊的桥型,以其结构造型美观、对地形和地质状况适应性强等优点,受到工程界的青睐,成为城市中小跨径桥梁极具竞争力的方案,在国内外已有多座自锚式悬索桥建成。20世纪90年代建成的日本此花大桥和韩国永宗大桥两座自锚式悬索桥跨径均已达到300m;而21世纪建成的美国奥克兰海湾大桥采用独塔自锚悬索结构,跨径达到了385m;我国于2016年建成通车的郑州桃花峪大桥采用双塔自锚悬索结构,跨径达到406m。

重庆鹅公岩轨道大桥由于邻近原鹅公岩公路大桥(中心距70m,净距小于45m),造型要求及跨径布置与老桥相同。而为了避免地锚结构对老桥东侧隧道锚产生影响,新桥采用自锚式悬索桥结构。因此,重庆鹅公岩轨道大桥的主跨跨径达到600m,矢跨比1/10,重庆鹅公岩轨道大桥总体布置、钢箱梁截面示意图分别见图1.1-1、图1.1-2。

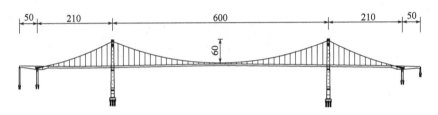

图1.1-1 重庆鹅公岩轨道大桥总体布置(尺寸单位:m)

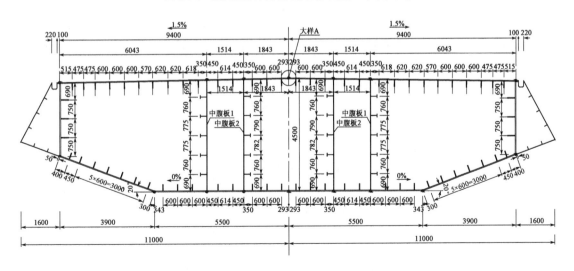

图1.1-2 钢箱梁截面示意图(尺寸单位:mm)

桥上轨道交通采用双线 As 型车,7 节编组,线间距 5.2m,最高设计运行速度 80km/h。

轨道结构:钢箱梁区段采用隔离式减振垫浮置板整体道床;混凝土箱梁区段采用短枕承轨台式整体道床。

二期恒载标准值:100kN/m。

设计风速:27.5m/s。

鹅公岩轨道大桥于 2010 年前后开始研究,综合考虑环境条件、技术、经济等因素,于 2013 年确定了工程方案,2014 年 4 月开工建设,2019 年年底建成通车,其外观如图 1.1-3 所示。

图 1.1-3　鹅公岩轨道大桥外观

由于桥位建设条件的限制以及城市景观设计的要求,鹅公岩轨道大桥主桥采用自锚式悬索桥结构。作为一座在同类型桥梁中跨径有较大超越的桥梁,在设计方面进行了多项创新工作,力求使结构设计、施工、维修更趋合理。通过前期对科研项目的策划,对多项专题进行研究,研究成果有力地支撑了本桥的设计和施工,确保了本桥安全、顺利地实施。

在整个桥梁建设过程中,贯彻科技创新、合理规划、精心组织、严格管理的要求,成功解决了超大跨径自锚式悬索桥主梁承受超大压力、锚固区传递超大缆力等设计问题、考虑既有桥影响的风-车-桥耦合振动问题。创造性地实现了主跨无支架施工的"先斜拉后悬索"工艺,把我国自锚式悬索桥的建设再一次推向了世界领先水平。

1.2　研究意义

作为自锚式悬索桥,跨径的巨大提升将给结构设计、施工建造带来一系列新的问题。

自锚悬索桥通过主梁平衡主缆水平力的特点要求其施工顺序为先梁后缆,已建同类桥均需架设临时墩,采用顶推法或吊装法施工主梁,而鹅公岩轨道大桥位处于长江繁忙航道,不能采用临时墩架梁方案。所以,必须采用斜拉法施工主梁,在主梁合龙后再架设主缆,张拉吊杆,完成从斜拉桥到悬索桥的体系转换。对于从斜拉桥到悬索桥的这种柔性体系上的体系转换，可借鉴的实际经验几乎没有。本桥跨径大，拉索和吊杆力都较大，采用何种方法和顺序来进行拉索和吊杆的替换，如何保证最终线形满足预期目标，是本桥在施工阶段面临的一个重大技术问题。进行体系转换的专题研究，可以为本桥的体系转换积累数据，总结规律，提出每一阶段具体的施工要求和监控目标，指导施工，提高工效。

自锚悬索桥将主缆的水平力传递给主梁，而主缆水平力的大小基本与主跨跨径的平方成正比，而与矢跨比成反比关系。已建的自锚式悬索桥跨径均在400m以下，而且矢跨比一般在1/5左右。鹅公岩轨道大桥由于跨径的突破，矢跨比与老桥保持一致(1/10)，导致其主缆水平力远超同类桥型，主缆在加劲梁上的锚固节点成为极其关键的结构构造。锚固段的构造措施和传力效果是不是可靠有效，是整个结构体系是否成立的关键。在进行工程实体建造之前，通过进行关键节点的模型实验分析研究，可以提前发现问题并找出解决的措施，对设计的细节进行优化调整，以期在安全性和可靠性上，得到更大的保证率。

承受超大轴压力的主梁在稳定性方面也需要格外重视。通过钢箱梁节断模型的缩尺试验给出该钢箱梁构造的应力分布情况和模型的局部稳定性能。通过试验确定出危险点的位置，或为双向加劲肋的构造形式、间隔和板厚尺寸提供优化建议；保证钢箱梁节断模型的应力分布尽量均匀合理，满足局部稳定性设计的要求，同时为结构的整体稳定性计算提供模型精确化分析的方向和依据。

另外，结构体系偏柔的自锚式悬索桥作为轨道专用桥，需要研究其在车-桥耦合作用下，或者在风-车-桥耦合作用下车辆的安全性以及人员的舒适性。本桥的宽跨比相对较小而致横向刚度受限，针对此类桥梁在脉动风作用下考虑列车安全、舒适运行要求所允许的最大风速未见有关设计实例或研究文献详细说明。因此，必须建立考虑车辆、桥梁与风荷载三者共同作用下的动力分析理论与计算模型，进行系统的风-车-桥系统耦合振动动力学仿真分析计算与研究，为结构的合理设计提供参数，同时提出此类桥梁列车行车的警报风速与封闭风速，为桥梁建成后的运营管制提供理论依据。

作为重大项目的建设，防灾减灾方面的研究必不可少，包括桥梁抗风、抗震、抗船撞等专题研究。

1.3 科研规划

在工程可行性研究阶段对需要开展的科研专题进行了规划。根据本桥的特点，主要考虑三类研究专题：

Ⅰ类：悬索桥作为柔性桥梁对轨道大桥的适用性研究，包括在风荷载下的列车安全性和舒适性研究，并确定相关的技术标准。

Ⅱ类：超大跨径自锚式悬索桥的结构性能及施工工法研究，包括强度、刚度、稳定、体系转换等。

Ⅲ类：对于重大项目的防灾减灾研究，包括抗风、抗震及抗船撞等风险研究及防护措施。

基于以上三类研究专题，规划了11项研究课题，其中特别重要的项目，均由两家科研单位进行平行研究，见表1.3-1。

规划的课题项目 表 1.3-1

类别	编号	课题名称	研究单位
Ⅰ	1	设计准则与技术标准研究	上海市政工程设计研究总院(集团)有限公司、林同棪国际工程咨询(中国)有限公司
	2	车-桥、风-车-桥耦合振动性能研究	西南交通大学、中南大学
Ⅱ	3	整体稳定与局部稳定分析研究	西南交通大学、上海交通大学
	4	主梁钢-混凝土结合段及主缆锚固段静力性能试验研究	重庆大学、上海交通大学
	5	自锚式悬索桥施工方案研究	上海市政工程设计研究总院(集团)有限公司、西南交通大学
	6	自锚式悬索桥先斜拉后悬索施工关键技术研究	中国铁建大桥工程局集团有限公司、中国铁建投资集团有限公司
	7	平曲线区段大位移梁端伸缩装置与钢轨伸缩调节器一体化研究	中铁十五局集团有限公司、铁科院(北京)工程咨询有限公司
Ⅲ	8	抗风性能研究	西南交通大学
	9	正交异性钢桥面板及吊杆疲劳分析研究	同济大学
	10	主桥、引桥抗震研究	同济大学
	11	船撞风险评估与设防标准研究	招商局重庆交通科研设计院有限公司

1.4 科研实施

第 2 章至第 12 章分别对上述 11 项科研的立项背景及意义、研究内容及方法、研究成果及结论进行阐述,此处择其一二简单介绍。

1.4.1 结构体系及技术标准研究(风-车-桥耦合分析)

自锚式悬索桥用于轨道大桥还没有先例,这种偏柔性的结构体系能否满足轨道运行的要求,在设计之初就得到了足够的重视。

通过调研国内外大量的轨道桥梁或公轨合建桥梁,比较它们的结构刚度,并结合本桥的初步计算结果,确定鹅公岩轨道大桥的桥梁及车辆的限定标准。

在施工图设计阶段,对本桥进行详细的风-车-桥耦合分析,计算工况包括:①无风单车过桥;②无风双车过桥;③有风单车过桥;④有风双车对开。

每一种工况又计算不同的车速(60km/h、70km/h、80km/h、90km/h、100km/h),有风工况又对应不同的风速(15m/s、20m/s、25m/s、30m/s),活载分为空载车辆和超员车辆两种。

由两家高校科研单位对该方案进行了详细的走行性分析,列车过桥运行的平稳性和安全性均满足要求;轮重减载率、脱轨系数、车体竖向振动加速度、车体横向振动加速度均满足要求;横向和竖向斯佩林指标评价均为"优秀"。

1.4.2 桥梁总体稳定及局部稳定分析

由于自锚式悬索桥主缆锚固于主梁的两端,使得主缆的巨大拉力都由主梁来承担,造成了主梁承受巨大的轴压力,其静力稳定问题比较突出;并且由于焊接工艺和安装工艺等方面的限制,现代自锚式悬索桥主梁一般都采用高强薄壁钢板组成的箱形截面梁,相对于桥梁断面的尺寸,钢板一般也都比较薄,而薄壁钢板在轴压力下容易发生局部失稳问题。基于上述两方面的原因,自锚式悬索桥主梁的整体稳定和局部稳定问题都是比较重要的。

1)总体稳定分析

通过二类稳定的计算对总体稳定进行评估,二类稳定(弹塑性稳定)分析实际上是对结构极限承载能力的分析,在有限元分析中不断增加荷载,使结构达到极限破坏的过程。采用ANSYS程序建立全桥三维模型,对成桥阶段主要组合(恒载+列车+人群+风荷载)进行弹塑性承载能力分析。根据成桥组合主梁和主塔受力特点,选取主梁正弯矩最大值,主梁负弯矩最大值和主塔塔底截面弯矩最大值等加载工况对结构进行加载,加载方式有两种:一是恒载保持不变,增加可变荷载(列车、人群及风荷载);二是增加恒载+可变荷载。

参考苏通大桥的研究报告,采用边缘屈服准则,将主梁截面边缘屈服或塔柱截面边缘压应力达到29.8MPa作为达到梁塔屈服的判别条件,计算得到在加载方式一和加载方式二下的结构二类稳定系数。其中主梁加载工况破坏形态均为桥塔处梁底截面下缘压应力首先达到屈服,主塔加载工况破坏形态均为主塔塔底截面强度破坏。

计算结果满足《公路斜拉桥设计细则》(JTG D65-01—2007)中的要求:第二类稳定安全系数,对于钢结构,不小于1.75;对于混凝土结构,不小于2.4。

2)局部稳定分析与试验

通过多尺度模型进行局部稳定分析:全桥采用杆系模型,局部采用精细化板壳单元模型。即在一个模型中同时考虑了结构尺度和构件尺度这两种尺度,能克服以前单一单元模型计算的问题,使得计算结果可信,同时不至于增加太多的计算资源的消耗,这也正是多尺度分析的基本思想。

同时,对于该节段中率先屈服的中腹板进行了局部加载缩尺试验。考虑残余应力、初始变形等,理论计算得到局部稳定安全系数大于2.0;试验得到安全系数大于1.95,均满足规范要求。

1.4.3 锚固节点研究

本桥为了总体景观的协调性,与老桥保持相同的主缆矢跨比(1/10),远小于常规自锚式悬索桥的矢跨比(1/6~1/5)。这造成梁端将承受大于30万kN的主缆水平力,如何对主缆进行锚固,又是一个新的课题。

本桥锚固结构方案设计如采用常规做法,则端横梁厚度需要至少8m厚,高度超过10m。端横梁尺寸过大将给设计、施工带来极大挑战。在此情况下,本桥设计考虑对常规锚固横梁设计进行优化和创新,使锚固横梁受力与传力更为合理。构造上采取在锚固横梁上增设竖向隔板和水平隔板等措施优化传力构造,即分舱室的分散式锚固方案。

分舱室对锚固构造进行了优化,通过增设的竖隔板和水平隔板能帮助锚固横梁传力,可以大幅度改善锚固横梁受力。本桥将锚固箱室分成四个小舱室后,锚固横梁厚度可以减小到5.5m,且局部应力水平更低。

针对此关键节点,规划了以下研究项目:①锚固段及钢混结合段的精细化分析;②主缆锚固区的模型加载试验;③钢混结合段模型加载试验。

锚固节点和钢混结合段的模型试验安全系数均在2.0以上,表示这两个关键节点具有足够的安全度。

1.4.4 斜拉法架梁及体系转换研究

根据鹅公岩轨道大桥自锚式悬索桥的建设条件和结构特性,在施工工艺方面需要采用"先梁后缆"的施工顺序;同时,长江航道不可能在中跨搭设临时支架,也就是说,必须采用斜拉法完成主梁的合龙。

因此,确定的施工程序是:就地浇筑边墩和桥塔,在桥塔上安装临时钢塔,边跨主梁采用顶推法施工;采用临时斜拉索,运用斜拉桥的施工工艺架设中跨主梁;跨中合龙建成斜拉桥后,再安装主缆,张拉吊索,体系逐步由斜拉桥转换为斜拉悬吊组合体系结构,再拆除斜拉索,体系转换为自锚式悬索桥。

针对本项目新型施工工艺的应用,开展体系转化的研究是非常必要的,其主要创新点有:

(1)施工过程涉及斜拉桥、自锚式斜拉-悬吊组合体系、自锚式悬索桥三种桥式的体系转换过程,也是第一次对这种体系转换全过程的全面分析。

(2)制定与该工法相适应的控制准则,对施工控制提供量化指标。

(3)探讨不同体系转换方案及不同体系结构形式方案下的受力特点,通过研究各方案下结构的受力形式及规律,提出安全、保证质量和经济的体系转换方案。

通过研究,得到了以下主要结论和成果:

(1)全新的施工方法,具有安全、经济和施工可实施性。

(2)该工法的几项关键技术:斜拉桥成桥状态、吊索张拉方案、斜拉索拆除,这些技术均成熟可控。

(3)研究制定了该工法的施工控制原则,并分为必要原则和优化原则。

(4)研究表明,吊索张拉推荐采用逐步前进法,且斜拉索从长索向短索方向拆除。

(5)实际施工中,只要保证主梁处于合理的梁高范围之内且受力安全合理,并且施工过程中满足主梁的无应力拼装状态,斜拉桥主梁目标线形不需要严格对应于主桥的某种特定状态,但体系转换计算时需要准确确定斜拉桥的实际状态。

(6)综合考虑工期以及实际操作工作,临时斜拉桥主梁目标线形可在未铺装二期线形与铺装一半二期恒载主梁线形之间选择适当的状态。

1.4.5 防灾减灾专题研究

抗风、抗震、抗船撞、抗疲劳研究均委托有资质的经验丰富的高校或研究机构进行研究。研究结果均满足相关规范要求,详见下文专篇,此处不再赘述。

第 2 章 设计准则及技术标准研究

2.1 研究背景

2.1.1 设计准则与技术标准的研究意义

发展城市轨道交通是解决大城市交通问题的重要手段。目前我国城市轨道交通建设已进入高峰期,一些非常规的、新型的、复杂的桥梁结构,特别是跨越江河的公路(城市道路)与轨道交通合建桥或轨道专用桥不断涌现。轨道交通桥梁的建设,需要考虑轨道交通的要求,也需要注意到城市轨道交通与大铁路、高速铁路对桥梁刚度要求的显著不同。目前,我国尚未形成轨道交通桥梁规范与技术标准体系,既有轨道桥梁的设计主要以铁路桥梁为主导,而铁路桥梁通常对桥梁刚度做出严格的限值规定。城市轨道交通桥梁对结构刚度的要求低于大铁路和高速铁路,照搬既有铁路桥梁规范与标准或照搬地铁规范(因其主要针对中小跨径简支梁桥),必然造成巨大的工程浪费。此外,对于风荷载作用下的列车的行车安全问题,仍然是世界上没有完全解决的难题。

长大轨道交通桥梁的合理构造和结构体系需要发展。随着城市发展的需要,单一的梁桥已很难满足轨道交通桥梁的需要,一批大跨径的拱桥、斜拉桥已建成使用于轨道交通。而对于造型独具魅力的悬索桥(含自锚式悬索桥),在轨道交通桥梁上的应用还较为稀少。

长大桥梁除了采用大量的钢筋混凝土和预应力混凝土结构外,还将大量采用高强钢板、高强钢丝。解决这些结构构件在可靠性、安全性、耐久性等方面的技术难点,在国内同类桥梁建设中起到示范作用。

针对轨道交通桥梁抗风、抗震、列车走行性、结构耐久性和桥梁健康监测等方面开展系列研究,采取相应的技术对策,全面提升重大桥梁工程的防灾减灾能力,保证生命线工程的安全和健康运营,具有重要的工程实用价值和社会意义。

重庆鹅公岩大桥是一座横跨长江的特大型桥梁(主跨600m,全长1420m),是构成重庆市内环交通的重要通道,原设计为城市公轨合建桥,预留 C 型车 6 辆编组,现已不能满足轨道交通环线高峰小时客流量,在改建鹅公岩轨道大桥代价较高且条件困难的情况下,需进行轨道交通环线跨江线位的改造。新桥的建设对于缓解市内交通、加强各区域之间联系、改善投资环境,促进城市经济发展具有重要意义。

鹅公岩轨道大桥的合理桥位在现有鹅公岩轨道大桥的上游侧,桥轴线距老桥轴线 70m,桥位图如图 2.1-1 所示。

新建鹅公岩轨道大桥最终确定采用自锚式悬索桥方案,桥梁跨径、主缆矢跨比与老桥保持一致,桥宽22.0m,建成效果如图 2.1-2 所示。

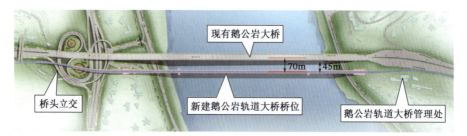

图 2.1-1　鹅公岩轨道大桥桥位图

图 2.1-2　鹅公岩轨道大桥建成效果

2.1.2　本准则及技术标准适用范围

本准则及技术标准适用于重庆轨道环线鹅公岩轨道大桥主桥自锚式悬索桥工程。引桥结构及附属设施参照地铁设计规范执行。

2.1.3　设计目标和要求

建设一座服务于轨道交通、跨越长江的桥梁,兼顾人行过江设施;减小对既有老桥的影响,力求在建设及运营期对老桥的安全运营影响最小化;应考虑老桥在当地桥型中的特殊地位,力争新老桥在景观上协调统一。

2.1.4　总体设计原则

在遵循"安全、适用、耐久、美观、环保、经济"的基本原则下,还需满足以下原则:

1)服从轨道交通路网规划,体现可持续发展原则

充分认识本项目在城市轨道环线路网建设中的地位和作用,建设标准应与规划功能定位相适应,保证鹅公岩轨道大桥具备应有的通行能力和服务水平,从而使设计方案切实可行,利于地区规划和未来的可持续发展。

2)创新原则

除满足各个方面使用功能外,主桥桥型结构力求技术先进、结构新颖、使用耐久、外形美

观,能反映国内建桥技术的新水平、新结构、新工艺。

3)注重结构的使用性能

保证结构具有良好的使用性能,增强轨道行车的舒适性,改善梁端伸缩缝的工作条件,改善短吊索的疲劳弯折现象等。

4)注重工程与环境的和谐原则

结合桥位处长江两岸的用地规划,注重工程建设与周边环境的协调统一,特别是处理好新建桥梁和既有桥梁的景观协调。注意环境保护。

5)注重经济性,节省投资

通过比较采用高强钢材,优化结构细节设计,降低工程造价,节省投资。

6)体现"以人为本"的理念

妥善处理好工程建设与沿线居民日常生活的关系,同步建设必要的行人过江设施。

2.2 主要技术标准

鹅公岩轨道大桥技术标准确定以符合国家对项目工可的批复意见,同时满足铁路、城市轨道交通及市政桥梁现行的有关标准为原则。

1)服务水平

重庆轨道环线采用山地 As 车型,7 节编组。

2)设计速度

轨道环线正常运营车速为 80km/h,在大风下的车速限制和停运标准根据风-车-桥耦合分析的结论确定。

3)桥梁横断面及宽度

(1)按双线轨道交通、线间距 5.2m 进行横断面布置。

(2)同期进行人行过江通道建设,本着节约、实际的原则进行人行道的设置。

(3)大跨径桥梁的桥宽设计还需考虑其横向刚度的要求。

4)线路净空

桥梁上跨西立交的道路净高不小于 4.8m,其余部分不小于 5.5m。

5)设计基准期及设计寿命

本项目设计基准期为 100 年。桥梁主体结构设计使用年限 100 年,其他损坏、修复不影响轨道交通正常运营的结构设计使用年限为 50 年。具体构件的设计使用年限如下:

(1)主梁、主塔、主缆等主体结构:100 年。

(2)吊索:20 年。

(3)支座:50 年。

(4)栏杆、伸缩缝、阻尼器:20 年。

(5)钢结构防腐体系:20 年。轨道结构下钢结构防腐体系保证年限应不低于轨道系的检查或更换年限。

6)设计风速

离地面 10m 高,重现期 100 年,10min 平均最大风速 27.5m/s。

7)设计洪水频率

取用1/300洪水频率标准进行验算。设计最高通航水位195.84m。

8)航道等级

现行国家标准《内河通航标准》(GB 50139—2014)的内河Ⅰ-2级航道,单孔双向通航,航道净宽320m,净高18m(按24m预留)。

9)轨道荷载

两线轨道,7节编组,轴重150kN,不考虑折减,布置如图2.2-1所示。验算荷载考虑救援工况,三辆满载车辆作用,如图2.2-1所示。

图2.2-1 鹅公岩轨道大桥轨道荷载示意图(尺寸单位:m)

10)地震设防标准

采用基于性能的抗震设计思想,制定大桥的性态设计标准,以保证结构具有足够的强度及延性,并在经济与安全之间保持合理平衡。

根据重庆市地震工程研究所提供的《重庆轨道交通环线鹅公岩长江大桥场地地震安全性评价报告》中的地震动参数,对鹅公岩轨道大桥按《城市桥梁抗震设计规范》(CJJ 166—2011)中甲类桥梁,采用50年超越概率10%作为E1地震作用和50年超越概率2%作为E2地震作用两种地震动水平进行抗震设防。参考《城市桥梁抗震设计规范》(CJJ 166—2011)相关条款以及类似桥梁的研究成果,桥梁相应的性能目标确定为具体抗震设防标准可参见表2.2-1。

抗震设防标准及性能目标　　　　　表2.2-1

设防地震概率水平	结构性能要求
E1地震作用(50年10%)	一般不发生损坏或不需修复可继续使用
E2地震作用(50年2%)	可发生局部轻微损伤,不需修复或经简单修复可继续使用

2.3 总体设计

2.3.1 线形设计要求

根据桥梁结构特性,配合总体线路专业,统筹考虑轨道线路线形设计。

1)平面设计

(1)主桥段平面基本平行于既有鹅公岩大桥,需考虑与旧桥的结构净距,保证基础与旧桥有一定的安全距离。

(2)引桥需考虑用地的关系,运用S曲线,实现主桥、引桥与旧桥不同净距的接顺关系。

(3)主桥伸缩缝处应尽量避免设置平曲线。

2) 纵断面设计
(1) 主桥段应考虑桥面高程和既有鹅公岩大桥基本一致,应采用相同的人字坡保证基本对齐,高程差距不宜大于 3m。
(2) 引桥跨越鹅公岩立交,需要考虑立交匝道的通过净空不小于 4.8m。
(3) 主桥伸缩缝处应尽量避免设置竖曲线。
(4) 桥面纵断面应考虑全桥纵向收集排水。

3) 总体立面布置
(1) 主桥与旧桥要求孔跨对齐布置。
(2) 主桥段高程要求与旧桥基本一致。
(3) 引桥需满足跨越鹅公岩立交匝道,保持足够的桥下净空。

4) 与相邻工程的衔接配合要求
本项目桥头两侧,分别衔接于两岸的明槽区间,应与总体及相关工点工程保持对接和统一。
(1) 西岸明槽区间接驳于本桥桥台台尾,需考虑对应桥台侧墙的顺接要求。
(2) 东岸明槽区间接驳于老桥锚碇附近,要求采用开挖最小的结构形式,实现结构的顺接。

2.3.2 材料设计要求

材料设计目标关键在于选用合理材料,保证结构强度及耐久性,材料选择中应在满足强度及耐久性之间就高取用。

1) 混凝土
混凝土的技术指标按《铁路混凝土结构耐久性设计规范》(TB 10005—2010)的规定采用,并结合《公路钢筋混凝土及预应力混凝土桥涵设计规范》(JTG 3362—2018)和《公路桥涵施工技术规范》(JTG/T F50—2011)的规定采用,桩基础和封底混凝土采用水下混凝土,与相同强度等级普通混凝土的材料性能相同。
各部分混凝土材料应满足耐久性设计要求,主桥主塔、主梁混凝土应采用高性能混凝土。

2) 普通钢筋
采用I级、II级或III钢筋,其技术标准应符合《钢筋混凝土用钢 第 2 部分:热轧带肋钢筋》(GB 1499.2—2007)、《钢筋混凝土用钢 第 1 部分:热轧光圆钢筋》(GB 1499.1—2007)、《铁路桥涵钢筋混凝土和预应力混凝土结构设计规范》(TB 10002.3—2005)的规定。

3) 预应力钢材
预应力钢绞线符合现行国家标准《预应力混凝土用钢绞线》(GB/T 5224—2003)的规定;预应力高强精轧螺纹粗钢筋符合《预应力混凝土用螺纹钢筋》(GB/T 20065—2006)的要求。预应力相关计算参数可根据实际供应材料情况取值,缺乏数据时,可根据规范取值。使用环氧涂层填充型钢绞线,其主要力学性能指标参考供应商根据可靠试验提供的数据确定。

4) 主缆及吊索
为降低自重,节省造价,在成熟可靠的基础上尽量采用高强度或超高强度钢丝。
主缆采用 $\phi 5mm$ 的 1860MPa 高强钢丝,吊杆采用 $\phi 7mm$ 的 1770MPa 高强钢丝。主缆和吊杆钢丝均采用耐久性更好的锌铝合金镀层,并应符合《锌-5%铝-混合稀土合金镀层钢丝、钢绞线》(GB/T 20492—2006)及《桥梁缆索用热镀锌钢丝》(GB/T 17101—2008)的相关要求。

5)结构钢材

(1)结构钢材的力学及化学指标应满足《桥梁用结构钢》(GB/T 714—2015)和《铁路桥梁钢结构设计规范》(TB 10002.2—2005)的要求,钢材屈服强度及其相关容许应力随板厚变化根据 GB/T 714 和 TB 10002.2 的规定调整。

(2)难以检查、养护的部位,可以采用同级别的耐候钢,在造价可接受情况下,可考虑采用不锈钢材料,以提高结构耐久性。

(3)钢结构均需根据所处环境分区,经过评估,采用适宜的防腐措施,如重防腐、抽湿等。

2.3.3 荷载取值与组合

根据《铁路桥涵设计基本规范》(TB 10002.1—2005),荷载可分为恒载、活载、附加力及特殊荷载四类,见表 2.3-1。

作用分类　　　　　　　　　　　　　　　　　　　　　　表 2.3-1

编　号	荷载分类	荷　载　名　称
1	恒载	结构自重
2		附属设备和附属建筑自重
3		预加应力
4		土的重力及侧压力
5		混凝土收缩及徐变作用
6		基础变位作用
7		静水压力及浮力
8	活载	列车竖向静活载
9		列车竖向动力作用
10		列车离心力
11		列车引起的土侧压力
12		无缝线路纵向力(伸缩力及挠曲力)
13		列车横向摇摆力
14		人群荷载
15	附加力	列车制动力(或牵引力)
16		风荷载
17		流水压力
18		温度(均匀温度和梯度温度)作用
19		支座摩阻力
20	特殊荷载	无缝线路断轨力
21		船舶或汽车撞击力
22		地震力
23		施工荷载
24		更换支座影响
25		脱轨荷载

注:同一根钢轨作用于墩台顶的断轨力与伸缩力、挠曲力不作叠加。

1)荷载取值

(1)恒载

①结构自重

按实际截面和重量计入,重度取值如下:

混凝土:$25kN/m^3$;

钢材:$78.5kN/m^3$。

②二期恒载

钢梁段二期恒载计算见表2.3-2,混凝土梁段的二期恒载计算见表2.3-3。

则全桥二期恒载取值如下:

钢梁段:按75kN/m;

混凝土梁段(无声屏障):86kN/m;

混凝土梁段(有声屏障):103kN/m。

钢梁段二期恒载计算表　　　　　　　　　　　表2.3-2

专　业	项　目	均布荷载 (kN/m)	集中荷载 (kN)	备　注
轨道		36.00		主桥轨道采用浮置板式单线1.75t/m,引桥采用短轨枕承轨台式轨道单线1.8t/m
防抛网	防抛网	0.71		暂按2.5m高考虑,单侧每3m,计105.82kg
疏散平台	疏散平台	2.00		线路中间布置,200kg/m
通信	支架	0.30		两侧合计,每延米29.6kg
	区间电缆	0.10		单侧5kg/m
信号	区间电缆	0.10		区间电缆:5kg/m 单侧
	波导管	0.10		波导管:5kg/m 单侧
	AP天线或AP箱	0.01	1.00	在两侧间隔约200m需设一处AP天线及AP箱,每处的设备重量约为50kg(双侧计)
	应答器	—	4.00	暂按4个平均分布在桥上设置,共约10kg
	信号机	—	4.00	暂按4个平均分布在桥上设置,共约80kg
接触网	支柱	3.00	90.00	普通支柱约35m一个,竖向力20kN,弯矩160kN·m; 下锚支柱约100m一个,竖向力90kN,弯矩200kN·m
	下锚拉线底座	—	65	距下锚支柱7.5m或7.7m处设下锚拉线底座,上拔力及顺线路方向的水平力标准值均为65kN
环网	支架及电缆	2.40		每侧电缆及支架荷载按120kg/m考虑
动力照明	区间动力检修电缆	0.20		敷设于环网电缆支架上;20kg/m
	区间动力检修箱	—	0.1	每间隔100m一个,安装在检修通道中间距接触网支柱500mm处;10kg/台
	区间照明箱	—	0.1	每间隔150m一个,分别安装在两侧照明箱支座上;10kg/台
	区间照明灯	0.47	4.69	每间隔15m一盏,分别在两侧护栏旁对称安装 灯杆:220kg/个; 灯头:14.5kg/个

续上表

专业	项目	均布荷载（kN/m）	集中荷载（kN）	备注
声屏障	主桥钢梁范围不设声屏障	0.00	34	每2m一个立柱，立柱竖向恒载17kN，双侧布置
消防给水		1		单侧50kg/m，双侧布置
桥梁（主桥钢箱梁）	人行道及栏杆	8.6		3cm彩色橡胶板铺装双侧，1.91kN/m
	防撞栏	7.69		防撞栏杆加基座材料用钢
	钢共用平台	3.42		用于通信、信号、消防等线上专业安装设备
	疏散平台基座	1.72		
	接触网基础		3.67	单个基础
	拉线基础		2.52	单个基础
	排水预埋管	0.15		
	检查车轨道	2.46		
排水	水管	4		D400管
合计		74.42		建议留取一定富余量

混凝土梁段二期恒载计算表　　　　　　　　　　表2.3-3

专业	项目	均布荷载（kN/m）	集中荷载（kN）	备注
轨道		36.00		主桥轨道采用浮置板式单线1.75t/m，引桥采用短轨枕承轨台式轨道单线1.8t/m
防抛网	防抛网	0.71		暂按2.5m高考虑，单侧每3m，计105.82kg
疏散平台	疏散平台	2.00		线路中间布置，200kg/m
通信	支架	0.30		两侧合计，每延米29.6kg
	区间电缆	0.10		单侧5kg/m
信号	区间电缆	0.10		区间电缆：5kg/m 单侧
	波导管	0.10		波导管：5kg/m 单侧
	AP天线或AP箱	0.01	1.00	在两侧间隔约200m需设一处AP天线及AP箱，每处的设备重量约为50kg（双侧计）
	应答器	—	4.00	暂按4个平均分布在桥上设置，共约10kg
	信号机	—	4.00	暂按4个平均分布在桥上设置，共约80kg
接触网	支柱	3.00	90.00	普通支柱约35m一个，竖向力20kN，弯矩160kN·m；下锚支柱约100m一个，竖向力90kN，弯矩200kN·m
	下锚拉线底座	—	65	距下锚支柱7.5m或7.7m处设下锚拉线底座，上拔力及顺线路方向的水平力标准值均为65kN
环网	支架及电缆	2.40		每侧电缆及支架荷载按120kg/m考虑

续上表

专 业	项 目	均布荷载（kN/m）	集中荷载（kN）	备 注
动力照明	区间动力检修电缆	0.20		敷设于环网电缆支架上；20kg/m
	区间动力检修箱	—	0.1	每间隔100m一个，安装在检修通道中间距接触网支柱500mm处；10kg/台
	区间照明箱	—	0.1	每间隔150m一个，分别安装在两侧照明箱支座上；10kg/台
	区间照明灯	0.47	4.69	每间隔15m一盏，分别在两侧护栏旁对称安装 灯杆：220kg/个； 灯头：14.5kg/个
声屏障		17.00	34	每2m一个立柱，立柱竖向恒载17kN，双侧布置
消防给水		1		单侧50kg/m，双侧布置
桥梁（主桥混凝土梁）	人行道及栏杆	9.66		3cm彩色橡胶板铺装双侧；1.91kN/m
	防撞栏	10.74		防撞栏杆加基座材料用钢
	钢共用平台	4.34		用于通信、信号、消防等线上专业安装设备
	疏散平台基座		0.165	单个预埋件重量，横桥每处2个，纵桥向间隔1.5m布置1处
	接触网基础		5.6	单个基础
	拉线基础		3.15	单个基础
	排水预埋管	0.084		
	桥面铺装	10.84		3cmC40细石混凝土铺装（按标准宽度22m统计）
排水	水管	4		D400管
合计		103.04		

③混凝土收缩及徐变影响

混凝土收缩及徐变应按照《公路钢筋混凝土及预应力混凝土桥涵设计规范》（JTG D62—2004），取用混凝土名义收缩系数 $\varepsilon_{cs0} = 0.310 \times 10^{-3}$，混凝土的名义徐变系数 ϕ_0 按照规范附录F中的表F.2.2取值。徐变龄期（20年）计算至7300天。

④基础变位影响

主桥：不均匀沉降考虑2cm；

引桥：不均匀沉降考虑1cm。

⑤土压力

作用于墩台上的土侧压力按《铁路桥涵设计基本规范》（TB 10002.1—2005）4.2.2条相关规定计算。

(2)活载

①列车竖向荷载。

两线轨道,7辆编组,轴重150kN,不考虑折减,布置如图2.3-1所示。

图2.3-1 列车竖向静活载计算图式(尺寸单位:m)

影响线加载时,活载图式不可任意截取,但对影响线异符号区段,轴重按80kN计。双线竖向荷载不折减。

验算荷载考虑救援工况,三辆满载车辆作用。

②列车竖向动力作用。

列车竖向活载包括列车动力作用时,为列车竖向静活载乘以动力系数$(1+\mu)$。

动力系数:$1+\mu=1+28/(40+600)\times 0.8=1.035$

③列车验算荷载。

考虑到列车运营出现故障后实施救援的需要,按照双线满载另加一列满载列车验算结构的强度和稳定,不计动力系数。

④长钢轨纵向力。

伸缩力、挠曲力(活载主力)。

⑤横向摇摆力。

列车横向摇摆力:按相邻两节车四个轴重的15%计,取值为$150\times 4\times 15\%=90(kN)$,以集中力的形式作用于轨顶面处。

⑥人群。

整体计算人群荷载标准值:$2.5kN/m^2$,每侧人行道宽度2m。

局部计算标准值:$4.0kN/m^2$。

(3)附加力

①列车制动力。

按列车竖向静活载的$150\times 4\times 8\times 15\%=720(kN)$计算。

②风力。

风荷载按《铁路桥涵设计基本规范》(TB 10002.1—2005)4.4.1条的规定执行。

风荷载取值:基本风速27.5m/s;运营状态下,考虑桥面处25m/s设计风速,风荷载2.03kN/m。

风载阻力系数:加劲梁1.0,主缆0.7,吊杆0.7,桥塔2.2。最后,按风洞试验专题提供的数值复核计算。

风荷载应按横桥向和顺桥向分别计算,考虑风屏障、防撞栏杆等。

③温度变化的影响。

桥梁温度效应按照《公路桥涵设计通用规范》(JTG D60—2015)4.3.10条的规定执行。

体系温差:日最高气温43.0℃,日最低气温-1.8℃,计算合龙温度13~25℃,钢梁、索整体升温30℃,降温26.8℃,温差取±30℃;平均气温18.3℃,月平均最高气温是8月,为28.1℃,塔结构升温15.1℃,降温13.8℃,温差取±15℃。

构件温差:索、梁温差±10℃,索、梁和塔温差±10℃。

温度梯度:参考《城市轨道交通桥梁设计规范》(GB/T 51234—2017),钢箱梁的温度梯度按图2.3-2采用,h为钢箱梁高度,塔身左右温差±5℃。

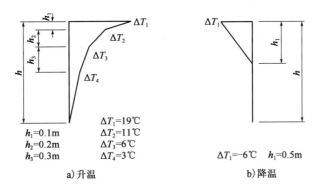

图2.3-2 钢箱梁的温度梯度示意图

混凝土梁的梯度温度按《公路桥涵设计通用规范》(JTG D60—2015)4.3.10条采用,参考《城市轨道交通桥梁设计规范》(GB/T 51234—2017),正温差14℃,负温差7℃,见表2.3-4。

混凝土梁温度梯度　　　　　　　　　　　　　　表2.3-4

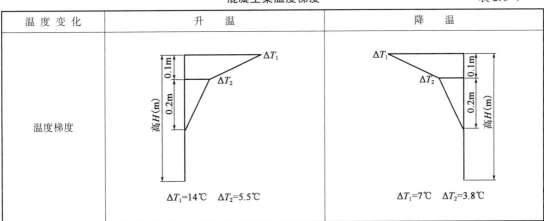

混凝土桥塔两侧的日照温差取±5℃。

材料线膨胀系数(1/℃)取值如下:

钢:0.0000118;

混凝土:0.000010。

④流水压力。

作用在桥墩上的流水压力按《铁路桥涵设计基本规范》(TB 10002.1—2005)4.4.2条的规定执行。

(4) 特殊荷载

①无缝线路断轨力由轨道专业提供。作用于墩台上的支座中心处。

②桥墩承受的船只撞击力，暂按《重庆市三峡库区跨江桥梁船撞设计指南》计算。根据船舶吨位的预测和统计，设防船型为5000T单船，设计采用的船舶撞击力为：横桥向39000kN，顺桥向19500kN。

③地震力：地震力的作用，应按《铁路工程抗震设计规范》（GB 50111—2006）的规定计算。结合《重庆轨道交通环线鹅公岩长江大桥场地地震安全性评价报告》，采用反应谱法和非线性时程分析计算。

④施工临时荷载：按不同施工阶段的实际施工荷载加以检算。桥面移动吊机200t。

⑤列车脱轨荷载：脱轨荷载按《地铁设计规范》（GB 50157—2013）10.3.20条计算。

2）荷载组合

荷载组合汇总于表2.3-5中。

荷载组合表　　　　表2.3-5

荷载分类		荷载名称	C1	C2	C3	C4	C5	C6	C7	C8	C9	C10	C11	C12
主力	恒载	结构构件和附属设备自重	√	√	√	√	√	√	√	√	√	√	√	√
		预加力	√	√	√	√	√	√	√	√	√	√	√	√
		混凝土收缩和徐变影响	√	√	√	√	√	√	√	√	√	√	√	√
		土压力	√	√	√	√	√	√	√	√	√	√	√	√
		静水压力及水浮力	√	√	√	√	√	√	√	√	√	√	√	√
		基础变位的影响	√	√	√	√	√	√	√	√	√	√	√	√
	活载	列车竖向静活载		√	√	√		√	√	√	√			
		列车竖向动力作用		√	√	√		√	√	√	√			
		长钢轨纵向水平力				√								
		离心力												
		活载土压力												
		人行道人群荷载		√	√			√	√	√		√	√	
附加力		制动或牵引力				√								
		横向摇摆力					√							
		风力				√	√				√			
		流水压力												
		温度变化的作用				√	√	√						
		支座摩阻力				√								
特殊荷载		救援工况荷载							√					
		列车脱轨荷载						√						
		船只或排筏的撞击力								√				
		施工临时荷载									√			
		地震力										√		
		长钢轨断轨力											√	
		任一索破断												√

2.4 结构变形与动力性能要求

对于大跨径缆索支承桥梁的刚度标准,应通过专题研究确定,本章根据专题研究结论列出控制标准。

2.4.1 主桥的刚度与变形

(1)鹅公岩轨道大桥主桥采用自锚式悬索桥结构,通过增加锚跨(采用五跨连续结构),控制梁端竖向转角不大于2/1000(无须检算扣件上拔力)。

(2)通过宽跨比和梁高的优化设计,控制梁端水平折角在列车静荷载作用下不大于1.5/1000(单侧)。

(3)结合专题研究及设计计算分析,对于鹅公岩轨道大桥主桥,竖向挠度按1/600~1/400控制。

对于大跨桥梁,要将结构竖向或横向挠度控制在非常小的范围是很困难的,其挠跨比合理限值应结合车桥耦合振动分析列车过桥走行性结果确定。分析国内外已建公铁两用悬索桥的挠度,一般均在 $L/200$ 左右(表2.4-1)。

荷 载 组 合 表　　　　表2.4-1

桥　　名	国别	大 桥 特 征	主跨(m)	最大活载竖向挠度(m)	竖向挠跨比
大鸣门桥	日本	公铁两用	876	3.95	1/222
下津井濑户桥	日本	公铁两用双层	940	4.18	1/225
北备赞桥	日本	三跨连续加劲桁梁,双层公铁两用	990	4.78	1/207
南备赞桥	日本	三跨连续加劲桁梁,双层公铁两用	1100	5.11	1/215
青马大桥	中国	公铁两用	1377	6.00	1/230

(4)对于大跨索承桥梁,在列车摇摆力、离心力和风力的作用下,梁体的水平挠度合理限值难以满足1/4000标准。结合初步设计计算分析,在横风荷载(运营风,桥面处25m/s)下,主梁横向挠跨比控制标准暂定为:小于1/1200。

2.4.2 平稳性和安全性

列车过桥运行的平稳性和安全性应满足以下要求:

轮重减载率 $\Delta P/\bar{P} \leq 0.60$;
脱轨系数 $Q/P \leq 0.8$;
车体竖向振动加速度 $a_z \leq 0.20g$;
车体横向振动加速度 $a_y \leq 0.15g$;
斯佩林指标 $W \leq 2.75$。

2.5 主桥设计

2.5.1 设计目标及总体要求

(1)主桥自锚式悬索桥设计的重点在于结构的安全性、施工的可实施性、列车走行的安全性与舒适性。

(2)主桥的设计还应关注景观性,表现在单体的独特性及与邻近桥梁的协调性。

(3)主桥的功能设计中应充分重视养护维修的便利性、安全性及人性化,所有需要检查、养护的构件均可达、可视、安全、人性化。

(4)悬索桥设计以《公路悬索桥设计规范》(JTG/T D65-05—2005)为基础。

2.5.2 总体设计

(1)本项目自锚式悬索桥跨径超前,施工工艺独特,国内外成熟经验较少。本项目设计重点在于结构的安全性和施工的可实施性,同时注重景观性及精细化设计,处理好功能性一般构造的细节设计,满足营运、养护需求,结构设计重点在于处理好抗风设计、抗震设计,解决好稳定及疲劳问题。

(2)主桥的边、中跨按基本与邻近老桥墩位对齐的原则布置,根据轨道行车的梁端转角限值要求,采用五跨连续结构。

(3)为降低纵向风、地震、列车制动力等动荷载对结构的作用效应,宜在塔与主梁之间设置阻尼装置。在主塔横向宜设置抗风支座。

(4)锚跨跨径与相邻的非通航孔桥宜协调。

(5)应充分进行景观方案设计,景观重点在于塔形、锚碇等细部处理及整体景观性。

(6)抗风、抗震、抗船撞设计,以及列车走行性及安全性分析遵照专项研究进行。一类稳定安全系数不小于4.0。二类稳定安全系数:

①边缘屈服准则,钢结构不小于1.7,混凝土结构不小于1.4。

②极限强度准则,钢结构不小于1.8,混凝土结构不小于2.3。

2.5.3 索塔设计

1)索塔总体设计

(1)根据景观需要,索塔高度已基本确定(与老桥相同)。

(2)索塔采用混凝土结构,设计遵照《铁路桥涵钢筋混凝土和预应力混凝土结构设计规范》(TB 10002.3—2005)执行。

(3)索塔内壁应设计顺畅、安全、人性化通道,便于到达塔底、塔顶及对索塔内壁进行检修。

(4)索塔外壁也应考虑检修平台或其他设施,以便对塔外壁进行检查、维护。

(5)索塔横梁应留有足够空间布置支座、阻尼器等,同时应设置安全措施,为支座、阻尼器等检修、养护提供安全、人性化工作空间。

（6）索塔与主梁间、索塔各部分应合理开有人孔,为检修、养护提供便捷、安全、人性化通道。

（7）索塔与承台应可靠连接,刚度协调,传力顺畅,空心墩墩底宜设一定高度的实心段。

2）混凝土索塔设计要求

（1）混凝土强度等级不低于C50。

（2）索塔宜采用空心薄壁混凝土截面,可采用钢筋混凝土结构,受力较大部位（如横梁等）可采用预应力构件,应按全预应力设计。

（3）易遭受船撞风险区间的塔身,应具有足够的抗船撞能力,可采用增设横梁、加大壁厚、内腔设十字撑或局部填芯等方法。

（4）索塔的设计应考虑塔顶设置临时斜拉桥索塔的布置及传力要求。

（5）索塔混凝土及钢筋构造设计可遵照《铁路桥涵钢筋混凝土和预应力混凝土结构设计规范》（TB 10002.3—2005）有关规定。

2.5.4 主梁设计

1）主梁总体设计

（1）主梁是直接承受列车的构件,受力复杂,其设计寿命的保证是全桥设计寿命保证的基础；主梁材料及结构设计的关键点在于保证其可靠性,达到设计耐久性目标。

（2）本项目桥型要求主梁应轻质高强,优先采用高强钢结构。

（3）主梁宜具有较好的流线型以提高全桥抗风性能,主梁外形应通过风洞试验选型,主梁外形应尽量与老桥的梁型协调。

（4）主梁节段长度应标准化,并根据运输、吊装能力结合结构布置合理划分。

（5）应选择合适的架设方案,提高结构的抗风稳定性,降低施工风险。

（6）重视架设过程中的施工控制问题,使主梁应力与线形达到设计目标。

（7）吊索与主梁锚固构造应易于检修,且不影响总体外观。

（8）主梁内应设置于方便检修、人性化的工作通道,主梁外侧考虑采用桥底行走式检修车进行检修。

2）钢主梁设计

（1）钢主梁设计重点在于处理好结构的稳定问题,包括整体的稳定与板的局部屈曲。

（2）顶、底板加劲肋可比较选择板肋、T肋或闭口肋,钢主梁优先采用全焊结构。

（3）钢结构设计及细节构造遵照《铁路桥梁钢结构设计规范》（TB 10091—2017）执行；参考《公路钢结构桥梁设计规范》（JTG D64—2015）和英国 BS 5400 规范第三篇钢桥设计实用规则。

（4）钢主梁结构要做好抗风设计,进行节段及全桥风洞试验。

（5）钢主梁材料可采用符合现行国家标准的 Q345 钢、Q370 钢或 Q420 钢,应做好防腐设计,箱外可考虑重防腐,箱内可采用防腐加抽湿。

3）混凝土主梁设计

（1）主梁锚固段和锚跨梁可比较钢结构和混凝土结构。

(2)混凝土主梁部分应与钢结构梁过渡平顺,传力合理,构造简洁,便于施工。
(3)混凝土强度等级不低于C50,应考虑措施增强混凝土的抗裂性。
(4)主梁混凝土及预应力、普通钢筋构造设计可遵照《铁路桥涵钢筋混凝土和预应力混凝土结构设计规范》(TB 10002.3—2005)的有关规定。

2.5.5 缆吊系统设计

1)缆吊系统总体设计

(1)主缆和吊杆是悬索桥的主要受力构件,其设计寿命的保证同样是全桥设计寿命保证的基础;尤其是主缆,通常认为是不可更换构件,其材料及结构设计的关键点在于保证其可靠性,达到设计耐久性目标。
(2)本项目桥型要求自重小、强度高,由此主缆吊杆优先采用成熟的超高强钢丝。
(3)主缆线形(矢跨比)的设计应考虑与相邻老桥的协调。
(4)主缆锚固构造应考虑传力的顺畅、构造的简化、施工的可控,兼顾外形美观。
(5)主缆吊杆应考虑成熟可靠的防腐体系。主缆应设置检修通道,并能方便进入塔顶鞍室、梁端锚室。鞍室、锚室内宜设置除湿设备。

2)缆吊系统结构设计

(1)主缆采用PPWS法(预制平行钢丝索股法)架设平行钢丝束,主要组合下安全系数不小于2.5。
(2)吊杆采用PPWS法(预制平行钢丝索股法)架设平行钢丝束,主要组合下安全系数不小于3.0,更换吊杆时,安全系数不小于1.8。
(3)主索鞍及散索鞍采用全铸结构或铸焊结合结构,铸钢材料的容许应力$[\sigma]=\sigma_s/1.85$。
(4)索夹采用全铸结构,应做好防水构造。

2.5.6 桥墩及基础设计

(1)下部结构包括基础(桩及承台)、桥墩,宜采用钢筋混凝土结构。
(2)基础设计应充分考虑区段地质、水文情况,结合结构受力特点选用适宜的形式,通过对各种基础形式进行比较,因表层覆盖层较薄,基岩埋深较浅,本项目优先考虑嵌岩桩基础。
(3)基础设计中应注意满足环保要求,施工组织设计中应尽量利用枯水季,减少水中临时工程和施工辅助设施。
(4)桩基及承台的开挖过程中应加强监测,避免对邻近桥梁造成不利影响。

2.5.7 施工设计

(1)本桥位于航运繁忙的长江航道,无法采用支架法实现"先梁后缆"的自锚式悬索桥施工工艺。
(2)施工采用"先斜拉成桥,再体系转换"的方法,对于柔性体系下的体系转换,分析体系转换吊索的张拉顺序、张拉方式,分析临时斜拉索的拆除方案、拆除时间,计算主鞍座的顶推过程等,提出施工过程控制建议和控制指标。

2.6 专项设计

2.6.1 抗风设计

桥梁抗风设计的目的在于保证结构在施工和运营阶段满足以下要求：

(1)对于可能出现的最大静风荷载,桥梁不会发生强度破坏、变形和静力失稳。

(2)为了确保桥梁的抗风安全性,桥梁发生自激发散振动(如颤振)的临界风速必须高于桥梁的设计风速,并具备一定的安全储备,即临界风速 > 安全系数×设计风速。

(3)对于限幅振动,尽管其振幅有限,但因其发生的频率高,可能会引起结构的疲劳损伤或影响结构正常使用,使行人感到不适以及影响施工的顺利进行等,所以也应将桥梁可能发生的限幅振动的振幅减小到可以接受的程度,即最大响应≤容许值。

根据《公路桥梁抗风设计规范》(JTG/T D60-01—2004)的规定,桥梁结构抗风设计应遵循如下原则：

(1)在桥梁设计使用期限内可能出现的最大风速下,结构不应发生毁坏性的、发散性的自激振动。

(2)在不利设计荷载与其他作用的共同组合下,结构应具有规定的强度和刚度,并不应发生静力失稳。

(3)结构非破坏性风致振动的振幅应满足行车安全、疲劳强度和行车舒适性的要求。

(4)结构的抗风能力可通过气动措施、结构措施和机械措施予以提高。

为了贯彻抗风设计原则,本项目进行了抗风专项研究,研究内容共包括12项：

(1)初设阶段桥梁方案抗风性能初步分析。

针对多种初设方案,计算结构动力特性,依据抗风规范要求,采用近似参数,对结构的抗风性能进行初步分析,必要时提出改进的建议。

(2)桥址区风场特性。

基于已有资料,结合规范规定,确定设计基准风速、颤振检验风速,确定桥址处平均风剖面指数 α 及风谱特性。

(3)结构动力特性计算与分析。

针对成桥状态及典型的施工阶段,采用国际通用的结构分析有限元程序 ANSYS 和自主研发的桥梁结构科研分析软件 BANSYS(Bridge Analysis System),分组独立地建立有限元模型,计算结构固有频率及振型,并相互校核。BANSYS 软件的中文名称为"桥梁分析系统",是西南交通大学自主开发的桥梁结构分析软件。

(4)主梁静动力风荷载系数测试节段模型风洞试验。

采用几何节段缩尺比约为 1/40 的刚性模型,外形严格模拟成桥及施工状态主梁截面,通过风洞试验测试主梁断面的静力三分力系数和颤振导数。试验来流为均匀流,静力三分力系数采用高精度三分力天平来测量,并通过风速变化来考虑雷诺数影响。颤振导数采用由我们提出的加权整体最小二乘法来进行识别。

(5)主梁颤振、驰振及涡激振节段模型风洞试验。

针对成桥状态及典型施工阶段,采用几何节段缩尺比约为1/40的刚性模型,两端由弹簧支撑,形成弯扭二自由度的振动系统,模拟结构的几何参数、质量参数、频率参数及阻尼参数等,试验来流为均匀流,采用直接法测量。对于驰振和颤振,分别测试其驰振临界风速和颤振临界风速。对于涡激振,测试主梁涡振发振风速、涡振风速范围及其振幅。

(6) 上游桥和下游桥相互干扰风洞试验。

分别制作上游桥和下游桥的节段模型,通过改变来流方向,以考察两者间的静力和动力方面的相互影响,主要包括:静力三分力的相互影响、涡振性能的相互影响、颤振性能的相互影响。

(7) 风洞大气边界层风场模拟。

风洞大气边界层采用被动方法模拟,其模拟装置由尖塔、锯齿板和粗糙元构成,根据相应的模拟指标确定粗糙元排数及其间距,以模拟梯度风剖面、紊流强度及风谱特性。

(8) 桥塔气弹模型风洞试验。

针对裸塔自立状态,采用几何缩尺比1/100～1/80的气动弹性模型,在均匀流中测试不同风向下桥塔的涡振性能,在紊流中测试不同风向下桥塔的抖振性能。

(9) 成桥及施工状态气弹模型试验。

针对成桥及典型施工状态,采用几何缩尺比1/100～1/80的气动弹性模型,严格模拟结构的几何外形、质量分布、结构刚度及阻尼特性,在均匀流和紊流的条件下,采用位移传感器、加速度传感器、应变仪或光学位移计,直接测试气动弹性模型的动力响应,并按相应的缩尺比推算到实桥。具体包括:均匀流下的颤振、均匀流下的涡激振、紊流下的抖振。

(10) 成桥及施工状态静风稳定性分析。

分别按规范中给定的公式及第二类稳定理论对成桥状态及典型施工阶段的静风稳定性进行分析。第二类稳定分析中综合考虑几何非线性和气动非线性,采用全过程加载计算各状态的静力失稳风速。

(11) 成桥状态结构风致内力计算分析。

采用"静力+动力"组合的方法进行结构内力分析,针对成桥状态,在设计风速下,分别计算结构静风内力和抖振内力。

(12) 结构抗风性能综合评价及建议。

根据上述风洞试验及分析计算结果,从结构的强度、使用性及稳定性等方面,对该桥的抗风性能进行分析评价,必要时提出改善结构性能措施的建议。

2.6.2 抗震设计

目前,多级设防的抗震设计思想已被广泛接受。其中,两水准设防、两阶段设计的抗震设计方法(两水平的抗震设计方法)较为成熟,我国绝大部分特大跨径桥梁的抗震设计都是采用两水准设防两阶段设计的抗震设计方法进行的,用结构是否满足强度和延性要求来判断结构的抗震安全性。

确定工程的抗震设防标准是一项经济性和政策性很强的工作,既要保证大桥的抗震安全性,又不致使造价增加太多,所以,需要在经济与安全之间进行合理平衡,这是桥梁抗震设防的合理原则。

根据重庆市地震工程研究所提供的《重庆轨道交通环线鹅公岩长江大桥场地地震安全性评价报告》中的地震动参数,对鹅公岩大桥按《城市桥梁抗震设计规范》(CJJ 166—2011)中甲类桥梁,采用 50 年超越概率 10% 作为 E1 地震作用和 50 年超越概率 2% 作为 E2 地震作用两种地震动水平进行抗震设防。参考《城市桥梁抗震设计规范》(CJJ 166—2011)相关条款以及类似桥梁的研究成果,桥梁相应的性能目标确定为具体抗震设防标准可参见表 2.6-1。

抗震设防标准及性能目标　　　　　　　　表 2.6-1

设防地震概率水平	结构性能要求
E1 地震作用(50 年 10%)	一般不发生损坏或不需修复可继续使用
E2 地震作用(50 年 2%)	可发生局部轻微损伤,不需修复或经简单修复可继续使用

本次抗震设计按照以下步骤进行:
(1)确定地震设计目标及设防等级。
(2)结合抗震概念,进行合理的结构设计。
(3)地震反应谱和加速度时程的输入。
(4)结构动力分析。
(5)反应谱和时程分析。
(6)截面抗震验算。

参照《城市桥梁抗震设计规范》(CJJ 166—2011)中第 1.0.3 条规定,A 类桥梁抗震设防目标为:当桥梁遭受 E1 地震作用时,桥梁不受损坏或不需修复可继续使用;当桥梁遭受 E2 地震作用时,桥梁可发生局部轻微损伤,不需修复或经简单修复可继续使用。

2.6.3　列车走行性及安全性分析

由于轨道不平顺、机车车辆质量的不完全对中、各部件制造的不准确以及轮轨缺陷等因素,车-桥间具有自激的特性,无外荷载作用时,运动的车辆和桥梁会发生耦合振动。自然风中平均成分的作用会使桥梁产生静位移,脉动成分的作用会使桥梁发生抖振。当列车以一定速度通过此种情况下的桥梁时,桥梁的抖振会影响车桥耦合振动特性,而桥梁的静位移相当于改变了轨道不平顺,从而亦会影响车辆的振动。在侧向风作用下,车辆受到附加横向力和倾覆力矩的作用,车辆的振动特性会发生显著改变。列车在桥道上的存在会改变桥道的气动绕流,桥道断面的气动特性随列车的到达和离去而改变,整个主梁所受风荷载随列车的运行而发生动态变化。桥上车辆处在桥道的绕流之中,桥道的几何外形会对桥上车辆的气动荷载产生影响。此外,列车质量沿桥跨的动态分布会改变桥梁结构的自振特性,并使系统具有时变特性。上述因素的交互作用、协调工作构成了风-车-桥耦合振动系统。

风-车-桥系统本质上是双重随机激励(轨道不平顺和脉动风)作用下的时变系统,其相互作用包括三个方面的内容:①强风与大跨径桥梁间的流固耦合作用;②高速列车与大跨径桥梁间的固体接触耦合作用;③强风对高速列车的随机脉动作用。此外,车辆和桥梁间相互的气动影响以及由车辆运行引起的时变效应使风-车-桥系统变得更为复杂。

重庆鹅公岩轨道大桥主跨 600m,该桥跨径较大,且采用自锚式悬索桥体系,与常规铁路桥梁相比,整个结构较为柔性,对车辆的作用较为敏感,该桥结构形式对桥梁振动及行车安全非常不利,更易发生车-桥、风-车-桥耦合振动。

为满足本桥的安全性和舒适性要求,本项目进行了列车走行性研究专题,研究内容共包括10项:

(1)初设阶段桥梁方案车辆走行性初步分析。

针对多种初设方案,进行不同工况组合的车-桥耦合振动分析,初步评价桥上车辆运行的舒适性和安全性,必要时提出改进的建议。

(2)桥址区风场特性。

基于已有资料,结合规范规定,确定设计基准风速、颤振检验风速,确定桥址处平均风剖面指数 α 及风谱特性。

(3)结构动力特性计算与分析。

针对成桥状态及典型的施工阶段,采用国际通用的结构分析有限元程序和自主研发的桥梁结构科研分析软件 BANSYS,分组独立地建立有限元模型,计算结构固有频率及振型,并相互校核。

(4)车桥组合状态下车辆气动力风洞试验测试。

采用交叉滑槽系统,通过车桥组合节段模型,测试单车位于迎风侧、单车位于背风侧、双车共存等情况下车辆和桥梁各自的静力三分力系数,并考查风攻角的影响。

(5)相邻桥对车辆气动力影响的风洞试验。

通过风洞试验,测试上游桥和下游桥共存情况下车辆的气动力,确定相邻桥对车辆气动力的影响。

(6)车-桥耦合振动分析(无风)。

建立车-桥耦合振动分析模型,基于轮轨间的几何耦合关系和力学耦合关系,通过迭代的方法,对不同车速情况下车-桥耦合振动进行仿真分析,评价桥梁和车辆的安全性及舒适性。

(7)风-车-桥耦合振动分析。

建立风-车-桥系统耦合振动分析模型,根据桥址区风特性,数字模拟沿主梁分布的随机脉动风速场,根据测试的气动力系数确定车辆和桥梁的风荷载,对选定风速和车速组合情况下风-车-桥系统耦合振动进行分析,考察各参数对桥梁和车辆的安全性及舒适性的影响。

(8)桥塔处风荷载突变对车辆走行性的影响。

当车辆运行至桥塔迎风侧塔柱后方时,车辆所受风载快速减小;当车辆通过该塔柱后,车辆所受风载又快速增大。这种风载突变效应会导致车辆响应增加,对车辆运行是不利的。通过 CFD(Computational Fluid Dynamics,计算流体动力学)数值风洞模拟桥面风场的分布情况,基于风速差异对车辆气动力进行折减,通过风-车-桥耦合振动分析确定桥塔对车辆响应的影响。

(9)封闭风速及限制车速。

基于风-车-桥系统耦合振动响应,综合考虑桥梁和车辆的安全性指标及舒适性指标,确定不同车速下保持车辆安全运行的风速阈值以及不同风速下保持车辆安全运行的车速阈值。

(10)车辆走行性能综合评价及建议。

根据上述风洞试验及分析计算结果,对该桥的车辆走行性能进行分析评价,必要时提出改善结构性能措施的建议。

综合上述分析,本书研究中车辆及桥梁的评定标准见表2.6-2。

本书研究中车辆及桥梁的评定标准　　　　表2.6-2

	桥梁及车辆的评价指标		限 定 标 准
桥梁		横向挠跨比	无风:$L/4000$;有风:$L/1200$
		竖向挠跨比	$L/600$
		横向加速度(m/s^2)	1.4
		竖向加速度(m/s^2)	3.5
		单侧竖向梁端折角(rad,1/1000)	2
		单侧横向梁端折角(rad,1/1000)	1.5
动车	安全性	脱轨系数	0.8
		轮重减载率	0.6
		轮轴横向力(kN)	80(AW0),80(AW3)
	舒适度	横向加速度(m/s^2)	1.5
		竖向加速度(m/s^2)	2.0
		横向Sperling指数(舒适度斯佩林指数)	≤2.75(优秀),≤3.10(良好),≤3.45(合格)
		竖向Sperling指数(舒适度斯佩林指数)	≤2.75(优秀),≤3.10(良好),≤3.45(合格)
拖车	安全性	脱轨系数	0.8
		轮重减载率	0.6
		轮轴横向力(kN)	80(AW0),80(AW3)
	舒适度	横向加速度(m/s^2)	1.5
		竖向加速度(m/s^2)	2.0
		横向Sperling指数(舒适度斯佩林指数)	≤2.5(优秀),≤2.75(良好),≤3.0(合格)
		竖向Sperling指数(舒适度斯佩林指数)	≤2.5(优秀),≤2.75(良好),≤3.0(合格)

2.6.4　桥梁防船撞设计

为实现桥梁防船撞设计的目标,本项目进行了船撞专题研究,研究目的和内容如下:
1)研究目的
(1)明确鹅公岩轨道大桥各桥塔的船撞倒塌概率。
(2)通过精细化数值模拟分析确定各桥塔的设防船撞力。
(3)对桥梁在船撞动力荷载作用下的安全性和舒适性进行研究。

（4）为存在较大船撞风险的桥塔提出降低风险的建议。
2）研究内容
（1）不同水位下，鹅公岩轨道大桥各桥塔的抗力计算。
（2）计算不同水位及全年水位变化下各桥塔及全桥的年倒塌频率，确定全桥的风险水平。
（3）根据风险分析结果，确定桥梁的船撞设防代表船型及撞击点位置。
（4）不同水位下，对鹅公岩轨道大桥进行船撞数值模拟分析，确定设防船撞力。
（5）分析船撞力时程作用下结构关键部位的动力响应。
（6）评估撞击条件下列车在主桥典型位置时的安全性。
（7）评估撞击条件下列车在主桥典型位置时的舒适性。
（8）根据分析结果，对船撞风险较大的桥塔提出降低风险的建议。

2.7　耐久性设计

2.7.1　总则

耐久性设计至关重要，特别是对于不可更换的混凝土构件，需通过调查项目处腐蚀环境，重点参照铁路、公路系统耐久性规范，进行精细研究，得到本项目的一些耐久性要求；对钢结构重点吸纳国内外最新经验，选用合适的防腐方案；对可更换构件，按维护、更换构件处理。
1）混凝土结构耐久性设计应包括的内容
（1）混凝土结构及构件的设计使用年限。
（2）混凝土结构的环境类别及环境作用等级。
（3）混凝土结构用材料的性能及耐久性指标要求。
（4）混凝土结构裂缝控制措施。
（5）混凝土结构构造措施。
（6）严重腐蚀环境下对混凝土结构采取的防腐蚀强化措施。
（7）在设计年限内对混凝土结构采取的跟踪检查与维修要求。
2）钢结构耐久性设计应包括的内容
（1）钢结构及构件的设计使用年限。
（2）钢结构的环境类别及环境作用等级。
（3）钢结构用材料的性能及耐久性指标要求。
（4）钢结构疲劳裂纹控制措施。
（5）钢结构构造措施。
（6）严重腐蚀环境下对钢结构采取的防腐蚀强化措施。
（7）在设计年限内对钢结构采取的跟踪检查与维修要求。

2.7.2　腐蚀环境划分

1）混凝土结构腐蚀环境划分
按《铁路混凝土结构耐久性设计规范》（TB 10005—2010），根据对混凝土材料和钢筋的腐蚀机理分为6类环境类别：碳化环境、氯盐环境、化学侵蚀环境、盐类结晶破坏环境、冻融破坏环境及磨蚀环境,见表2.7-1。

环境类别统计表 表2.7-1

结构类型		碳化环境	氯盐环境	化学环境	盐类结晶	冻融环境	磨蚀环境
下部	下桥塔	T3	无	H1	无	无	无
	上桥塔	T3	无	H1	无	无	无
	桥墩台	T3	无	H1	无	无	无
	灌注桩	T2	无	H1	无	无	无
	承台	T2	无	H1	无	无	无
上部	现浇箱梁	T3	无	无	无	无	无

2)钢结构腐蚀环境划分

按《公路桥梁钢结构防腐涂装技术条件》(JT/T 722—2008),大气区腐蚀种类分为6类: C1(很低)、C2(低)、C3(中等)、C4(高)、C5-I(很高,工业)、C5-M(很高,海洋)。

考虑到桥位所处环境常年湿度较大、温差变化也较大、紫外线辐射强,并时有酸雨,因此本桥大气区钢结构环境类别宜定为C4与C5-I之间。

2.7.3 总体要求

1)桥梁构件设计使用年限

本项目大桥整体设计寿命为100年。结构整体使用年限通过构件的设计使用年限的设定来实现。构件的设计使用年限需要综合考虑构件的重要性、可更换性,针对具体环境作用下的耐久性极限状态来确定。构件设计使用年限的总体确定原则是:不可更换的构件、难以维护的构件以及结构主要构件至少需要达到结构整体使用年限;可更换构件、可维修的次要构件的设计使用年限可视具体情况低于总体设计使用年限,但要明确其预定的更换次数和维修次数。

桥梁各构件设计寿命建议值、耐久性设计的控制环境作用等级以及设计使用年限终结对应的耐久性极限状态见表2.7-2。

耐久性极限状态 表2.7-2

部 件	设计使用年限(年)
主梁、主塔、主缆	100
吊索	20
支座	50
栏杆、伸缩缝、阻尼器	20
钢结构防腐体系	20

2)混凝土耐久性设计方法

混凝土构件包括素混凝土构件、钢筋混凝土构件和预应力混凝土构件,构件的耐久性终结时对应的状态称为耐久性极限状态。根据其具体劣化过程的不同,汇总构件的耐久性极限状态,确定耐久性设计的极限状态需要综合考虑构件的正常使用功能和构件自身的安全性。本项目按耐久性极限状态进行设计。

3）钢结构耐久性设计方法

钢结构的耐久性设计原理是将其表面腐蚀介质进行隔离或改善腐蚀环境的大气湿度。因此相对应的，其设计方法一是对钢结构表面进行防腐层的涂敷，二是设置抽湿系统。

2.7.4 材料要求与裂缝控制

1）混凝土结构

（1）材料要求。

具体材料要求如表2.7-3所示。

材料要求 表2.7-3

具体部位	混凝土最低强度等级	最小保护层厚度(mm)		暂定附加防腐措施	混凝土类型	构件类型	备注
		内部	外部				
主梁	C50	40	50	涂层	高性能混凝土	预应力	大气区
桥塔	C50	40	50	涂层		部分预应力	大气区、水位变动区、水下区
现浇桥墩	C40	40	50	涂层	混凝土	普通钢混	大气区、水位变动区、水下区
现浇承台	C40	—	50	—		普通钢混	泥下区
钻孔灌注桩	C40 水下	—	60	—		普通钢混	泥下区
护栏底座	C45	—	40	—		普通钢混	大气区

（2）裂缝宽度控制。

各构件的裂缝控制按《铁路混凝土结构耐久性设计规范》(TB 10005—2010)及《铁路桥涵钢筋混凝土和预应力混凝土结构设计规范》(TB 10002.3—2005)执行。

2）钢结构

（1）材料要求。

对于难以检查、养护的部位，必要时考虑采用同级别的耐候钢，以提高结构耐久性。

钢结构均需根据所处环境分区，采用成熟可靠的防腐措施，如重防腐、除湿等。

主缆吊杆等高强钢丝可以考虑采用防腐性能更佳的锌铝合金镀层。

（2）设计要求。

钢结构防腐体系的设计，应充分参考《公路桥梁钢结构防腐涂装技术条件》(JT/T 722—2008)和《铁路钢桥保护涂装及涂料供货技术条件》(TB/T 1527—2011)，择优选择长效型防腐体系。

钢箱梁内部、主缆内部以及鞍室、锚室等相对密闭区域，应进行除湿设计。

2.7.5 其他

（1）建立可行和适当的通道系统，以便进行监测、检查、维修。

（2）所有需要进行维护的构件的设计应考虑易于维护，内部构件更换时需便于取出、送入。

（3）凡需要进行修补工作的地方，设计应确保它最小限度地干扰轨道交通。

（4）应确保使用和运营养护人员安全。

第 3 章　车-桥、风-车-桥耦合振动性能研究

3.1　研究背景

3.1.1　项目背景

重庆鹅公岩轨道大桥位于重庆城市轨道环线的重要节点,系双塔五跨连续钢箱梁悬索桥,跨径组合为 50m+210m+600m+210m+50m,行车设计速度为 80km/h。全桥结构布置形式如图 3.1-1 所示。

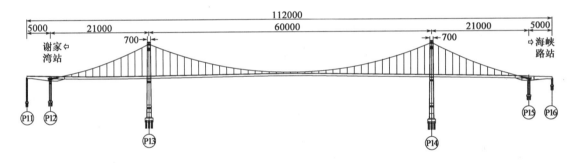

图 3.1-1　鹅公岩轨道大桥总体布置(尺寸单位:cm)

索塔为门式框架结构,左桥塔(图 3.1-1 中左)高 157.9m,右桥塔(图 3.1-1 中右)高 163.9m,横桥向由上、中、下三道箱形横梁将上、下游塔柱连接形成门式框架型结构。塔柱为钢筋混凝土结构,混凝土等级为 C50,下横梁以下塔柱内填充混凝土等级为 C20。

主梁采用钢箱梁形式,全长 941.4m,桥梁主梁截面如图 3.1-2 所示。梁宽 22.0m,桥面宽 18.8m,梁高 4.5m。钢箱梁横向对称布置 4 块中腹板,纵向横隔板间距 2.5m,两侧布置风嘴,内部布置 I 肋。钢箱梁顶板、底板、边腹板、中腹板、I 肋尺寸顺桥向变化。加劲梁锚固端为混凝土箱梁,其截面形式沿顺桥向变化。

全桥共设 2 根主缆,122 根吊杆,通过吊杆将主缆与主梁相连,主缆布置在桥梁的两侧。主缆直径 $D=625.0$mm,间距为 19.5m,每根主缆由 92 股钢丝束组成,其中每股钢丝束由 127 根直径为 5.3mm 的锌铝合金钢丝组成,其标准强度为 1860MPa,主缆中跨矢跨比为 1/10。吊杆标准强度为 1770MPa,间距为 15m。

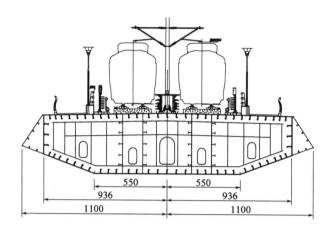

图 3.1-2 横截面布置图(尺寸单位:cm)

3.1.2 桥址区风特性

桥址区风特性分析是进行风致响应分析的前提。通过桥址区风特性分析,可以确定大桥的设计风速标准、平均风速的空间变化规律、脉动风速的随机特性以及各级常见风速的发生概率。当桥梁所在地区的气象台站具有足够的连续风速观测数据时,可采用当地气象台站年最大风速的概率分布类型,由10min 平均年最大风速推算100年重现期的数学期望值作为基本风速;当桥梁所在地区缺乏风速观测资料时,基本风速可由《公路桥梁抗风设计规范》(JTG/T 3360-01—2018)附录 A 的全国基本风速分布图或"全国各气象站台站的基本风速值"选取。由于缺乏现场实测数据,基本风速由规范确定。

重庆位于青藏高原与长江中下游平原过渡地带,地处北半球副热带内陆地区,四川盆地东南部,属于川东平行岭谷、川中丘陵和川南山地的结合部,三面环山,沟壑纵横,在夏季雷阵雨天气时常常伴有大风。重庆鹅公岩轨道大桥沿桥轴线断面为"U"形河谷,桥址区四周多山,属于 C 类地表类别,地表粗糙度系数 $\alpha = 0.22$;主梁距水面约为 59.59m,风速随高度增加而增加,因此桥面高度处的风速会进一步提高,这对桥梁和列车来说都是不利的。

3.1.3 研究意义

车-桥系统间耦合作用是指当列车以一定速度在桥梁上行驶时,对桥梁结构产生动力冲击作用,从而使桥梁结构发生变形及振动响应,引起结构的内力变化,可能导致桥梁结构局部构件疲劳损伤,从而影响桥梁结构的安全性能;与此同时,桥梁结构的形变和振动,通过轮轨间接触对车辆形成附加激励,与轨道不平顺、蛇形运动、风荷载、地震荷载等外荷载共同作用,引起车辆振动,影响列车运行过程中的平稳性和安全性。

鹅公岩轨道大桥为大跨径自锚式悬索桥,大跨径缆索称重桥梁结构偏轻柔,且自锚式悬索桥主梁由于承受主缆拉力,主梁的刚度会进一步折减,加之主梁跨径较大,对其进行车-桥及风-车-桥耦合振动研究十分必要。

3.2 国内外研究现状

由于高速列车与桥梁系统的振动问题会影响结构的安全性,目前研究者围绕系统的车辆模型、桥梁模型、轮轨相互关系以及激励源等多个方面开展了若干研究。

3.2.1 车辆模型

目前最为常见的车辆模型是基于多刚体假定建立的,将车辆模型处理成由具有一定质量的车体、转向架和轮对组成的多刚度模型,各组成部分直接通过弹簧和阻尼器相连。建模时根据各构件的物理特性,运用结构动力学的方法推导车辆的运动方程。根据不同的研究目的,学者们对车辆的多刚体模型进行了多种简化假定。

松浦章夫等、王庆波等采用将车体简化为仅有浮沉和点头两个竖向自由度的振动模型。曹雪琴等考虑车体和转向架的浮沉和点头两个竖向自由度,将四轴车辆简化为具有6个自由度的振动模型,采用轮轨间密贴假定,研究车桥系统中桥梁的竖向振动。陈英俊在研究地震荷载下桥上行车安全性的分析中,仅考虑横向自由度,包含横摆、侧滚与摇头,将四轴车辆模型简化为具有17个自由度的车辆模型。中南大学的曾庆元、郭向荣等对车体、转向架和轮对的自由度分别简化,其中,车体考虑浮沉、点头、横摆、摇头和侧滚,转向架考虑浮沉、横摆、摇头和侧滚,而轮对仅考虑横摆和浮沉,将车辆简化为具有21个自由度的振动模型,采用该模型研究了多种桥型的车桥耦合动力问题。北京交通大学的夏禾、张楠团队将车辆模型处理为由车体、转向架、轮对以及弹簧–阻尼器悬挂装置组成的多自由度振动系统,将列车模型处理为由多个独立的车辆模型组成的系统。在车辆与桥梁耦合振动分析中,忽略车辆各构件的纵向拉伸和轮对的点头与摇头运动,将四轴车辆简化为具有27个自由度的空间振动模型。

随着车辆轻量化的发展趋势,研究者们提出,多刚体假设忽略了车体自身的变形情况,对车辆振动的研究并不够深入,因此,近年来,关于柔性车体模型的研究逐渐发展起来。同济大学的吴定俊等提出采用考虑车体的柔性,同时合理考虑悬挂体系的非线性问题,精细处理车辆模型,使其更接近于实际车辆状态,分析中采用商业软件建模,减少理论推导和程序编制过程,提高效率。

3.2.2 桥梁模型

桥梁结构的自由度多,结构复杂,建模时常见的方法有模态坐标法和有限元法。其中,模态坐标法是用少数低阶的独立子结构模态坐标描述整个系统运动的独立广义坐标的方法,在桥梁结构中引入综合模态的分析方法,用振型叠加来计算桥梁结构的动力响应,以减少运动方程自由度的数量。夏禾等采用了模态坐标法来建立桥梁模型,这一方法的优势在于,可以用较少数的桥梁振型计算得到结构的动力响应,并获得满意的精度,对于具有上万个自由度的空间结构,选取数十阶振型即可计算整体的动力响应,大大提高了计算效率,可以解决大型复杂结构系统动力分析时自由度数多、计算时间长的问题。但是,采用振型叠加法时不能考虑桥梁结构局部的动力特性,且忽略了非线性的影响,在复杂的大跨径桥梁分析中,振型叠加法不再适用。随着计算机技术的广泛应用和有限元技术的不断发展,越来越多的研究者选择借助商业有限元软件来建立桥梁模型。有限元模型能够更准确地描述桥梁结构的特性,对于大跨径的桥梁结构,能够分析多种非线性效应对结构响应的影响。

3.2.3 轮轨接触关系

学者们对轮轨间的接触关系做了大量的试验和研究。在车辆-轨道三维空间耦合动力分析中,轮轨间的接触关系按照轮轨接触面的法向和切向分别进行研究。对轮轨法向接触的研究,常用的方法有将法向简化为竖向,假设轮对与轨道密贴接触,即轮对与轨道响应位置处的位移加速度均一致,或通过 Herz 法向接触作用力。对轮轨切向接触的研究由轮轨滚动接触理论确定轮轨切向接触作用力,切向接触关系一般采用 Kalker 线性蠕滑理论处理。

近年来,在我国高速铁路桥梁迅猛发展的背景下,国内的高等院校和相关的研究机构对车辆-桥梁耦合系统进行了多方面的深入研究,对系统的振动问题进行了大量的理论研究和数值模拟分析,开展了多方面的现场实测,取得了丰富的研究成果,并在此基础上,进一步对列车与高速铁路桥梁的耦合动力响应、客运专线桥梁与列车耦合振动及列车走行性进行了系统性的研究。这些研究成果为国内已建成或建设中的多座高速铁路的桥梁,以及众多跨江跨山谷的大跨径桥梁提供了重要参数和依据,推动了车辆-桥梁系统耦合振动问题的进一步发展。

3.3 研究内容及过程

3.3.1 结构动力特性分析

风的脉动作用及轨道车辆的快速运行会诱发桥梁结构产生振动响应,结构动力特性分析是进行结构风振及车振等动力响应分析的前提。通过结构动力特性分析,可了解结构的频率分布及振型特点,为模型风洞试验及风-车-桥系统耦合振动分析提供资料。针对重庆鹅公岩轨道大桥结构形式的特点,对该桥的结构动力特性进行了计算分析,用于指导后续的风洞试验及分析。

采用 ANSYS 有限元分析软件,建立结构的动力特性分析数值模型,其中,桥塔各构件均采用空间梁单元,对于变截面桥塔,均采用单元中央截面的几何特性,主塔采用 C50 混凝土,其弹性模量取值为 3.45×10^4MPa,泊松比采用 0.2,材料密度为 2600kg/m³,主塔填充混凝土采用 C20 混凝土。锚固端采用空间梁单元,其材料为 C55 混凝土,弹性模量取为 3.55×10^4MPa,泊松比采用 0.2,材料密度为 2600kg/m³。主梁采用空间梁单元,其材料为钢材,弹性模量取为 2.06×10^5MPa,泊松比采用 0.3,材料密度为 9172kg/m³(钢桁架构件计算密度参考设计院提供的钢结构主梁重量换算得到)。主缆采用杆单元进行模拟,弹性模量取为 2.0×10^5MPa,泊松比采用 0.3,材料密度为 9694kg/m³。吊杆采用杆单元进行模拟,弹性模量取为 2.0×10^5MPa,泊松比采用 0.3,材料密度为 0(参考设计院提供的数据,将吊杆重量、索夹重量、主缆防护重量、主缆检修道重量等一并计在主缆密度内)。主梁上的二期恒载采用质量点单元模拟其质量特性。主缆、吊杆和主梁采用钢臂连接。全桥有限元模型如图 3.3-1 所示,计算得到结构的自振频率及自振特性如表 3.3-1 所示。

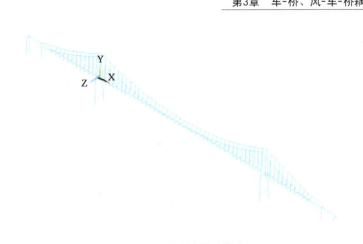

图 3.3-1　全桥有限元模型

成桥状态自振频率表　　　　　　　　　表 3.3-1

阶　次	频率（Hz）	振 型 描 述
1	0.0963	加劲梁纵漂
2	0.1642	加劲梁对称横弯-1
3	0.1644	加劲梁反对称竖弯-1
4	0.1943	加劲梁对称竖弯-1
5	0.3113	加劲梁对称竖弯-2
6	0.4230	两侧桥塔横弯
7	0.4278	主缆交错摆动-1
8	0.4432	主缆向一侧摆动
9	0.4660	加劲梁反对称竖弯-2
10	0.4725	主缆摆动 + 西侧桥塔、桥墩横弯
11	0.4853	主缆交错摆动-2
12	0.5088	主缆摆动 + 东侧桥塔、桥墩横弯
13	0.5194	主缆反对称摆动
14	0.5715	西侧桥墩 + 桥塔横弯
15	0.5732	加劲梁对称竖弯-3
30	0.9505	加劲梁正对称扭转-1

由表 3.3-1 可见，该桥梁结构较为轻柔，弯曲振动频率较低，在横风作用下容易发生风致振动，列车行驶通过时也可能会引起较大的列车响应及桥梁响应。

3.3.2　车桥系统气动力系数的风洞试验

为确定风-车-桥系统中车辆和桥梁各自的气动力系数，分别制作了桥梁和车辆节段模型，采用交叉滑槽系统在西南交通大学做了较为系统的风洞试验。

1）实验概况

试验在西南交通大学单回流串联双试验段工业风洞（XNJD-1）第二试验段中进行，该试验段断面为 2.4m(宽)×2.0m(高)的矩形,最大来流风速为 45m/s,最小来流风速为 0.5m/s。试验段中设有专为桥梁节段模型静力三分力试验用的侧壁支撑及测力天平系统,由计算机控制的模型姿态角 α(来流相对于模型的攻角)调整机构角度变化的范围为 ±20°,变化间隔最小为 0.1°,并与数据采集系统相连。对于单独桥梁或单独车辆的情况,可直接利用该装置进行不同风速下的测试;对于桥梁和车辆共存的情况(车辆位于桥梁上),先采用交叉滑槽系统实现两者气动力的分离,然后再利用该天平分别进行车辆和桥梁气动力的测试。为确保天平处于正常工作状态,风洞试验之前首先对测试天平的阻力分量、升力分量及力矩分量进行了复核性标定,标定结果表明测试天平处于良好的工作状态。

针对成桥状态(考虑老桥影响、不考虑老桥影响),采用交叉滑槽系统分别测试了桥上无车、单车、列车位于桥道迎风侧、列车位于桥道背风侧及双车(上行和下行)同时位于桥上四种状态时,不同攻角情况下车辆和桥梁各自的三分力系数。为确保试验的正确性,对列车位于桥道迎风侧、列车位于桥道背风侧以及双车同时位于桥上三种状态下车-桥系统的气动力进行了闭合性检验,即除测试车辆和桥梁各自的气动力外,还将车辆和桥梁连接成一体测试其合力,并将车辆和桥梁气动力之和与测试得到的二者的合力进行比较,以确保试验的可靠性。

不考虑老桥影响下,风洞试验如图 3.3-2 所示;考虑老桥影响下,风洞试验如图 3.3-3 所示。

图 3.3-2 不考虑老桥影响风洞试验

图 3.3-3 考虑老桥影响风洞试验

为检验雷诺数对模型气动特性的影响,对各工况均进行了三种级差风速下的试验。成桥状态(不考虑老桥影响)三分力试验工况如表 3.3-2 所示,成桥状态(考虑老桥影响)三分力试验工况如表 3.3-3 所示。

成桥状态三分力试验工况(无旧桥) 表 3.3-2

模型类别	试验内容	系统状态	风速及攻角
单独车辆模型	测试三分力 (仅车辆)	仅有车辆模型	三种级差风速,α = -6° ~ +6°,Δ = 1°
轨道交通布置	测试三分力 (桥梁和车辆)	仅有桥梁模型	三种级差风速,仅有桥梁模型状态, α = -12° ~ +12°,Δ = 1°。 对于其他状态,采用三种 攻角 -3°,0°,+3°
		车辆位于桥梁的迎风侧	
		车辆位于桥梁的背风侧	
		双车同时存在于桥上	

成桥状态三分力试验工况(有旧桥)　　　　　表 3.3-3

模型类别	试验内容	系统状态	风速及攻角
轨道交通布置	测试三分力 (桥梁和车辆)	仅有桥梁模型	三种级差风速,对于各种状态,采用三种攻角 $-3°, 0°, +3°$
		车辆位于桥梁的迎风侧	
		车辆位于桥梁的背风侧	
		双车同时存在于桥上	

2) 三分力系数的取值

上游桥梁对本桥有较强的遮挡效应,同样的风速下,不考虑上游桥梁的影响时更为不利,所以在风-车-桥耦合振动分析中,各个分析工况分别采用了不考虑旧桥影响下 15m/s 风速、三种攻角下测量得到的桥梁、车辆风轴坐标系下三分力系数,汇总于表 3.3-4。

风-车-桥分析中采用各工况下的三分力系数　　　　　表 3.3-4

工况	测试对象	C_D			C_L			C_M		
		$-3°$	$0°$	$3°$	$-3°$	$0°$	$3°$	$-3°$	$0°$	$3°$
仅车辆模型	车辆	1.386	1.425	1.442	1.016	0.820	0.647	0.017	-0.120	-0.152
仅桥梁模型	桥梁	1.822	1.837	1.568	-0.356	-0.154	-0.161	-0.088	-0.041	-0.013
桥梁和迎风侧车	桥梁	1.575	1.533	1.528	-0.569	-0.387	-0.148	-0.164	-0.120	-0.051
桥梁和迎风侧车	迎风侧车	0.485	0.532	0.485	0.526	0.818	0.526	-0.044	-0.028	-0.044
桥梁和背风侧车	桥梁	1.789	1.704	1.705	-0.582	-0.363	-0.090	-0.133	-0.083	-0.015
桥梁和背风侧车	背风侧车	0.416	0.422	0.270	0.249	0.435	0.366	-0.005	-0.002	0.094
桥梁和双车	桥梁	1.589	1.541	1.530	-0.594	-0.405	-0.155	-0.160	-0.117	-0.046
桥梁和双车	迎风侧车	0.496	0.555	0.383	0.655	0.917	0.873	0.002	-0.056	-0.028
桥梁和双车	背风侧车	0.100	0.097	-0.021	0.031	0.120	0.073	0.021	-0.004	-0.012

3.3.3　风-车-桥耦合振动分析模型

1) 车辆及桥梁模型

车辆动力学模型中通常将车体、转向架、轮对等视作刚体,刚体之间通过弹性元件和阻尼元件相互连接,整个车辆可采用质点-弹簧-阻尼器模型。对于二系悬挂的四轴车辆,整个车辆可以分成 7 个刚体部件:1 个车体、2 个转向架及 4 个轮对,刚体之间通过弹性元件和阻尼元件相互连接(图 3.3-4)。轮轨接触几何学的研究表明,当不考虑轨道振动时,每个轮对具有 2 个独立的自由度:横移和摇头。单一的刚体在空间具有 6 个自由度,当列车匀速直线前进时,车体、构架及轮对沿列车运行方向的振动(伸缩)对桥梁的竖向及横向振动几乎无影响,可忽略各刚体沿列车运动方向的自由度,此时车体和转向架各有五个自由度:横移、浮沉、侧滚、点头及摇头,整个车辆共有 23 个自由度。

桥梁结构分析模型采用有限元方法建立,实际分析中,利用 3.3.1 节中有限元模型的节点、单元等信息生成质量、刚度和阻尼矩阵。

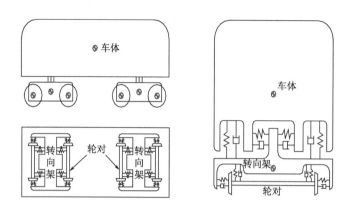

图 3.3-4　车辆弹簧悬挂系统模型

2）脉动风场模拟

自然风在时间上和空间上都是随机的,结构抗风分析中通常近似地将其视为多维多变量各态历经的平稳高斯过程。总的来说,随机过程的数值模拟技术可分为两类:一是基于线性滤波技术的回归方法;二是基于三角级数叠加的谱解法(Spectral representation)。谱解法的特点是算法简单,理论完善,其样本的高斯特性、均值及相关函数的一致性、均值及相关函数的各态历经特性等都已得到数学证明,模拟结果较为可靠,但计算工作量较大。随着计算技术的进一步发展,谱解法在工程领域得到了广泛的应用。本书研究采用谱方法进行脉动风场模拟。

3）桥梁及车辆的风荷载

作用在桥梁主梁上的风荷载通常被分成三部分,即由平均风引起的静风力、由脉动风引起的抖振力以及由结构与流体相互作用引起的自激力。风-车-桥耦合振动分析需要时域化的风荷载。静风力仅与来流平均风速有关,各时刻保持不变,抖振力和自激力则是时间的函数。静风力采用基于三分力系数的定常表达;抖振力采用基于脉动风速场的 Scanlan 准定常表达形式,并可引入气动导纳函数进行修正。自激力采用 Lin 提出的基于脉冲响应函数的时域表达式,桥梁断面非定常气动力传递函数采用有理函数表达,其中的卷积项采用递推方式求解。作用在主梁上的风荷载分三部分详述如下。

(1)静风力

作用在桥道上的静风荷载通常用体轴坐标系和风轴坐标系表示。体轴坐标系下,作用在主梁单位长度上的静力风荷载可表示为:

横桥向风荷载(阻力)如式(3.3-1)所示:

$$F_H = \frac{1}{2}\rho U^2 C_H(\alpha_0) D \tag{3.3-1}$$

竖向风荷载(升力)如式(3.3-2)所示:

$$F_V = \frac{1}{2}\rho U^2 C_V(\alpha_0) B \tag{3.3-2}$$

扭转风荷载(力矩)如式(3.3-3)所示:

$$F_M = \frac{1}{2}\rho U^2 C_M(\alpha_0) B^2 \tag{3.3-3}$$

式中： ρ——空气密度；

$\qquad U$——来流平均风速；

$C_H(\alpha_0)$、$C_V(\alpha_0)$、$C_M(\alpha_0)$——体轴系下攻角为 α_0 时的三分力系数；

$\qquad D$、B——主梁断面的高度和宽度。

风轴坐标系下，作用在主梁单位长度上的静力风荷载仍可采用上式表达，但三分力系数必须采用风轴系下的三分力系数 $C_D(\alpha_0)$，$C_L(\alpha_0)$，$C_M(\alpha_0)$。

三分力系数通常随攻角而变化，可通过静力节段模型试验来确定。对于风-车-桥系统中的一段桥道，由于列车的影响，其所受的静风荷载与列车的位置有关。当其上有车时，静力风荷载表达式应采用考虑了车辆气动影响的三分力系数；当其上无车时，静力风荷载表达式中的三分力系数不考虑车辆影响。此外，桥上双车共存时主梁的气动力系数与仅有单车及无车时主梁的气动力系数亦有差异。本书研究中取 3.2.2 节中的 15m/s 风速下风洞实测的三分力系数进行风-车-桥耦合振动分析。

(2) 抖振力

根据 Scanlan 的准定常气动力表达式，并引入气动导纳函数修正，作用在主梁单位展长上的抖振力可表达如下式所示：

$$D_{bu}(x,t) = \frac{1}{2}\rho U^2 B \left[2\frac{A}{B}C_D(\alpha_0)\frac{u(x,t)}{U}\gamma_1(t) \right]$$

$$L_{bu}(x,t) = \frac{1}{2}\rho U^2 B \left\{ 2C_L(\alpha_0)\frac{u(x,t)}{U}\gamma_2(t) + \left[C'_L(\alpha_0) + \frac{A}{B}C_D(\alpha_0) \right]\frac{w(x,t)}{U}\gamma_3(t) \right\}$$

$$M_{bu}(x,t) = \frac{1}{2}\rho U^2 B^2 \left[2C_M(\alpha_0)\frac{u(x,t)}{U}\gamma_4(t) + C'_M(\alpha_0)\frac{w(x,t)}{U}\gamma_5(t) \right] \qquad (3.3\text{-}4)$$

式中：D_{bu}、L_{bu}、M_{bu}——抖振阻力、抖振升力及抖振力矩；

$\qquad \rho$——空气密度；

$\qquad U$——平均风速；

$\qquad A$——梁高；

$\qquad B$——桥面宽度；

$\qquad \alpha_0$——桥面与来流的夹角；

C_D、C_L、C_M——主梁断面的阻力、升力、力矩系数；

$\qquad C'_L$、C'_M——升力系数和力矩系数的斜率；

$u(x,t)$、$w(x,t)$——主梁 x 处横桥向及竖向的脉动风速；

$\gamma_1(t) \sim \gamma_5(t)$——时域气动导纳函数，分析中偏安全的取为 1.0。

式中三分力系数及其斜率的选择与静力风荷载相似，即当某一段桥道上有车时，其抖振风荷载表达式应采用考虑了车辆影响后的三分力系数及斜率；当其上无车时，抖振风荷载表达式中的三分力系数及斜率不考虑车辆影响。

(3) 自激力

基于颤振导数，Scanlan 首先提出了 6 个颤振导数的桥梁断面的自激力表达式，后来扩充为 18 个颤振导数的表达形式。考虑到颤振导数的测试精度和各参数敏感性，实际应用常采用下面的表达形式(11 个颤振导数)：

$$D_{se} = \frac{1}{2}\rho U^2 B \left(KP_1^* \frac{\dot{p}}{U} + KP_2^* \frac{B\dot{\alpha}}{U} + K^2 P_3^* \alpha \right) \tag{3.3-5}$$

$$L_{se} = \frac{1}{2}\rho U^2 B \left(KH_1^* \frac{\dot{h}}{U} + KH_2^* \frac{B\dot{\alpha}}{U} + K^2 H_3^* \alpha + K^2 H_4^* \frac{h}{B} \right) \tag{3.3-6}$$

$$M_{se} = \frac{1}{2}\rho U^2 B^2 \left(KA_1^* \frac{\dot{h}}{U} + KA_2^* \frac{B\dot{\alpha}}{U} + K^2 A_3^* \alpha + K^2 A_4^* \frac{h}{B} \right) \tag{3.3-7}$$

式中：$P_i^*(i=1,2,3)$、H_i^*、$A_i^*(i=1\cdots,4)$——桥梁断面的颤振导数，可通过节段模型风洞试验测试；

K——折算频率，$K = \dfrac{B\omega}{U}$。

自激力是由结构运动引起的气流对结构的反馈作用，结构动力特性分析表明本桥振动频率较低，易发生风致振动。

风-车-桥耦合振动分析是在时域中进行的，因此需要时域化表达的自激力。桥梁断面自激力的时域化模型有 Scanlan 提出的过渡函数模型和 Y. K. Lin 提出的脉冲响应函数模型。Y. K. Lin 认为自激力由线性机理产生，可采用脉冲响应函数卷积的形式来表达。本书研究采用 Y. K. Lin 时域化模型，采用非线性最小二乘拟合技术对主梁的颤振导数进行时域化拟合。竖向及扭转两方向频域形式的颤振导数通过节段模型风洞试验测试得到。侧向颤振导数通常仅考虑前三项，可采用拟定常近似形式：

$$P_1^*(k) = \frac{-2C_D}{K}, P_2^*(k) = \frac{C_D'}{K}, P_3^*(k) = \frac{C_D'}{K^2} \tag{3.3-8}$$

式中：C_D——阻力系数；

C_D'——阻力系数曲线斜率；

K——折算频率。

风洞节段模型试验中测试了成桥状态（考虑老桥影响、不考虑老桥影响）、最不利施工状态（不考虑老桥影响）的颤振导数，本书研究中采用成桥状态（考虑老桥影响）的颤振动导数进行风-车-桥耦合振动分析。

横桥向风作用下车辆上的风荷载与主梁类似，亦可分为三部分，即静风力、抖振力和自激力。

由于车辆的运动，其在横风向具有一定的速度，计算风荷载时应采用风速和车辆速度的合成速度，且考虑等效斜交风效应。已有研究表明，对于较长的轨道车辆，其侧向气动力系数近似符合余弦规则。我们基于该规则推导了车辆的风荷载表达式，结果表明车辆所受的静风力和抖振力可采用类似主梁风荷载表达式，但是式中的三分力系数应取车辆的三分力系数值，特征尺寸应为车辆的高度和宽度。当桥道截面沿跨向不变时，列车通过整个桥梁的过程中车辆的三分力系数不变；当主梁采用变截面时，列车的三分力系数随车辆前进位置的不同而相应地变化。此外，列车位于迎风侧时和位于背风侧时的三分力系数不同，双车共存时与仅有单车时的气动力系数亦不同。

列车所受抖振力按主梁风荷载表达式求解时，式中横桥向及竖向的脉动风速根据车辆所在位置确定，车辆所受的脉动风速与车辆所在梁段的脉动风速相同。随着列车的前行，车辆所受的脉动风速对应于不同梁段处的风速时程。

列车宽度较窄(2~6m),且断面较为钝化,其气动耦合作用应较弱。因此,风-车-桥系统分析中忽略列车的自激力作用。

(4)风-车-桥耦合振动模型

风-车-桥系统中,风-车系统间的相互作用仅考虑定常力和准定常力,风-桥系统间的耦合通过对非线性风荷载的迭代来实现,车-桥系统间的耦合通过车、桥两子系统间的分离迭代来实现。风-车-桥系统运动方程可表示为:

$$M_b \ddot{u}_b + C_b \dot{u}_b + K_b u_b = F_{stb} + F_{bub} + F_{seb} + F_{vb} \qquad (3.3\text{-}9)$$

$$M_v \ddot{u}_v + C_v \dot{u}_v + K_v u_v = F_{stv} + F_{buv} + F_{bv} \qquad (3.3\text{-}10)$$

式中:下标 b、v——桥梁及车辆;

F_{st}、F_{bu}、F_{se}——静力风荷载、抖振风荷载及自激风荷载;

F_{vb}、F_{bv}——车-桥系统间的相互作用力。

对于风-车-桥系统,可将桥梁及车辆运动方程分别独立求解,通过分离迭代来满足车、桥两子系统间的几何、力学耦合关系。

本书研究中采用我们自主研发的桥梁科研分析软件系统 BANSYS(Bridge Analysis System)进行风-车-桥系统耦合振动计算分析。

(5)车桥响应评定标准

根据《城市轨道交通桥梁设计规范》(GB/T 51234—2017)、《高速铁路设计规范》(TB 10621—2014)、《地铁设计规范》(GB 50157—2013)及《铁路桥梁检定规范》(铁运函〔2004〕120号)等规范对线路设计和车辆安全性、舒适性指标的规定,选取的评定标准如表 3.3-5 所示。

本研究中车辆及桥梁的评定标准　　　　表 3.3-5

	桥梁及车辆的评价指标		限 定 标 准
桥梁		横向挠跨比	无风:$L/4000$;可行车风速:$L/1200$;更高风速:由结构安全性来控制
		竖向挠跨比	$L/600 \sim L/400$
		横向加速度(m/s^2)	1.4
		竖向加速度(m/s^2)	3.5
		单侧竖向梁端折角(rad, 1/1000)	2.0
		单侧横向梁端折角(rad, 1/1000)	1.5
动车	安全性	脱轨系数	0.8
		轮重减载率	0.6
		轮轴横向力(kN)	47.0(AW0),66.6(AW3)
	舒适度	横向加速度(m/s^2)	1.0
		竖向加速度(m/s^2)	1.3
		横向 Sperling 指数(舒适度斯佩林指数)	≤2.5(优秀),≤2.75(良好),≤3.0(合格)
		竖向 Sperling 指数(舒适度斯佩林指数)	≤2.5(优秀),≤2.75(良好),≤3.0(合格)

续上表

桥梁及车辆的评价指标			限定标准
拖车	安全性	脱轨系数	0.8
		轮重减载率	0.6
		轮轴横向力(kN)	46.8(AW0),66.4(AW3)
	舒适度	横向加速度(m/s²)	1.0
		竖向加速度(m/s²)	1.3
		横向Sperling指数 (舒适度斯佩林指数)	≤2.5(优秀),≤2.75(良好),≤3.0(合格)
		竖向Sperling指数 (舒适度斯佩林指数)	≤2.5(优秀),≤2.75(良好),≤3.0(合格)

3.3.4 车-桥耦合及风-车-桥计算

1) 车-桥耦合振动系统响应

车-桥耦合振动分析包括两种运营状态(单车过桥、双车过桥),分析中采用AS型车。

运行状态一:单车过桥分析,包括2种车载状态(空载AW0、超员AW3)、5种车速等共计10种工况,轨道不平顺采用美国六级谱。采用的分析车辆情况具体如下:

车载状态:空载车辆(AW0)、超员车辆(AW3);

列车编组为:拖+动+动+动+动+动+拖,共7节;

速度等级为:60km/h、70km/h、80km/h、90km/h、100km/h。

运行状态二:双车对开过桥,分别进行了两种车载状态(空载AW0、超员AW3)、8种入桥距离差(0/8、1/8、2/8、3/8、4/8、5/8、6/8、7/8 桥长)共16种工况的分析。采用的分析车辆情况具体如下:

车载状态:空载车辆(AW0)、超员车辆(AW3);

列车编组为:拖+动+动+动+动+动+拖,共7节;

速度等级为:80km/h;

入桥距离差:0/8、1/8、2/8、3/8、4/8、5/8、6/8、7/8 桥长。

(1) 运行状态一计算结果

① 车辆响应

如图3.3-5所示为空载车辆(AW0)以80km/h通过桥梁过程中第1辆动车的横向加速度、竖向加速度以及该车第1轮对的水平横向力、轮重减载率、脱轨系数时程曲线。如图3.3-6所示为超员车辆(AW3)以80km/h通过桥梁过程中第1辆动车的横向加速度、竖向加速度以及该车第1轮对的水平横向力、轮重减载率、脱轨系数时程曲线。

经计算,空载车辆(AW0)以5种车速(60km/h、70km/h、80km/h、90km/h、100km/h)通过桥梁时,车辆各响应总体上随着车速的增加而增大。在美国6级线路谱条件下,动车及拖车的轮轴横向力、轮重减载率、脱轨系数均满足要求,动车和拖车的运行安全性满足要求。对于车辆的舒适性,动车、拖车的横向加速度在60~100km/h车速下均满足要求;动车、拖车的横向

Sperling 指标在 60~100km/h 车速下均评价为"优秀";动车的竖向 Sperling 指标在 60~100km/h 车速下评价为"优秀",拖车的竖向 Sperling 指标在 60~100km/h 车速下均评价为"优秀"。

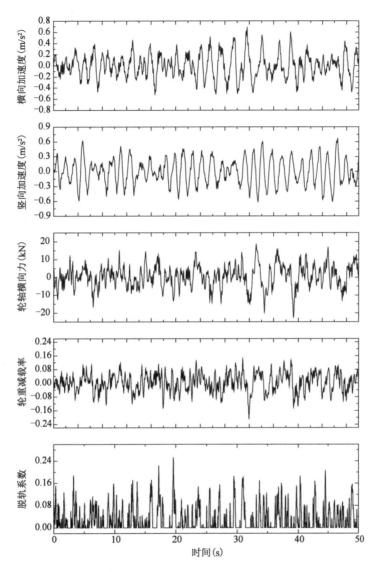

图 3.3-5 动车响应(空载 AW0,车速 80km/h)

综上所述,空载车辆(AW0)、超员车辆(AW3)在美国 6 级线路谱条件下,车辆的各项响应指标均能满足要求。

②桥梁响应

图 3.3-7 为空载车辆(AW0)的轴重为移动荷载,以 80km/h 通过桥梁过程中主跨跨中的横向位移、竖向位移、扭转角及入桥侧梁端的折角时程曲线。

图 3.3-8 为超员车辆(AW3)的轴重为移动荷载,以 80km/h 通过桥梁过程中主跨跨中的

横向位移、竖向位移、扭转角及入桥侧梁端的折角时程曲线。

经计算,空载车辆(AW0)、超员车辆(AW3)以60~100km/h的速度通过桥梁时,桥梁的横向挠跨比、横向加速度、竖向加速度和梁端折角均满足要求。

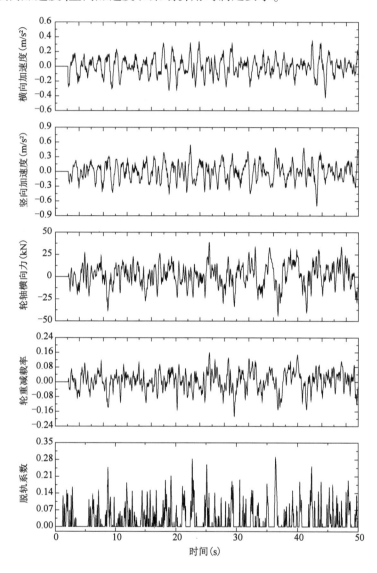

图 3.3-6　动车响应(超员 AW3,车速 80km/h)

(2)运行状态二计算结果

①车辆响应

双车无风情况,针对 8 种入桥距离差,分别对空载车辆(AW0)和超员车辆(AW3)进行车桥耦合振动分析。

空载车辆(AW0)以 80km/h 的车速双车对开时,上行侧(先入桥)的车辆在各工况下动车及拖车的脱轨系数、轮重减载率、轮轴横向力、横向及竖向加速度均满足要求,横向 Sperling 指标、竖向 Sperling 指标评价为"优秀"。下行侧（后入桥）的车辆在各工况下动车及拖车的脱轨系数、轮重减载率、轮轴横向力、横向及竖向加速度均满足要求，横向 Sperling 指标、竖向 Sperling 指标评价为"优秀"。

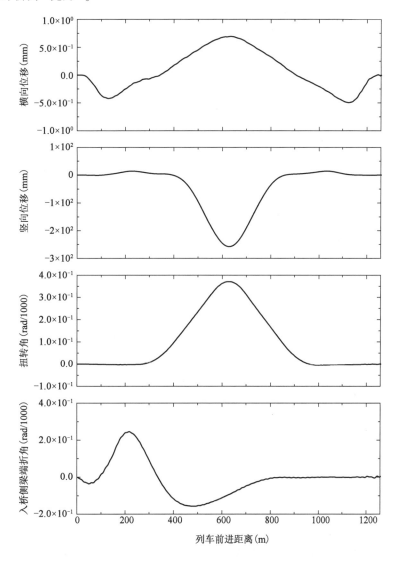

图 3.3-7　主跨跨中位移及梁端竖向折角（空载 AW0，车速 80km/h）

超员车辆（AW3）以 80km/h 车速双车对开时，上行侧（先入桥）的车辆在各工况下动车及拖车的脱轨系数、轮重减载率、轮轴横向力、横向及竖向加速度均满足要求，横向 Sperling 指标、竖向 Sperling 指标评价为"优秀"。下行侧（后入桥）的车辆在各工况下动车及拖车的脱轨系数、轮重减载率、轮轴横向力、横向及竖向加速度均满足要求，横向 Sperling 指标、竖向 Sperling 指标评价为"优秀"。

综上所述，空载车辆（AW0）、超员车辆（AW3）在美国 6 级线路谱条件下、以设计车速 80km/h 车速双车对开通过桥梁时，车辆的各项响应指标均满足规范要求。

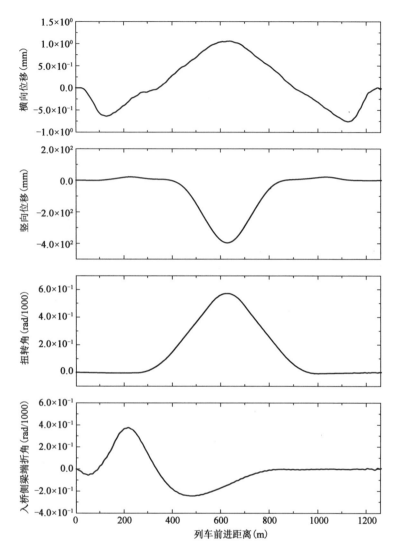

图3.3-8 主跨跨中位移及梁端竖向折角(超员AW3,车速80km/h)

②桥梁响应

空载车辆(AW0)以80km/h速度双车对开通过桥梁时,不同入桥距离差情况下桥梁的横向挠跨比、横向加速度、竖向加速度以及梁端折角均满足要求;超员车辆(AW3)以80km/h速度双车对开通过桥梁时,不同入桥距离差情况下桥梁的横向挠跨比、横向加速度、竖向加速度、水平梁端折角以及竖向梁端折角均满足要求。

2) 风-车-桥耦合振动系统响应

风-车-桥耦合振动分析包括两种运营状态(单车过桥、双车过桥),本分析中采用A型车。

运行状态一:单车过桥分析,包括48种工况,列车不平顺采用美国6级谱。分析车辆情况具体如下:

车载状态:空载车辆(AW0)、超员车辆(AW3);

列车编组为:拖+动+动+动+动+动+拖,共7节;
速度等级为:60km/h、80km/h、100km/h;
风速等级为:迎风侧15m/s、20m/s、25m/s、30m/s,背风侧15m/s、20m/s、25m/s、30m/s。
运行状态二:双车对开过桥,包括16种工况。分析车辆情况具体如下:
车载状态:空载车辆(AW0)、超员车辆(AW3);
列车编组为:拖+动+动+动+动+动+拖,共7节;
速度等级为:80km/h;
风速等级为:15m/s、20m/s、25m/s、30m/s;
入桥距离差:0/8、4/8桥长。

(1) 运行状态一计算结果

① 车辆响应

表3.3-6给出了不同风速下,空载状态(AW0)下动车及拖车以60km/h车速在迎风侧线路通过桥梁时的具体响应值,包括车辆运行安全性指标:轮轴横向力、轮重减载率、脱轨系数以及车辆运行平稳性指标:横向加速度、竖向加速度、横向Sperling指标、竖向Sperling指标。

动车及拖车的响应(空载AW0,车速60km/h,迎风侧)　　　　表3.3-6

	工况	1	2	3	4
	风速(m/s)	15	20	25	30
动车	脱轨系数	0.2554	0.2804	0.3411	0.4426
	轮重减载率	0.2021	0.2472	0.3313	0.4151
	轮轴横向力(kN)	23.2900	25.9400	31.9200	36.2000
	横向加速度(m/s²)	0.5379	0.5623	0.5953	0.6261
	竖向加速度(m/s²)	0.6727	0.6731	0.7441	0.7228
	横向Sperling指数(舒适度斯佩林指数)	1.8838	1.8877	1.8856	1.8904
	竖向Sperling指数(舒适度斯佩林指数)	1.8565	1.8690	1.8750	1.9014
拖车	脱轨系数	0.3090	0.3309	0.3957	0.4491
	轮重减载率	0.2299	0.2493	0.2833	0.4246
	轮轴横向力(kN)	23.0800	24.2700	33.1500	36.4300
	横向加速度(m/s²)	0.5379	0.5623	0.5953	0.6261
	竖向加速度(m/s²)	0.6727	0.6731	0.7441	0.7228
	横向Sperling指数(舒适度斯佩林指数)	1.9248	1.9314	1.9370	1.9359
	竖向Sperling指数(舒适度斯佩林指数)	1.7959	1.7966	1.8152	1.8322

同样的,可计算得到风速为15m/s、20m/s、25m/s的情况下,空载车辆(AW0)以60km/h、80km/h、100km/h车速通过桥梁时的车辆响应。经计算发现,在美国6级线路谱条件下,迎风

侧、背风侧动车及拖车的轮轴横向力、轮重减载率、脱轨系数均满足要求,动车和拖车的运行安全性满足要求。对于车辆的舒适性,各个工况下动车与拖车的横向加速度与竖向加速度均满足要求,动车与拖车的横向Sperling指标和竖向Sperling指标评价为"优秀"。风速30m/s时,各个车速下空载车辆的轮轴横向力已接近限值,车速100km/h时,迎风侧动车的轮重减载率也接近限值。

类似的,计算发现风速在15m/s、20m/s、25m/s、30m/s的情况下,超员车辆(AW3)以60km/h、80km/h、100km/h车速通过桥梁时,在美国6级线路谱条件下,迎风侧、背风侧动车及拖车的轮轴横向力、轮重减载率、脱轨系数均满足要求,动车和拖车的运行安全性满足要求。对于车辆的舒适性,各个工况下动车与拖车的横向加速度与竖向加速度均满足要求,动车与拖车的横向Sperling指标和竖向Sperling指标评价为"优秀"。对比不同风速下的车辆响应,未发现明显的共振风速。

②桥梁响应

综上所述,在美国6级线路谱条件下,15m/s、20m/s、25m/s风速下,以80km/h车速通过桥梁时,空载车辆(AW0)、超员车辆(AW3)的安全性和舒适性均满足要求。经计算分析,风速为15m/s、20m/s、25m/s、35m/s的情况下,空载车辆(AW0)、超员车辆(AW3)以不同速度通过桥梁时,桥梁的横向挠跨比、横向加速度、竖向加速度和梁端折角均满足要求。

(2)运行状态二计算结果

①车辆响应

经计算分析,风速为15m/s、20m/s、25m/s时,入桥距离差0/8、4/8情况下,空载车辆(AW0)和超员车辆(AW3)以80km/h车速双车对开时,上行侧(先入桥)的车辆在各工况下动车及拖车的脱轨系数、轮重减载率、轮轴横向力、竖向加速度与横向加速度均满足要求,各工况下横向Sperling指标、竖向Sperling指标评价为"优秀"。下行侧(后入桥)的车辆在各工况下动车及拖车的脱轨系数、轮重减载率、轮轴横向力、竖向加速度与横向加速度均满足要求,横向Sperling指标、竖向Sperling指标评价为"优秀"。对比不同风速下的车辆响应,未发现明显的共振风速。当风速为30m/s时,在0/8和4/8入桥条件下,AW0上行侧车与下行侧车的横竖向加速度已接近限值。

②桥梁响应

综上所述,在美国6级线路谱条件下,15m/s、20m/s、25m/s风速下,以80km/h车速双车运行通过桥梁时,空载车辆(AW0)、超员车辆(AW3)的安全性和舒适性均满足要求。经计算分析,空载车辆(AW0)、超员车辆(AW3)以80km/h速度双车对开时(入桥距离差分别为0/8和4/8桥长),在15m/s、20m/s、25m/s、30m/s风速下,不同入桥距离差情况下桥梁的横向加速度、竖向加速度以及梁端折角均满足要求,超员车辆(AW3)同时入桥时,双车的重量较重,且同时入桥时最大荷载将直接作用于主跨跨中,因此跨中竖向挠跨比较大,并已接近1/700,但仍满足要求。

3.3.5 桥塔区风环境及行车安全

1)风环境的数值分析模型

利用前处理软件ICEM进行网格划分并利用FLUENT进行计算求解。

建模过程中,选取桥塔两侧各 90m(共计 180m)长度的钢箱梁节段为计算模型,节段梁在计算域中前后延伸值计算域的前后边界。桥塔位于节段梁中间处,桥塔高度取为 170m,桥塔在计算域中上下延伸至计算域的上下边界。为了便于网格划分和计算,对梁模型进行了简化:不考虑桥面上的附属结构以及风嘴上的缝隙,考虑了轨道板的影响。对桥塔也进行了如下简化:桥塔截面取加劲梁处,建立等截面模型,并考虑桥塔倒角的影响,由于桥塔上横梁距桥面较远,故模型中未建出桥塔上横梁。桥塔和加劲梁三维几何模型如图 3.3-9、图 3.3-10 所示。

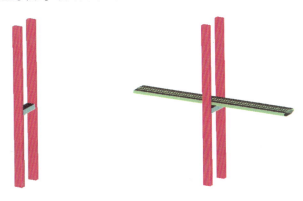

图 3.3-9　裸塔三维几何模型图　　图 3.3-10　塔梁三维几何模型

模型在计算域中的位置设置也很重要,如出口的位置距模型太近时,流体的流动可能未达到所需的发展状态,甚至在模型附近产生回流,这将使计算结果不可信;当出口距模型太远时,同样会降低计算效率。因此,合理地摆放模型位置将使计算结果的正确性和效率得到提高。计算域尺寸设置如下:加劲梁前后延伸至计算域的边界,顺桥向长度取 180m;桥塔延伸至计算域的上下边界,总高度为 170m;横桥向总长度取 360m,模型中心距速度入口 130m,距出口 230m。将加劲梁和桥塔延伸至计算域的边界可减弱边界效应的影响,同时该计算域设置能够满足阻塞率小于 3% 的要求。

各个工况模型均使用 ICEM 软件进行网格划分,各种工况网格数量为 150 万 ~ 220 万。风屏障及加劲梁网格划分如图 3.3-11 所示。

图 3.3-11　风屏障及加劲梁网格划分

本研究中模型网格划分质量相对较好,SST k-ω 模型能很好地预测近壁绕流和旋流,因此被研究采用 SST k-ω 湍流模型。

2) 桥塔区桥面风环境(无风屏障)

为考察桥塔对桥面风环境的影响,分别建立裸塔模型和塔梁模型。裸塔模型分析所得结果是基于来流风速(v_0)折减时桥塔对桥面风环境的影响,而塔梁模型分析所得的结果是基于桥面风速(v)折减时桥塔对桥面风环境的影响。分别考察了横向风作用下基于来流风速和桥面风速时桥塔对其附近区域风环境的影响。为考察雷诺数对桥面风环境的影响,对这两种模型分别计算入口风速为 10m/s、20m/s 和 30m/s 等工况。工况列表如表 3.3-7 所示。

计算分析工况列表 表3.3-7

工况	1	2	3	4	5	6
模型	裸塔模型	裸塔模型	裸塔模型	塔梁模型	塔梁模型	塔梁模型
来流风速(m/s)	10	20	30	10	20	30

裸塔模型与塔梁模型迎风侧车道竖向风剖面对比如图 3.3-12 所示。

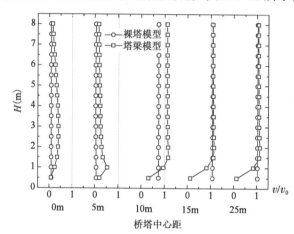

图 3.3-12 距桥塔中心不同距离迎风车道竖向风剖面(裸塔模型和塔梁模型)

根据竖向风剖面计算结果,由迎风侧车道和背风侧车道结果可得以下结论:

(1)改变来流风速,对各风剖面的风速系数 μ 影响不大,即雷诺数对桥面各断面风剖面影响很小。

(2)对于裸塔模型,桥面在不同高度处的风速变化不大,对比迎风车道和背风车道可发现,在迎风侧车道时,距桥塔中心 10m 处,桥面风速系数为 0.8 左右,背风车道相应位置处风速系数为 0.5 左右,说明裸塔模型中,桥塔对背风侧车道的影响范围比对迎风侧车道的影响范围稍大。

(3)通过对裸塔模型和塔梁模型迎风车道风速系数对比,在 0.5~1.5m 高度范围内,塔梁模型风速系数先变大后减小,在 2m 高度以上,两模型风速变化趋势相同,这表明,加劲梁对桥面风场有一定影响,其影响范围为距桥面高度 0~3m。在顺桥向,距桥塔中心 0~15m 范围内,塔梁模型风速比均稍大于裸塔模型,超过 15m 范围后,两种模型竖向风剖面差异逐渐缩小。

图 3.3-13 给出了裸塔模型与塔梁模型迎风侧车道处风速系数的对比。

根据横向风剖面计算结果,可以看出:

(1)改变来流风速,对 3m 高度处桥面的风速系数大小影响不大,说明雷诺数对该处桥面风环境影响较小。

(2)相同车道下,风速系数从桥塔中心处向桥塔两端先有稍微的降低,降低到桥塔边缘位置后,风速系数逐渐增大,一直到桥塔的影响范围以外,风速趋于来流风速。

(3)桥塔对桥面风速的影响范围为距桥塔中心正负 15m 左右(合计 30m 左右),单侧的影响范围为桥塔宽度的 2 倍左右。加劲梁对水平剖面有一定的影响,对桥塔尾流区的宽度有一定的影响。

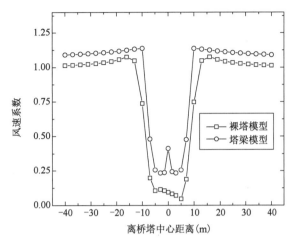

图 3.3-13 迎风侧车道顺桥向风速系数对比(裸塔模型和塔梁模型)

3) 风屏障对桥塔区风环境影响

由上一节分析结果,可以看出桥塔对桥面风环境有一定影响,因此,有必要在桥塔局部设置风屏障,利用风屏障的挡风效应来减弱桥塔处风速突变。

风屏障的形式是多种多样的,按照其外形可分为直线型和曲线型,直线型风屏障常用于中小跨径桥梁,大跨径桥梁常常选用曲线型。已有风洞试验表明,决定风屏障减风效应的主要参数是其高度和透风率,风屏障的空隙形式对减风效果影响不大。本书研究中,将风屏障模型简化为矩形,风屏障安装位置距桥面边缘 2m 处,仅在桥塔附近 30m(两侧合计 60m)范围内设置渐变型风屏障,典型风屏障高度变化如图 3.3-14 所示。本次包含风屏障具体计算工况如表 3.3-8 所示。

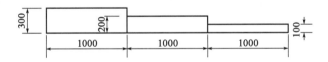

图 3.3-14 单侧风屏障布置形式(尺寸单位:cm)

计算分析工况列表　　　　表 3.3-8

工 况	风屏障形式	透风率(%)	高度(m)	长度(m)	来流风速(m/s)
1	桥塔处不连续	不透风	3+2+1	10+10+10	
2	桥塔处连续	不透风	3+2+1	10+10+10	
3	桥塔处连续	15%	3+2+1	10+10+10	
4	桥塔处连续	30%	3+2+1	10+10+10	20
5	桥塔处连续	45%	3+2+1	10+10+10	
6	桥塔处连续	不透风	3.75+2.75+1.75	10+10+10	
7	桥塔处连续	不透风	3.75+2+0.5	10+10+10	

经计算分析可以看出：①不连续的风屏障工况时，桥面风速在距桥塔中心 0~7m 范围内产生了加速，使得桥面风速很大，甚至接近来流风速。②距桥塔中心 7~25m，轨道上方 0~4m 范围内的风速值很小，这是风屏障减风的影响，此处风屏障的减风高度为 4m 左右。③风速在从距桥塔中心 25m 向更远处，桥面 3m 高度处风速逐渐增大，直到接近来流风速，不受风屏障的影响。

设置不连续风屏障后，会使桥塔附近桥面上方风速变大，其原因是桥塔和风屏障之间存在缝隙。可以发现，设置连续风屏障后，桥面风速在桥塔中心处比设置不连续风屏障要小得多。由于设置不连续风屏障会使桥塔附近桥面上方风速变大，这种风速变大现象可能对行车安全产生较大的影响，而设置连续风屏障就不会出现这种现象，因此后续风屏障均设置为连续形式。

根据不同透风率风屏障的计算，可以看出：①在距桥塔中心 0~5m 处，风屏障对距桥面 4m 以下高度范围内的风环境影响不大，原因是无风屏障时桥塔起到了减风效果。②在距桥塔中心 10m 处及更远处，风屏障能有效地改善距桥面 5m 以下高度范围内的风环境。③不同透风率的风屏障对桥面风剖面的影响规律基本相同。

根据不同高度风屏障的计算结果，可以看出，在距桥塔中心 5~15m 处，3m+2m+1m 高度的风屏障对距桥面 5m 以下高度风环境有明显的改善，而 3.75m+2.75m+1.75m 和 3.75m+2m+0.5m 高度的风屏障对距桥面 6.5m 以下高度有明显改善，说明风屏障高度越大，其对桥面风环境的影响高度增加。

4）桥塔风荷载突变对车辆走行性的影响

大跨径桥梁位于强风环境时，桥塔的存在会对其周围的桥面风环境产生很大的影响。一方面，由于塔柱的遮风效应塔柱正后方风速较低；另一方面，由于来流绕塔柱的分流作用塔柱左右两侧（横风向）可能存在风速加速区。车辆在桥面上运行，桥面风环境决定了车辆的真实气动效应。在横向风作用下，塔柱的尾流会使车辆在进出桥塔区域过程中所受气动力发生剧烈变化，这种风载突变效应对车辆走行的安全性和舒适性都是不利的，可以根据 1.2 节分析确定的桥面风环境，以确定车辆通过桥塔过程中风载突变效应的影响。

采用桥梁分析软件 BANSYS，对无风屏障、透风率为 30% 和不透风风屏障等工况分别针对迎风车辆和背风车辆进行风-车-桥耦合计算，列车不平顺采用美国 6 级谱。横向风速为 20m/s，车速 80km/h。具体计算工况见表 3.3-9。计算时采用的车桥及车辆气动力系数见表 3.3-10。

风-车-桥耦合振动计算工况　　　　　　　　表 3.3-9

工况	模　　　型	风屏障在桥塔处连续性	横风速度(m/s)	车速(km/h)	车辆类型
1	不考虑桥塔影响	—	15	60	B 型车
2	考虑桥塔影响	—	15	60	B 型车
3	透风率 30% 风屏障	连续	15	60	B 型车
4	透风率 30% 风屏障	不连续	15	60	B 型车
5	不透风风屏障	不连续	15	60	B 型车
6	不透风风屏障	连续	15	60	B 型车

计算时使用的桥梁和车辆气动力系数 表 3.3-10

编号	状态	测试对象	C_D	C_L	C_M
1	仅桥梁模型	桥梁	1.837	-0.154	-0.041
2	桥梁和迎风侧车	桥梁	1.533	-0.387	-0.120
3	桥梁和迎风侧车	迎风侧车	0.532	0.818	-0.028
4	桥梁和背风侧车	桥梁	1.704	-0.363	-0.083
5	桥梁和背风侧车	背风侧车	0.422	0.435	-0.002

图 3.3-15、图 3.3-16 给出了车辆风荷载无突变和考虑桥塔遮风效应时，迎风侧轨道处第 2 辆车的车辆脱轨系数时程和轮重减载率时程对比情况。

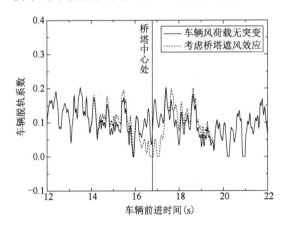
图 3.3-15　第 2 辆车脱轨系数(迎风侧车辆)

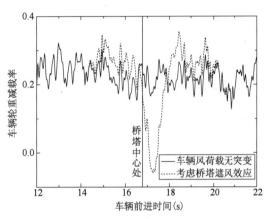
图 3.3-16　第 2 辆车轮重减载率(迎风侧车辆)

经过计算分析，可以得到如下结论：

(1)考虑桥塔遮风效应，迎风侧车辆横向加速度时程、脱轨系数时程和轮重减载率会受到一定影响，而对车辆竖向加速度时程几乎没有影响。对迎风车辆竖向加速度影响很小的原因可能是迎风车车辆的升力系数 C_v 其值为 0.044，C_v 较小，迎风车竖向加速度对风的改变不敏感，因此是否考虑桥塔遮风效应对迎风车竖向加速度影响很小。

(2)考虑桥塔遮风效应时，迎风侧第 2 辆车车辆横向加速度在桥塔处最大值为 0.486m/s²，比车辆风荷载无突变时值 0.318m/s² 增大了 0.168m/s²，虽数值变化不大，但变化率达到 33%。对比迎风侧第 2 辆和第 8 辆车横向加速度，可发现两车在桥塔处时响应接近，表明桥塔对不同迎风侧车辆横向加速度的影响效果相近。

(3)对比迎风侧和背风侧车辆的响应可发现，桥塔遮风效应对迎风侧车辆的横向加速度、脱轨系数和轮重减载率的影响比对背风侧车辆的影响要大一些。

(4)在车辆经过桥塔全过程中，桥塔遮风效应对车体竖向加速度、脱轨系数和轮重减载率影响很小。对本次研究而言，车辆经过桥塔区域时，桥塔区域风荷载的突变对车辆运行全过程没有起到控制作用。

3.4 研究结论

通过对重庆鹅公岩轨道大桥桥址区风特性及结构动力特性、车-桥气动特性的风洞试验、车-桥耦合振动分析、风-车-桥耦合振动分析、桥塔风载突变效应及行车走行性分析等方面的研究,可得出以下结论:

(1)重庆鹅公岩轨道大桥桥址区属 C 类地表粗糙度类型,地表粗糙度影响系数 α 可取为 0.22。桥面高度处的设计基准风速(100 年一遇的 10min 平均年最大风速)为 31.8m/s。

(2)采用有限元分析软件 ANSYS 和自主开发软件 BANSYS 分别对成桥状态结构结构动力特性进行了分析和对比。成桥状态结构动力特性详见表 3.3-1。分析证明该桥梁结构较为轻柔,弯曲振动频率较低。

(3)考虑/不考虑老桥影响下的桥梁、车辆气动力系数略有差异。受老桥影响,新建桥梁的气动力系数整体减小,桥梁列车的气动力系数整体增大。各工况气动力系数汇总于表 3.3-4。

(4)无风单车过桥时,车辆以 5 种车速(60km/h、70km/h、80km/h、90km/h、100km/h)通过桥梁时,车辆响应总体上随着车速的增加而增大。空载车辆(AW0)和超员车辆(AW3)的安全性指标均满足规范要求,动车、拖车的横向和竖向 Sperling 指标评价为"优秀"。桥梁的横向挠跨比、横向加速度、竖向加速度和梁端折角均满足要求。

(5)无风双车对开时,车辆以 80km/h 车速通过桥梁时,空载车辆(AW0)和超员车辆(AW3)以不同入桥距离差入桥时,车辆在各工况下动车及拖车的安全性指标和瞬时舒适性指标均满足要求,横向 Sperling、竖向 Sperling 评价为"优秀"。桥梁的横向挠跨比、横向加速度、竖向加速度和梁端折角均满足要求。

(6)单车过桥时,不同风速下(15m/s、20m/s、25m/s、30m/s),空载车辆(AW0)以 60km/h 车速通过桥梁时,迎风侧与背风侧的动车及拖车的轮轴横向力、轮重减载率、脱轨系数均满足要求,动车和拖车的运行安全性满足要求。车速 80km/h 及以上时,风速为 30m/s 时,空载车辆的轮轴横向力已接近限值,且在车速为 100km/h 时,动车的轮重减载率已接近限值。当风速不超 25m/s 时,空载车辆(AW0)和超员车辆(AW3)均可以车速 80km/h 通过桥梁,且桥梁的响应满足规范要求。

(7)双车对开时,不同风速下(15m/s、20m/s、25m/s、30m/s),车辆以 80km/h 的速度通过桥梁时,空载车辆(AW0)、超员车辆(AW3)的轮轴横向力、轮重减载率、脱轨系数均满足要求,动车和拖车的运行安全性满足要求。不同风速下车辆的安全性、舒适性均满足要求。对于车辆的平稳性、舒适性,各个工况下动车与拖车的横向加速度与竖向加速度均满足要求,动车与拖车的横向 Sperling 指标和竖向 Sperling 指标评价为"优秀"。不同风速下,桥梁的横向挠跨比、横向加速度、竖向加速度和梁端折角均满足要求。对比不同风速下的车辆响应,未发现明显的共振风速。当风速为 30m/s 时,在 0/8 和 4/8 入桥条件下,AW0 上行侧车与下行侧车的横竖向加速度已接近限值。

(8)横风作用下,桥塔对桥面风速的影响范围为距桥塔中心正负 15m 左右。设置不连续风屏障使得桥面风速在距桥塔中心 0~7m 范围内桥面风速较大。设置连续风屏障后,桥面风速在桥塔中心处比设置不连续风屏障要小得多。

(9)考虑桥塔遮风效应后,迎风侧车辆横向加速度、脱轨系数和轮重减载率会受到一定影响。对本次研究而言,车辆经过桥塔区域时,桥塔区域风荷载的突变对车辆运行全过程没有起到控制作用。

综上所述,设计车速下,空载车辆(AW0)、超员车辆(AW3)在无风、25m/s 及以下风速时,单车、双车组合工况下桥梁的动力性能及车辆安全性、平稳性和舒适性均满足要求,风速超过 25m/s 时建议封闭交通。横风作用下桥塔区域存在明显的风载突变效应,桥塔遮挡效应对行车安全的影响有限,不起控制作用。

第4章　整体稳定及局部稳定分析

4.1　研究背景

重庆鹅公岩轨道大桥为50m+210m+600m+210m+50m自锚式悬索桥,其中中间三跨为主桥,采用钢箱梁作为主梁,为全焊扁平流线型封闭单箱五室钢梁结构,其上下翼缘为正交异性板结构;外伸跨跨径50m部分是引桥,采用变截面混凝土梁结构。

对该桥极限承载能力的评估关系到结构的安全,工程意义重大。对自锚式悬索桥而言,其承载力比较重要的两个方面为主梁整体的极限承载能力及较薄弱板件的局部屈曲问题。赵维贺依据悬索桥古典弹性理论,假设作用在体系上的竖向荷载均匀作用于主梁上,通过结构力学定性分析,引入了"轴向力自平衡闭环传递系统"概念对主缆、吊索及主梁的相互作用体系进行描述,指出自锚式悬索桥在面内不存在一类稳定问题,在竖向荷载作用的面内,只存在第二类稳定问题,也就是极限承载力问题。

板件的局部屈曲取决于局部应力状态及其构造特点,板件的局部屈曲有可能降低结构的极限承载力,因此需要对受压板件的局部屈曲进行分析,准确把握其特点,以保证桥梁安全运营。

重庆鹅公岩轨道大桥的主跨跨径达到600m,恒载与活载作用下梁中的轴向压力巨大,同时梁上还存在较大的弯矩,因此压弯共同作用下结构极限承载力的大小需要通过计算分析和试验研究确定,这对结构安全非常重要;在强大压力作用下,板件的局部稳定应得到保证,过去常采用板厚比来确定其局部稳定性,但是在本桥的高腹板结构中,设置加劲肋的腹板的局部稳定性如何确定也需要深入的研究。

本章就以上两个方面问题展开。针对整体极限承载能力,依据非线性有限元法思想,同时考虑几何非线性及材料非线性的影响,对鹅公岩轨道大桥全桥杆系模型进行静力全过程分析;针对局部受力及屈曲问题,通过有限元方法建立典型节段局部精细模型进行应力及弹性特征值屈曲分析,并依据分析结果结合各国规范对局部屈曲进行检算;针对高腹板梁段截面的极限承载力,开展模型试验和数值模拟分析。通过各方面的研究来确定结构的极限承载力。研究采用的技术路线如图4.1-1所示。其中,BNLAS为西南交通大学自主开发的另一款软件"桥梁非线性分析系统",专门用于索支承桥梁的计算分析。

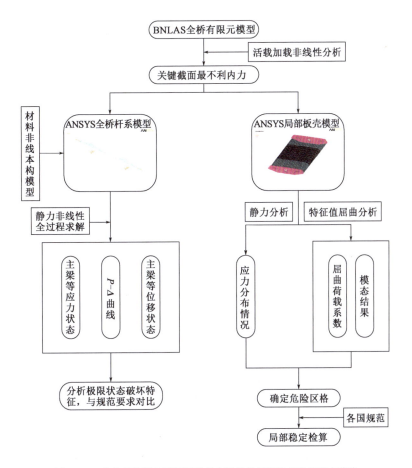

图 4.1-1　鹅公岩轨道大桥极限承载力及板件局部稳定分析技术路线

4.2　国内外研究现状

　　鹅公岩轨道大桥的极限承载力问题，一方面涉及结构整体极限承载力的计算问题，另一方面主要是主梁的整体与局部稳定问题。主梁整体稳定问题与结构整体极限承载力问题是同一问题，而主梁的局部稳定问题可转化为带肋箱梁构件的稳定问题。

　　大跨径桥梁结构的极限承载力理论得益于有限元理论的兴起和快速发展，也是目前应用最广泛的理论。研究计算的方法大多是基于通用软件展开的。带肋箱形截面构件稳定性分析的研究方法有解析分析、数值模拟和递进分析等多种方法，目前主要以数值模拟方法为主。

　　既有研究表明，采用实体单元、板壳单元均能精确地模拟桥梁钢结构构件的受力行为，且都可以方便地计入几何非线性、材料非线性、几何缺陷及残余应力等多因素的影响。但是，实体、壳单元在进行结构体系分析时，建模与求解效率低，以应力作为结果输出也不便于规范中截面内力设计方法的应用。在桥梁结构体系分析模型中，仍使用梁柱单元及杆单元组成的杆系模型。一般来讲，在不发生板件局部屈曲的情况下（板件宽厚比较小），梁柱单元模型能够满足精度要求。为增强梁柱单元的适应性，一些学者积极开展了能够考虑板件局部屈曲的新型梁柱理论模型的研究,进一步完善了钢结构构件稳定性理论,同时推动了精细化结构体系模型的发展。

在梁柱理论中,对板件局部屈曲的考虑主要有两种方法,包括有效宽度法和材料非线性简化方法(也称"有效应力法")。按有效宽度法考虑板件的局部屈曲实际上是截面应力状态与有效截面相互迭代的计算过程,以 Ma、Komatsu、Usami 的研究为代表,几何缺陷与残余应力均是笼统地体现在板的有效宽度公式中。针对带肋箱形截面构件,可重点参考 Usami 的研究工作,而且他在文中强调了分析对象为长细比较小的压杆,可以是悬索桥或斜拉桥中的钢桥塔。若在求解过程中,将构件截面视为全截面受力,组成截面的各板件赋予一条名义的受压应力应变曲线描述加劲板的受压行为,以此考虑板件的局部屈曲效应,则是材料非线性简化方法的核心思想。这一方法在船舶结构领域应用十分广泛,以 Smith、Gordo、Benson、Downes 等学者的研究为代表,并命名为逐步破坏法或"Smith 法"。这一思想一般认为源于 1965 年 Caldwell 的相关研究工作。该法的计算精度依赖截面单元的划分以及单元平均应力应变曲线的精度。

20 世纪 70 年代初,欧洲连续发生了四起钢桥倒塌事故,在桥梁工程领域影响深远,随后欧洲学者开展了一系列的钢箱梁、加劲板稳定性加载试验,并取得了卓有成效的研究成果,在推动钢结构设计方法的发展及钢结构工程的建设发挥了重要作用。

近年来,胡建华、彭旭民、李立峰、王春生、刘永健、陈康明、吴冲、卫星及狄谨等依托我国的钢结构桥梁实际工程,开展了不同规模的带肋箱形截面构件或加劲板的稳定性试验研究,得到了包括破坏模式、相关屈曲特征、极限承载力、构造参数影响等一系列有价值的结论,建立了相应的计算模型,并给出了工程设计建议,为我国钢箱梁、钢桥塔等大型桥梁钢结构技术积累了丰富的经验。在这些试验中,一般对取定的构件节段仅进行了轴压荷载作用下稳定性性能的考察,涉及偏压荷载作用下带肋箱形截面构件的稳定性研究较少,既有试验研究方法及结论等直接应用于压弯耦合作用下带肋箱形截面构件稳定性性能并不适宜。

4.3 研究内容及过程

4.3.1 基于杆系模型的全桥极限承载力分析

1)计算方法

采用大型通用有限元程序 ANSYS 来进行重庆鹅公岩轨道大桥极限承载力的分析计算,主要进行非线性静力学分析,考虑结构的几何非线性和材料非线性。

大应变分析必须要考虑由单元的形状和取向改变而导致的刚度改变,因为刚度受结构形状和单元位移的影响。ANSYS 通过使用 NLGEOM,ON 命令来对支持大应变特性的单元激活大应变效应,进行几何非线性分析。

非线性的应力-应变关系是材料非线性的主要原因,许多因素可以影响材料的应力-应变性质,例如在弹塑性响应状况下的加载历史,温度环境状况的改变,以及在蠕变响应状况下的加载的时间总量等。ANSYS 通过设定材料为非线性材料,即从其本构关系中反应材料非线性行为,来进行材料非线性分析。

2）单元类型与模型的建立

模型建立中,将钢梁、桥塔、混凝土梁及锚跨采用三维有限应变梁单元 Beam188 单元离散,该单元适用于线性分析和弹塑性、大位移、大应变的非线性分析,是结构极限承载力分析常用的单中元形式。Beam188 单元的模型如图 4.3-1 所示。

主缆、吊索采用只能受拉或只能受压的杆单元 Link10 单元模拟。这种单元可以用初始应变来模拟主缆、吊索中的初始拉力。每个单元有 2 个节点,每节点 3 个自由度。该单元能够考虑应力刚化效果,适用于大位移的非线性分析。Link10 单元的模型如图 4.3-2 所示。

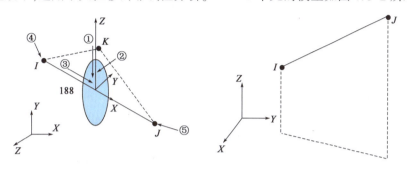

图 4.3-1　BEAM188 模型　　　　　图 4.3-2　Link10 单元模型

建模主要采用命令流的方式,钢梁、混凝土梁及桥塔截面由 AutoCAD 导入。建立的鹅公岩轨道大桥模型如图 4.3-3 所示。钢梁、混凝土梁及一种桥塔的截面模型分别如图 4.3-4 ~ 图 4.3-6 所示。

图 4.3-3　重庆鹅公岩轨道大桥 ANSYS 模型图

 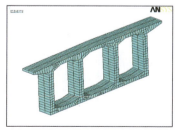 

图 4.3-4　钢梁截面模型　　　图 4.3-5　混凝土梁截面模型　　　图 4.3-6　桥塔截面阶段模型

支承条件是塔柱底部 6 个自由度全部固接;混凝土梁处的支座约束竖向 U_Y、横向 U_Z、扭转 ROT_X 3 个自由度;桥塔下横系梁与纵梁相交处 U_Y、U_Z、ROT_X 3 个自由度耦合。

3）非线性的考虑
（1）几何非线性

悬索桥在荷载作用下结构将产生大位移，在进行结构分析时，力的平衡方程应依据变形后结构的几何位置来建立，力与变形的关系是非线性的。ANSYS 通过使用 NLGEOM,ON 命令来激活大应变效应，进行几何非线性分析。

（2）材料非线性

在进行极限承载力分析时，计算需进行到结构破坏为止，因此材料不可避免要屈服，进入塑性阶段，此时材料的本构关系不再是线性的了。ANSYS 通过设定弹塑性本构关系来考虑材料非线性。

①钢的本构关系及参数

钢梁采用 Q420q 钢，弹性模量 $E = 2.06 \times 10^5$ MPa，泊松比 $\mu = 0.3857$，对于厚钢板，屈服应力取用 $\sigma_y = 400$ MPa，采用理想弹塑性本构关系模型。

主缆和吊索采用高强度镀锌平行钢丝股预制而成，主缆公称抗拉强度为 1860MPa，吊索公称抗拉强度为 1770MPa。主缆弹性模量 $E = 2 \times 10^5$ MPa，吊索弹性模量 $E = 2 \times 10^5$ MPa。主缆和吊索应力大于抗拉极限强度即认为断裂。主缆发生断裂，则结构破坏，结构达到极限承载力；吊索发生断裂，则内力重分布，如果发生吊索连续断裂，则结构破坏。

②混凝土的本构关系及参数

桥塔和混凝土梁采用 C50 号混凝土，弹性模量 $E = 3.5 \times 10^4$ MPa，轴心抗压强度 $f_c = 32.4$ MPa，轴心抗拉强度约 $f_t = 2.64$ MPa，泊松比 $\mu = 0.43$。本构关系采用 Hognestad 建议的抛物线上升段和直线下降段的应力-应变曲线形式，峰值压应变取 0.002，极限压应变取 0.0033，ANSYS 中采用分段折线模型模拟。

4）计算分析工况及结果

在以下的计算分析中，所提到的"设计活载"是指双线的轨道交通车荷载 + 双侧人群荷载 + 列车的横向摇摆力，"有车横风"是指有车状态下横桥向风荷载，无特殊情况不再重复说明。

对于整体结构，本章计算按两种方式分析结构的极限承载力：一种是考虑恒载系数固定不变，放大活载系数，计算得到活载的安全系数倍数；另一种思路是恒载和活载按同等比例放大，得到与规范一致的名义安全系数。

按第一种方式计算的工况有：

工况 1：恒载；
工况 2：恒载 + 设计活载 + 有车横风（活载放大）；
工况 3：恒载 + 设计活载 + 有车横风 + 整体升温（活载放大）；
工况 4：恒载 + 设计活载 + 有车横风 + 整体降温（活载放大）；
工况 5：恒载 + 设计活载 + 有车横风（活载放大）；
工况 6：恒载 + 设计活载 + 有车横风 + 整体升温（活载放大）；
工况 7：恒载 + 设计活载 + 有车横风 + 整体降温（活载放大）；
工况 8：恒载 + 设计活载 + 有车横风（活载放大）；
工况 9：恒载 + 设计活载 + 有车横风 + 整体升温（活载放大）；

工况 10:恒载 + 设计活载 + 有车横风 + 整体降温(活载放大)。

此种工况加载方式为:1.2 × 混凝土梁恒载 + 1.1 × 钢梁恒载 + n × (列车竖向荷载 + 横向力 + 人群荷载 + 风荷载),以跨中弯矩最不利荷载布置。

按第二种方式计算的工况有:

工况 11:恒载 + 设计活载 + 有车横风(恒活同比放大);
工况 12:恒载 + 设计活载 + 有车横风 + 整体升温(恒活同比放大);
工况 13:恒载 + 设计活载 + 有车横风 + 整体降温(恒活同比放大);
工况 14:恒载 + 设计活载 + 有车横风(恒活同比放大);
工况 15:恒载 + 设计活载 + 有车横风 + 整体升温(恒活同比放大);
工况 16:恒载 + 设计活载 + 有车横风 + 整体降温(恒活同比放大);
工况 17:恒载 + 设计活载 + 有车横风(恒活同比放大);
工况 18:恒载 + 设计活载 + 有车横风 + 整体升温(恒活同比放大);
工况 19:恒载 + 设计活载 + 有车横风 + 整体降温(恒活同比放大)。

此种工况加载方式为:n × (混凝土梁恒载 + 钢梁恒载 + 列车竖向荷载 + 横向力 + 人群荷载 + 风荷载)。上述 19 种工况的计算结果详见表 4.3-1。

5)小结

根据分析研究结果,可以得到以下结论:

(1)若以总体体系钢梁应力达到屈服强度作为结构的极限承载力,对于活载变化加载方式,安全系数为 3.9;对于恒活同比放大变化加载方式,活载的安全系数最小为 1.75;实际上钢梁纤维应力达到屈服,结构尚有较大整体承载力。

(2)对于桥塔结构混凝土截面,将混凝土达到压应力设计强度当作极限承载能力标准,结构达到承载能力极限前,所有工况均未达到压应力设计强度值。

(3)吊索应力达到极限承载力后发生断裂,当一根断裂后,应力发生重分布,此种状态一旦出现,结构所有吊索都将发生断裂,结构立即丧失承载力,因此吊索应力达到极限强度是结构的破坏极限状态。计算表明,对于活载变化加载方式,即工况 2 ~ 工况 10,此时安全系数为 8.15;对于恒载与活载同比放大的加载方式,工况 11 ~ 工况 16,吊索达到屈服强度时的最小安全系数为 2.625;工况 17 ~ 工况 19,结构先于吊索应力达到极限强度前已达到极限承载力。

(4)在以上的分析中,如果不计吊索断裂退出工作(用弹塑性方式处理吊索),以结构变成机动体系时为极限承载力状态,对于活载变化加载方式,即工况 2 ~ 工况 10,此时安全系数最小为 8.55;对于恒载活载同比放大整体变化,即工况 11 ~ 工况 19 加载方式,安全系数为 2.475。

计算结果表明,结构总体稳定性安全系数比较高,即使以钢梁截面出面应力屈服考虑,其整体安全系数也在 1.75 以上,整体结构实际的极限承载力安全系数最小也在 2.475 以上。参照《公路斜拉桥设计细则》(JTG D65-01—2007),该系数也是满足要求的。

6)平行研究主要结论

鹅公岩轨道大桥自锚式悬索桥跨径达到 600m,在设计阶段,为进行研究结果的对照,设计单位委托了另一家研究单位开展不同软件的计算分析,以下称该单位为平行单位。

结构状态极限承载力汇总表

表 4-3-1

荷载工况		钢梁最大挠度及位置 (m)	钢箱梁横桥向最大挠度及位置(m)	塔顶最大位移 (m)	钢梁最大压应力 (MPa)	钢梁最大拉应力 (MPa)	桥塔混凝土最大压应力 (MPa)	桥塔混凝土最大拉应力 (MPa)	主缆最大拉应力 (MPa)	吊索最大拉应力 (MPa)	荷载系数
工况1-恒载状态		0.13246 1/2跨中	0	0.020106	-139	-78.7	-9.42	-1.91	610	450	
工况2	桥塔混凝土应力接近抗拉强度	3.6273 1/2跨中	-0.942524 1/2跨中	0.324582	-302	55.1	-19	2.65	796	657	3.1
	钢梁刚开始有屈服点	5.10371 1/2跨中	-1.43251 1/2跨中	0.459446	-400	145	-23	7.16	866	790	4.65
	吊索拉应力接近公称抗拉强度	11.1559 1/2跨中	-4.00252 1/2跨中	1.12922	-400	400	-32.3	22.4	1080	1740	9.0
	结构达到承载能力极限状态	13.3908 1/2跨中	-4.93167 1/2跨中	1.43042	-400	400	-32.4	26.2	1110	2370	9.6
工况3	桥塔混凝土应力接近抗拉强度	4.1357 1/2跨中	-1.13469 1/2跨中	0.49626	-342	89.5	-19.2	2.59	831	707	3.7
	钢梁刚开始有屈服点	4.97981 1/2跨中	-1.42376 1/2跨中	0.051547	-400	142	-21.5	5.07	873	788	4.6
	吊索拉应力接近公称抗拉强度	10.9967 1/2跨中	-4.03246 1/2跨中	0.343357	-400	400	-31.5	19.1	1090	1770	8.9
	结构达到承载能力极限状态	12.7807 1/2跨中	-4.79016 1/2跨中	0.542482	-400	400	-32.3	22.5	1120	2300	9.4
工况4	桥塔混凝土应力接近抗拉强度	2.41751 1/2跨中	-0.542102 1/2跨中	0.382996	-218	-19.7	-17.5	2.60	735	563	1.8
	钢梁刚开始有屈服点	5.23172 1/2跨中	-1.45041 1/2跨中	0.886952	-400	148	-27.1	13.8	858	792	4.7
	吊索拉应力接近公称抗拉强度	11.4483 1/2跨中	-4.15206 1/2跨中	1.96673	-400	400	-32.4	31.4	1080	1750	9.15
	结构达到承载能力极限状态	12.9832 1/2跨中	-4.89494 1/2跨中	2.22346	-400	400	-32.4	32.3	1110	2190	9.6
工况5	桥塔混凝土应力接近抗拉强度	3.5965 1/2跨中	-0.881285 1/2跨中	0.365637	-282	249	-19.1	2.65	806	650	2.9
	钢梁刚开始有屈服点	5.61689 1/2跨中	-1.51589 1/2跨中	0.581302	-400	127	-24.6	8.59	908	824	4.9
	吊索拉应力接近公称抗拉强度	12.228 1/2跨中	-4.34791 1/2跨中	1.41539	-400	400	-32.4	25.4	1170	1770	9.1625
	结构达到承载能力极限状态	14.9886 1/2跨中	-5.74194 1/2跨中	1.88163	-400	400	-32.4	30.8	1230	2520	9.8

续上表

荷载工况		钢梁最大挠度及位置 (m)	钢箱梁横桥向最大挠度及位置 (m)	塔顶最大位移 (m)	钢梁最大压应力 (MPa)	钢梁最大拉应力 (MPa)	桥塔混凝土最大压应力 (MPa)	桥塔混凝土最大拉应力 (MPa)	主缆最大拉应力 (MPa)	吊索最大拉应力 (MPa)	荷载系数
工况6	桥塔混凝土拉应力接近抗拉强度	3.84194 1/2 跨中	-1.07497 1/2 跨中	0.114166	-308	43.3	-19	2.69	828	675	3.2
	钢梁刚开始有屈服点	5.23527 1/2 跨中	-1.58674 1/2 跨中	0.143285	-400	118	-22.8	6.89	902	798	4.6
	吊索拉应力接近公称抗拉强度	11.8207 1/2 跨中	-4.77391 1/2 跨中	0.594679	-400	400	-32.4	23.6	1160	1750	9.25
	结构达到承载能力极限状态	14.2905 1/2 跨中	-6.17018 1/2 跨中	0.928788	-400	400	-32.4	28.2	1220	2430	10
工况7	桥塔混凝土拉应力接近抗拉强度	3.20994 1/2 跨中	0.757041 1/2 跨中	0.416784	-257	4.56	-19.0	2.69	784	620	2.5
	钢梁刚开始有屈服点	5.6341 1/2 跨中	-1.51585 1/2 跨中	0.671182	-400	128	-25.4	8.9	906	829	4.9
	吊索拉应力接近公称抗拉强度	12.2176 1/2 跨中	-4.34369 1/2 跨中	1.52331	-400	400	-32.4	25.6	1170	1770	9.55
	结构达到承载能力极限状态	14.9718 1/2 跨中	-5.74953 1/2 跨中	1.96481	-400	400	-32.4	31.7	1230	2500	10.4
工况8	桥塔混凝土拉应力接近抗拉强度	3.51677 1/4 跨中	-0.747431 1/4 跨中	0.366368	-354	129	-20.8	2.53	729	709	3.1
	钢梁刚开始有屈服点	4.1414 1/4 跨中	-0.913219 1/4 跨中	0.441805	-400	172	-22.8	5.04	749	763	3.9
	吊索拉应力接近公称抗拉强度	10.0903 1/4 跨中	-2.272931 1/4 跨中	1.48719	-400	400	-23.3	22.2	910	1760	8.3
	结构达到承载能力极限状态	11.2694 1/4 跨中	-2.48978 1/4 跨径	1.75338	-400	400	-32.4	25.0	934	2110	8.75
工况9	桥塔混凝土拉应力接近抗拉强度	3.64673 1/4 跨中	0.797621 1/4 跨中	0.139232	-371	142	-18.9	2.67	738	726	3.4
	钢梁刚开始有屈服点	4.08999 1/4 跨中	0.917158 1/4 跨中	0.167756	-400	172	-20.2	4.17	750	766	3.9
	吊索拉应力接近公称抗拉强度	9.95417 1/4 跨中	2.25918 1/4 跨中	0.757423	-400	400	-32.1	18.0	909	1770	8.15
	结构达到承载能力极限状态	11.0372 1/4 跨中	2.45165 1/4 跨中	0.965523	-400	400	-32.4	20.8	931	2010	8.55

续上表

荷载工况		钢梁最大挠度及位置 (m)	钢箱梁横桥向最大挠度及位置 (m)	塔顶最大位移 (m)	钢梁最大压应力 (MPa)	钢梁最大拉应力 (MPa)	桥塔混凝土最大压应力 (MPa)	桥塔混凝土最大拉应力 (MPa)	主缆最大拉应力 (MPa)	吊索最大拉应力 (MPa)	荷载系数
工况10	桥塔混凝土拉应力接近抗拉强度	2.46171 1/4 跨中	0.465511 1/4 跨中	0.429159	-270	53.6	-19.0	2.72	697	619	2.0
	钢梁刚开始有屈服点	4.29123 1/4 跨中	-0.93808 1/4 跨中	0.811361	-400	177	-26.4	10.5	751	769	4.0
	吊索应力接近公称抗拉强度	10.2367 1/4 跨中	-2.37587 1/4 跨中	2.24893	-400	400	-32.4	32.4	911	1740	8.400
	结构达到承载能力极限状态	11.3466 1/4 跨中	-2.61158 1/4 跨中	2.53578	-400	400	-32.4	32.3	934	2070	8.8
工况11	桥塔混凝土拉应力接近抗拉强度	6.12558 1/2 跨中	-0.532995 1/2 跨中	0.701208	-312	5.19	-22.8	2.72	1020	883	1.7
	钢梁刚开始有屈服点	9.0358 1/2 跨中	-0.685617 1/2 跨中	1.09042	-400	42	-28.0	6.81	1230	1160	2.1
	吊索应力接近公称抗拉强度	13.4527 1/2 跨中	-1.26534 1/2 跨中	1.72554	-400	115	-32.3	11.4	1520	1760	2.625
	结构达到承载能力极限状态	16.5204 1/2 跨中	-1.86887 1/2 跨中	2.20484	-400	178	-32.4	17.9	1680	2420	2.9
工况12	桥塔混凝土拉应力接近抗拉强度	6.63734 1/2 跨中	-0.561773 1/2 跨中	0.613052	-332	15.8	-22.4	2.66	1060	934	1.775
	钢梁刚开始有屈服点	8.99171 1/2 跨中	-0.68689 1/2 跨中	0.939087	-400	45.5	-26.7	5.20	1230	1160	2.1
	吊索应力接近公称抗拉强度	13.4006 1/2 跨中	1.27244 1/2 跨中	1.49071	-400	134	-31.9	10.2	1520	1760	2.625
	结构达到承载能力极限状态	16.4618 1/2 跨中	-1.86242 1/2 跨中	1.94201	-400	225	-32.4	14.1	1680	2430	2.9
工况13	桥塔混凝土拉应力接近抗拉强度	3.95555 1/4 跨中	0.428419 1/4 跨中	0.551847	-247	-18.3	-19.8	2.63	862	692	1.4
	钢梁刚开始有屈服点	9.07995 1/4 跨中	0.686544 1/2 跨中	1.27998	-400	46.8	-29.4	9.73	1230	1160	2.1
	吊索应力接近公称抗拉强度	13.5127 1/4 跨中	1.26962 1/4 跨中	1.96284	-400	134	-32.4	15.2	1520	1750	2.625
	结构达到承载能力极限状态	16.8216 1/4 跨中	-1.95482 1/2 跨中	2.52957	-400	258	-32.4	32.3	1690	2550	2.9
工况14	桥塔混凝土拉应力接近抗拉强度	5.85165 1/2 跨中	-0.515171 1/2 跨中	0.688084	-300	-4.31	-22.4	2.58	1010	855	1.65
	钢梁刚开始有屈服点	9.33701 1/2 跨中	-0.696102 1/2 跨中	1.16274	-400	37.1	-28.6	7.33	1260	1180	2.125
	吊索应力接近公称抗拉强度	13.7381 1/2 跨中	-1.30457 1/2 跨中	1.81283	-400	121	-32.4	11.9	1550	1770	2.650
	结构达到承载能力极限状态	17.3051 1/2 跨中	2.11134 1/2 跨中	2.4019	-400	265	-32.4	30.4	1750	2610	2.975

第4章 整体稳定及局部稳定分析

续上表

荷载工况		钢梁最大挠度及位置 (m)	钢箱梁横桥向最大挠度及位置 (m)	塔顶最大位移 (m)	钢梁最大压应力 (MPa)	钢梁最大拉应力 (MPa)	桥塔混凝土最大压应力 (MPa)	桥塔混凝土最大拉应力 (MPa)	主缆最大拉应力 (MPa)	吊索最大拉应力 (MPa)	荷载系数
工况15	桥塔混凝土拉应力接近抗拉强度	6.39964 1/2跨中	0.57796 1/2跨中	0.6097	-320	3.39	22.3	2.65	1050	908	1.73
	吊索刚开始有屈服点	9.17005 1/2跨中	0.742345 1/2跨中	0.957004	-400	36.9	-27.4	6.07	1250	1170	2.11
	钢梁拉应力接近公称抗拉强度	13.5267 1/2跨中	1.39863 1/2跨中	1.5536	-400	123	-32.2	11.1	1550	1740	2.63
	结构达到承载能力极限状态	17.2183 1/2跨中	-2.30247 1/2跨中	2.1268	-400	267	-32.4	21.7	1760	2580	2.98
工况16	桥塔混凝土拉应力接近抗拉强度	3.84702 1/2跨中	-0.42019 1/2跨中	0.556497	-206	-55.2	-19.7	2.63	858	686	1.375
	吊索刚开始有屈服点	9.38301 1/2跨中	-0.697461 1/2跨中	1.35171	-400	37.6	-29.9	10.3	1260	1180	2.125
	钢梁拉应力接近公称抗拉强度	13.8063 1/2跨中	-1.31059 1/2跨中	2.0534	-400	121	-32.4	15.9	1550	1760	2.65
	结构达到承载能力极限状态	17.3413 1/2跨中	2.13494 1/2跨中	2.6774	-400	274	-32.4	32.4	1750	2610	2.95
工况17	桥塔混凝土拉应力接近抗拉强度	5.34958 1/4跨中	-0.41742 1/4跨中	0.725021	-399	77.0	-23.4	2.64	1000	928	1.725
	钢梁刚开始有屈服点	5.50643 1/4跨中	-0.424651 1/4跨中	0.748469	-400	79.5	-23.7	2.88	1010	944	1.75
	结构达到承载能力极限状态	10.1772 1/4跨中	-0.68877 1/4跨中	1.53276	-400	367	-31.4	9.21	1420	1480	2.475
工况18	桥塔混凝土拉应力接近抗拉强度	6.57042 1/4跨中	-0.477034 1/4跨中	0.744238	-400	115	-24.8	2.67	1110	1060	1.925
	钢梁刚开始有屈服点	5.31433 1/4跨中	-0.418697 1/4跨中	0.570976	-400	77.0	-22.2	2.47	1000	929	1.775
	结构达到承载能力极限状态	10.1183 1/4跨中	-0.689305 1/4跨中	-1.04068	-400	369	-30.6	17.45	1420	1480	2.475
工况19	桥塔混凝土拉应力接近抗拉强度	3.6735 1/4跨中	-0.343936 1/4跨中	0.604406	-315	41.5	-21.0	2.60	855	758	1.45
	钢梁刚开始有屈服点	5.54157 1/4跨中	-0.424004 1/4跨中	0.905833	-400	79.3	-25.2	5.97	1010	934	1.75
	结构达到承载能力极限状态	10.6336 1/4跨中	0.720457 1/4跨中	1.8274	-400	370	-32.4	12.7	1450	1520	2.525

注:工况2~工况10的荷载系数为活载系数,恒载包括了荷载系数1.1(钢)或1.2(混凝土);其他工况的结果为"恒+活"的综合放大系数。

平行研究单位在计算自锚式悬索桥稳定问题时,采用了 ABAQUS 分析模块中 Static, Riks 分析步进行非线性路径的追踪,非线性分析采用弧长法进行控制计算。计算过程中考虑的荷载工况如下(符号表示为 C1、C2、C3、C4):

(C1)恒载 + 双列车(6t/m,160m 长) + 两侧人群(1.0t/m);

(C2)恒载 + 双列车(6t/m,160m 长) + 两侧人群(1.0t/m) + 运营风(梁塔横风);

(C3)恒载 + 单列车(3t/m,160m 长,横向偏心距 2.6m) + 单侧人群(0.5t/m,横向偏心距 7.15m) + 运营风(梁塔横风);

(C4)恒载 + 百年风(梁塔横风)。

稳定分析加载模式分为如下两种(符号表示为 D1、D2):

(D1)恒载不变,可变荷载按倍数施加;

(D2)恒载和可变荷载同时按倍数施加。

本节的计算先按照一期恒载(按实计) + 二期恒载(按 7.442t/m),进行成桥状态分析;之后的整体桥结构的稳定承载力分析中,对于加载模式(D1)恒载不变,可变荷载按倍数施加,一期恒载按实计;对于加载模式(D2)恒载和可变荷载同时按倍数施加,一期恒载按 25t/m 计。

首先对各种全桥杆系模型在各种工况下的稳定承载力进行了考虑几何非线性和材料非线性的双非线性极限承载力分析,并进行了系统性的分析。具体计算结果如表 4.3-2、表 4.3-3 所示。

各工况下的非线性稳定极限承载力计算结果(D1 加载模式)　　　表 4.3-2

荷载组合工况	荷载比例因子(材料模型 M1)	稳定因子(材料模型 M1)	荷载比例因子(材料模型 M2)	稳定因子(材料模型 M2)	出现极小荷载因子值时的活荷载分布工况
C0	11.251	12.251	3.610	4.610	—
C1	26.170	27.170	2.560	3.560	塔梁交接处主梁最大负弯矩
C2	17.121	18.121	1.635	2.635	塔梁交接处主梁最大负弯矩
C3	21.594	22.594	2.055	3.055	塔梁交接处主梁最大负弯矩
C4	10.096	11.096	0.919	1.919	—

各工况下的非线性稳定极限承载力计算结果(D2 加载模式)　　　表 4.3-3

荷载组合工况	荷载比例因子(材料模型 M1)	稳定因子(材料模型 M1)	荷载比例因子(材料模型 M2)	稳定因子(材料模型 M2)	出现极小荷载因子值时的活荷载分布工况
C0	2.576	3.576	0.850	1.850	—
C1	2.449	3.449	0.642	1.642	塔梁交接处主梁最大负弯矩
C2	2.405	3.405	0.547	1.547	塔梁交接处主梁最大负弯矩
C3	2.497	3.497	0.549	1.549	塔梁交接处主梁最大负弯矩
C4	2.443	3.443	0.541	1.541	

4.3.2 钢箱梁典型节段局部受力分析

1) 分析节段选取及计算工况

根据设计状态的分析,边跨跨中、桥塔处和中跨跨中是设计控制的几个位置,研究中选取边跨跨中(WS7)、桥塔处(WTO)及主跨跨中(WCL)作为三个典型钢箱梁节段模型用以分析钢箱梁局部受力特性。考虑荷载组合为:结构自重+二期恒载+整体升温25℃+风荷载+列车+人群。活载分别按主跨跨中截面轴力最不利及边跨跨中、桥塔处与主跨跨中截面最大最小弯矩进行布载,计算工况描述见表4.3-4。

主要计算工况　　　　　　表4.3-4

工 况 号	模 型 节 段	活载布载依据
工况1	边跨跨中(WS7)	边跨跨中截面轴力最不利
工况2	边跨跨中(WS7)	边跨跨中截面弯矩最大
工况3	边跨跨中(WS7)	边跨跨中截面弯矩最小
工况4	桥塔处(WTO)	桥塔支座截面轴力最不利
工况5	桥塔处(WTO)	桥塔支座截面弯矩最大
工况6	桥塔处(WTO)	桥塔支座截面弯矩最小
工况7	主跨跨中(WCL)	主跨跨中截面轴力最不利
工况8	主跨跨中(WCL)	主跨跨中截面弯矩最大
工况9	主跨跨中(WCL)	主跨跨中截面弯矩最小

注:后面各部分中所指工况1~工况9与表4.3-4中一致。

2) 板壳有限元模型分析

钢箱梁结构由诸多板件组成,在ANSYS中可选用SHELL类单元进行建模。在SHELL类单元中,SHELL181单元称为4节点有限应变单元,使用于模拟薄壳及中等厚度壳结构,本研究中采用这种单元建立模型。

模型计算时梁端的边界是采用从总体计算中取出的梁端荷载,包括轴力、剪力和弯矩;作用于模型上的外荷载与总体计算相同,因此这种模型相当于从整体模型中取出来的一个节段。

通过对9种工况的计算分析,梁段各构件的最大应力结果见表4.3-5。

von mises 应力计算结果　　　　　　表4.3-5

构件	工况1	工况2	工况3	工况4	工况5	工况6	工况7	工况8	工况9
顶板	226.3	217.5	259.6	265.1	230.5	273.6	216.6	153.9	218.8
底板	151.6	157.4	107.2	251.2	214	243.6	120.9	192.1	117
腹板	144.8	138.2	170	232	210.7	227	157.4	148.6	159.2
横隔板、横肋板	217.1	210.3	220.4	117.6	113.5	117.4	193.5	160.1	193.7
加劲肋	140.4	146.8	161.2	149	145.8	150.2	154.5	159	156.6

工况1~工况9最大 von mises 应力及位置统计结果见表4.3-6。

各工况下最大 von mises 应力及位置统计结果　　　　表 4.3-6

工况号	最大 von mises 应力（MPa）	产生位置及说明
工况 1	226.3	吊索力施加位置，为局部应力集中现象
工况 2	217.5	吊索力施加位置，为局部应力集中现象
工况 3	259.6	产生于吊索力施加位置，为局部应力集中现象
工况 4	265.1	顶板在混凝土配重段与钢梁节段相交处，为局部应力集中现象
工况 5	230.5	顶板在混凝土配重段与钢梁节段相交处，为局部应力集中现象
工况 6	273.6	腹板与横隔板相交处，为局部应力集中现象
工况 7	216.6	吊索力施加位置，为局部应力集中现象
工况 8	192.1	底板与斜底板交界处，为局部应力集中现象
工况 9	218.8	吊索力施加位置，为局部应力集中现象

从应力分布情况可知，板件应力基本在 200MPa 以内，在吊索力施加位置、顶板在混凝土配重段与钢梁节段相交处、腹板与横隔板相交处及底板与斜底板交界处出现局部应力集中现象。

3）钢箱梁板件的特征值屈曲分析

在进行特征值屈曲分析时，将次要部件在模型中略去，将其自重作为荷载施加到模型中。这样可以方便地在低阶模态中找出所关心的重要板件的屈曲模态。

此处结果为中腹板一阶屈曲模态结果，在较低阶模态中，未见边腹板、顶板及底板的屈曲，并且不考虑横隔板的屈曲。

屈曲系数统计结果见表 4.3-7。

屈曲系数计算结果　　　　表 4.3-7

工况号	模型节段	屈曲系数	最大位移（mm）	位置
工况 1	边跨节段（WS7）	4.839	0.78	中腹板
工况 2	边跨节段（WS7）	4.883	0.76	中腹板
工况 3	边跨节段（WS7）	5.13	0.74	中腹板
工况 4	桥塔处（WTO）	5.858	0.74	中腹板
工况 5	桥塔处（WTO）	5.976	0.72	中腹板
工况 6	桥塔处（WTO）	6.02	0.72	中腹板
工况 7	主跨跨中（WCL）	5.022	1	中腹板
工况 8	主跨跨中（WCL）	4.919	1	中腹板
工况 9	主跨跨中（WCL）	5.06	1	中腹板

注：表中位移为模态扩展归一化处理后的结果，仅表示位移程度，不说明真实位移。

由表 4.3-7 可知，边跨 WS7 节段最小屈曲系数为 4.839，桥塔处节段 WTO 最小屈曲系数为 5.858，主跨跨中节段 WCL 最小屈曲系数为 5.022。此外，通过各个工况屈曲模态位移归一化处理后的结果发现，边跨 WS7 节段最大位移为 0.78，桥塔处节段 WTO 最大位移为 0.74，主跨跨中节段 WCL 最大位移为 1，所以主跨跨中节段屈曲程度最严重。

表 4.3-7 的结果说明，对于板件的局部屈曲，以中腹板的屈曲系数为最小，就目前计算的

几个断面位置和工况来说,最小屈曲系数接近于5,根据前面局部分析的结果可见,此时的结构应力远大于材料的屈服应力,也就是说,板件在发生弹性局部屈曲之前,早已进入屈服阶段,板件应发生的是弹塑性屈曲,应该以非线性的理论进行极限承载力分析。

根据计算结果,节段模型中部件屈曲特征表现为:

(1) 节段模型重要受力部件屈曲中以中腹板的屈曲为主。

(2) 中腹板产生面外屈曲,造成直接约束其面外自由度的横板发生屈曲,上下两端的屈曲造成了与其相连接的顶底板局部区域的屈曲。

(3) 中腹板屈曲程度在竖向分区格发生屈曲,没有出现腹板的整体屈曲,而出现了腹板母板屈曲及加劲肋的弯扭屈曲。

(4) 中腹板区格屈曲程度严重者在腹板竖向中部位置。

4) 平行研究主要结果

平行研究单位采用多尺度模型,只截取了关键部位的一个截断的钢箱梁进行精细的板壳单元模拟,作为局部稳定分析的梁段;其余部分仍然采用梁、杆、索单元来模拟。

多尺度有限元分析模型如图4.3-7所示。

图4.3-7 标准梁段(MCL段)多尺度有限元模型

局部稳定极限承载力分析结果汇总于表4.3-8、表4.3-9。

局部稳定极限承载力分析结果（D1加载模式） 表4.3-8

荷载组合工况	稳定因子 （M1材料模型）	板件局部失稳情况 出平面位移及位置	稳定因子 （M2材料模型）	板件局部失稳情况 出平面位移及位置
C0	12.211	6.6mm/顶板	4.555	2.42mm/中腹板
C1,L3	27.072	无	3.553	无
C2,L3	17.984	无	2.628	无
C3,L3	22.385	无	3.089	无
C4	10.998	6mm/边腹板	1.909	1.6mm/边腹板

局部稳定极限承载力分析结果（D2加载模式） 表4.3-9

荷载组合工况	稳定因子 （M1材料模型）	板件局部失稳情况 出平面位移及位置	稳定因子 （M2材料模型）	板件局部失稳情况 出平面位移及位置
C0	3.567	6.4mm/顶板	1.835	2.2mm/中腹板
C1,L3	3.436	3.8mm/顶板	1.633	6.5mm/顶板
C2,L3	3.388	6mm/边腹板	1.541	2mm/顶板
C3,L3	3.484	4mm/边腹板	1.536	2mm/顶板
C4,L3	3.433	6mm/顶板	1.532	2mm/顶板

4.3.3 根据规范检算板件局部稳定性

国内外钢结构及桥梁规范都对板件的局部稳定给出了相应的检算方法，以下利用这些规范，对重庆鹅公岩轨道大桥的腹板局部稳定进行检算。

1）检算对象选取

从工程设计概况中可知，边腹板板厚为40mm，中腹板板厚为20mm；加劲肋间距虽为不等间距，但差异较小。由板件临界应力理论计算公式：

$$\sigma_{cr} = \frac{k\pi^2 E}{12(1-v^2)\left(\frac{b}{t}\right)^2} \tag{4.3-1}$$

可知，板件临界应力与厚度的平方成正比。因此，选取中腹板作为局部稳定研究对象，根据应力分析结果及特征值屈曲分析结果取定中腹板区格的具体检算位置。依据规范规定，在检算过程中需要区分局部腹板区格的屈曲及全高范围内腹板的整体屈曲。为方便后文说明腹板检算位置，此处对钢箱梁腹板横纵竖三个方向所确定的位置进行编号，如图4.3-8、图4.3-9所示。各个节段腹板检算的具体位置见表4.3-10。

节段腹板检算位置 表4.3-10

节　段	横向位置	纵竖向位置
边跨跨中（WS7）	Z3	1~6
桥塔处节段（WTO）	Z3	1~6
主跨跨中节段（WCL）	Z1	1~6

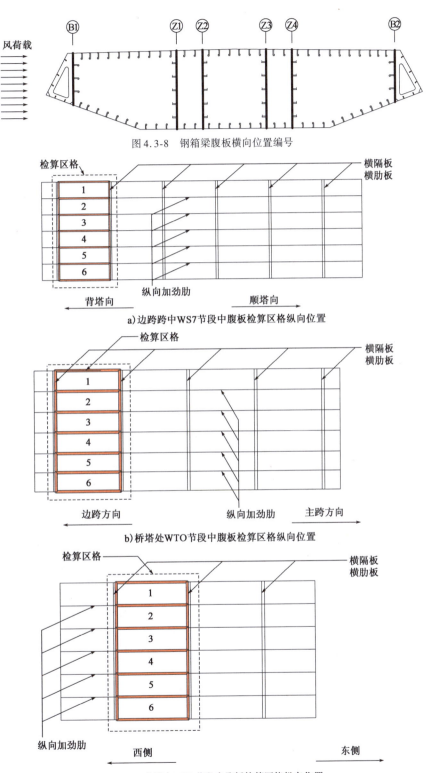

图 4.3-8 钢箱梁腹板横向位置编号

a) 边跨跨中WS7节段中腹板检算区格纵向位置

b) 桥塔处WT0节段中腹板检算区格纵向位置

c) 跨中MCL节段中腹板检算区格纵向位置

图 4.3-9 钢箱梁腹板区格纵向位置编号

2）各国规范检算结果

（1）加劲肋刚度及强度检算

采用英国标准 BS 5400、我国《公路钢结构桥梁设计规范》(JTG D64—2015）及美国规范《AASHTO LRFD Bridge Specifications》对加劲肋的形状与刚度进行检算。结果表明，各种工况下加劲肋的实际应力在 117.8～146.7MPa，远小于限制应力 261.4MPa。

根据《公路钢结构桥梁设计规范》(JTG D64—2015)检算：

$$\xi_1 = \max\{1.5, (a/h_0)^2[2.5 - 0.45(a/h_0)]\}$$
$$= \max\{1.5, (2500/4500)^2[2.5 - 0.45(2500/4500)]\} = \max\{1.5, 0.694444\} = 1.5 \tag{4.3-2}$$

$$I_1 = 1.5 \times 4500 \times 20^3 = 54000000 (\text{mm}^4) \tag{4.3-3}$$

而中腹板 T 肋对腹板连接线的总惯性矩为 157083333mm⁴ > I_1，满足规范要求。

美国规范检算：

$$\frac{D}{t_w} = \frac{4500}{20} = 225 \leqslant 300 \tag{4.3-4}$$

板件高厚比满足要求。

$$\varphi w t^3 = 15456000000 \text{mm}^4 > 157083333 \text{mm}^4 \tag{4.3-5}$$

加劲肋不满足刚性加劲肋要求，板件极限强度需要折减，折减后强度满足要求。

（2）腹板屈曲检算

采用《公路钢结构桥梁设计规范》(JTG D64—2015)、《铁路桥梁钢结构设计规范》(TB 10002.2—2005）及 EUROCODE 3 对腹板整体屈曲进行检算，结果见表 4.3-11。

腹板屈曲检算结果 　　表 4.3-11

工况号	规范		
	(JTG D64)	(TB 10002.2—2005)	EUROCODE3
	$\left(\frac{\sigma_c}{\sigma_{uc}}\right) + \left(\frac{\sigma_b}{\sigma_{ub}}\right)^2 + \left(\frac{\tau}{\tau_u}\right)^2$	$\sum \Delta u / V \sum \Delta T$	$\left(\frac{\sigma_{x,Ed}}{\rho_x f_y/\gamma_{M1}}\right)^2 + \left(\frac{\sigma_{z,Ed}}{\rho_z f_y/\gamma_{M1}}\right)^2 - \left(\frac{\sigma_{x,Ed}}{\rho_x f_y/\gamma_{M1}}\right)\left(\frac{\sigma_{z,Ed}}{\rho_z f_y/\gamma_{M1}}\right) + 3\left(\frac{\tau_{Ed}}{\chi_w f_y/\gamma_{M1}}\right)^2$
工况1	0.39	4.91	0.20
工况2	0.40	5.49	0.24
工况3	0.43	4.13	0.28
工况4	0.28	7.24	0.12
工况5	0.29	4.74	0.19
工况6	0.29	4.34	0.20
工况7	0.42	4.73	0.24
工况8	0.43	4.16	0.28
工况9	0.44	4.67	0.25

注：表中符号与规范的公式对应。

通过我国《钢结构设计规范》(GB 50017—2003)、《铁路桥梁钢结构设计规范》(TB

10002.2—2005)、英国标准 BS 5400、欧洲规范 EUROCODE 3 及美国规范的相应条框对腹板进行了局部稳定检算,结果表明,设计腹板满足各种规范关于板件局部稳定的要求。

通过规范检算结果表明,纵向加劲肋能够满足英国标准 BS 5400 与我国《公路钢结构桥梁设计规范》(JTG D64—2015)的要求,与美国规范对刚性加劲肋的惯性矩要求相比偏小;腹板局部稳定检算结果表明,腹板区格能够满足规范要求。

4.3.4 节段局部稳定性试验及理论研究

为细化试验测试方案,并预测试验结果,以方便开展后续试验工作,对试验阶段板件出现的应力状态及破坏形态进行有限元分析十分必要。课题研究从试验节段及加劲板两条线路展开,分别建立其有限元模型,并进行非线性全过程分析。在有限元建模过程中,以特征值屈曲分析结果,得到初始几何缺陷情况,同时残余应力的施加通过引入初应力来实现,在分析过程中考虑材料与几何双重非线性的影响,通过极限荷载、荷载位移曲线及破坏时的变形模态等归纳试验梁的破坏特征。以获得的极限荷载作为外力,对试验节段进行逐级加载情况下的静力分析,预测试验过程中的应力及变形情况。依据计算分析结果,拟定试验加载条件和测试方案,最终通过采集试验结果,综合分析与对比有限元计算结果,得出钢箱梁的破坏机理,供直接指导设计。

1)试验研究对象及模型设计

用准确的有限元数值模型进行大量的计算分析,能有效弥补试验数据偏少的局限,为保证计算结果的准确性,建立可靠的有限元模型相当重要。在 ANSYS 中通过 APDL 平台建立试验梁及腹板板件的板壳有限元模型。本节从材料模型定义、单元选取、初始几何缺陷及残余应力施加、荷载及边界条件施加等方面详细叙述建模过程,最后通过计算结果预测试验梁端的破坏模式及应力状况。

依据活载最不利加载计算结果和典型钢箱梁节段屈曲分析结果,选取主跨跨中 40m 长节段作为试验研究区域,同时,考虑试验加载及结构的对称性,只截取截面部分作为重点研究。试验研究区域所在全桥横纵向位置如图 4.3-10 所示。

对于结构模型试验,通常所应依据的条件有三个,分别是:

(1)应变相等,即模型和结构原型保持应变相等。

(2)应力相等,即模型和结构原型保持应力相等。

(3)应变或应力保持一定的比例关系,即介于应变相等和应力相等之间。

在模型试验研究中,采用哪种条件应视模型规模、模型用材料以及试验目的来综合确定。本次节段模型试验所用材料与实桥材料弹性模量相等,则无论应力相等或应变相等,所导出的荷载、位移等关系都是相同的,可以保证模型同实桥的应力、应变状态完全一样。

试验模型中,为了能够准确模拟加劲肋板件的受力特性,相似比取 1:4。以几何相似比与应力相似比可换算出荷载相似比,试验模型相似比参数见表 4.3-12。为真实反映原结构在最不利荷载组合效应下的应力状态及屈曲特性,试验模型应尽量采用与原结构相同的材料,但缩尺后考虑市场上不能找到相应钢材牌号,以 Q345 钢材进行模型加工,综合考虑模型理论设计及市场材料情况,试验节段模型最终钢材用料情况见表 4.3-13。模型截面尺寸等如图 4.3-11 ~ 图 4.3-13 所示。

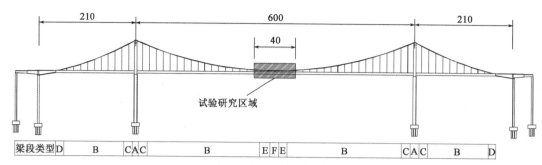

a) 全桥整体布置图(尺寸单位:m)

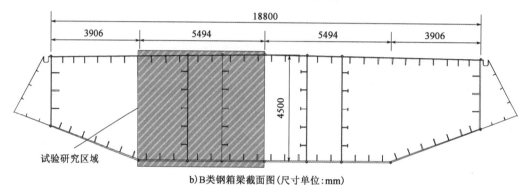

b) B类钢箱梁截面图(尺寸单位:mm)

图 4.3-10 试验研究区域示意图

模型相似比取值　　　　　　　　　　　　　　　　　　　表 4.3-12

项　目	几何尺寸	应　力	集中力 F	集中力 M
相似比	1/4	1/1	1/16	1/64

试验节段模型材料　　　　　　　　　　　　　　　　　　表 4.3-13

板件类型		实桥板厚 (mm)	模型尺寸理论值 (实际值)(mm)	材料	$f_y(\varepsilon_y)$ MPa($\mu\varepsilon$)	f_u (MPa)
顶板		42	10.5(10)	Q345	349(1694)	505
底板		32	8(8)		392(1903)	521
腹板		20	5(5)		447(2170)	543
横隔板、横肋板		10~14	2.5~3.5(3)			
加劲肋	顶肋	32	8(8)			
	底肋	25	6.25(6)		378(1835)	526
	腹板肋	10	2.5(3)			
	腹板翼缘	14	3.5(3)			

根据设计的试验模型,考虑初始缺陷(几何与焊接残余应力影响),在 ANSYS 中通过 APDL 平台建立试验梁及腹板板件的板壳有限元模型,模拟加载状态,对试验模型进行了有限元分析。

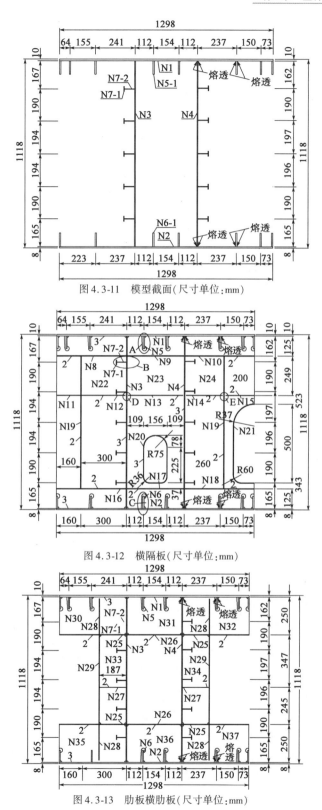

图 4.3-11 模型截面(尺寸单位:mm)

图 4.3-12 横隔板(尺寸单位:mm)

图 4.3-13 肋板横肋板(尺寸单位:mm)

为预测试验梁的破坏模式，对该梁进行非线性屈曲分析。为对实验过程中的应力变形进行监控，对该梁进行分级加载静力分析。主要计算工况见表4.3-14。

试验节段模型材料计算工况　　　　表4.3-14

工况号	分析类型	工况说明
工况1	非线性屈曲分析	材料屈服强度为345MPa，考虑残余应力，不考虑几何缺陷
工况2		材料屈服强度为345MPa，考虑残余应力，几何缺陷1mm
工况3		材料屈服强度为345MPa，考虑残余应力，几何缺陷3mm
工况4		材料屈服强度为420MPa，考虑残余应力，不考虑几何缺陷
工况5		材料屈服强度为420MPa，考虑残余应力，几何缺陷1mm
工况6		材料屈服强度为420MPa，考虑残余应力，几何缺陷3mm
工况7		实际材料，考虑残余应力，几何缺陷1mm
工况8		实际材料，考虑残余应力，几何缺陷3mm
工况9		实际材料，考虑残余应力，几何缺陷5mm
工况10		实际材料，考虑残余应力，几何缺陷7mm

通过 NEWTON-RAPSON 法求解，在求解模块通过 NLGEOM，ON 设置计入压弯构件的 P-δ 效应。求解得到极限破坏荷载见表4.3-15。

极限破坏荷载统计结果　　　　表4.3-15

工况号	最大轴向荷载(kN)	相应弯矩(kN·m)	安全储备
工况1	11486.98	1612.21	2.02
工况2	11486.98	1612.21	2.02
工况3	11183.29	1569.58	1.96
工况4	13783.80	1934.57	2.42
工况5	12384.11	1738.12	2.17(数值不稳定,提前不收敛)
工况6	13784.03	1934.60	2.42
工况7	11820.38	1659.00	2.07
工况8	12119.63	1701.00	2.13
工况9	11925.08	1673.70	2.09
工况10	11820.38	1659.00	2.07

通过试验节段非线性分析可知，如果通过 Q345 钢材代替 Q420 钢材，节段极限承载力有所降低，但达到极限状态时，其应力分布情况类似，即上翼缘及腹板靠近上翼缘侧应力到达强度极限值；考虑残余应力影响，极限承载能力降低程度较大，对于 Q420 钢材梁段，极限承载力降低约30%，对于 Q345 钢材而言极限承载力降低约20%；通过静力逐级加载分析的结果表明，不考虑材料非线性影响时，对实际节段达到材料强度后，刚度没有下降，所得应力与位移结果相比较小，但应力计算结果显示结构已出现塑性屈曲，达到极限状态。虽然，实际钢材的屈服强度较钢材牌号的值有所不同，但通过有限元计算结果发现，极限荷载变化范围在5%以内。由实际材料与钢材牌号对应的强度的差异引起的极限承载力变化可以忽略。

2) 模型试验研究

(1) 设计荷载及加载方案

依据该桥跨中节段最不利轴力及相应弯矩设计试验荷载,设计荷载及相应应力水平见表4.3-16。根据试验节段的非线性分析结果对荷载进行同比例放大,逐级加载完成荷载试验。

节段最不利轴力及相应弯矩设计试验荷载　　　　表4.3-16

内力	原桥	试验	应力水平(MPa)
轴力(kN)	91225	5702	125
弯矩(kN·m)	54621	853	−40~50

试验模型加载系统主要由加载端板及预应力钢筋组成:外荷载通过4台小型25T千斤顶逐根张拉,结合锚固端传感器读数,反复调整进行施加。预应力索按竖向位置分第1~4排,其中1~2排取相同的张拉荷载 F_1,3~4排取相同的张拉荷载 F_2。考虑原桥为轨道桥梁,列车纵向长度较大,兼有轨枕等传力,局部效应不显著,另外,局部荷载的施加对压弯构件而言,可模拟成弯矩造成的初弯曲。因此,本书在研究该试验节段时不再考虑局部荷载的模拟。F_1、F_2 可通过平衡条件进行计算。依据有限元分析的极限荷载拟定加载方案。

由于采用25t千斤顶进行张拉,张拉的钢绞线量大(120根)。每一工况,张拉工作量较大,因此,张拉过程需要严格控制与管理。在张拉过程中,需要注意:每一工况,先张拉2~3排的钢绞线,再张拉1、4排钢绞线;采用两台千斤顶对同排的张拉点的钢绞线同时张拉,防止出现水平方向的弯矩;张拉过程中对已张拉的钢绞线做好记录,防止同一根钢绞线重复张拉,出现钢绞线意外断裂。

(2) 试验测试方案(测点布置)

通过试验可以直接验证计算模型的准确性及如实反映计算分析不能完全表达的结构破坏过程及破坏现象。同时,通过试验测试的数据进一步反馈计算模型中不合理的地方,修正计算模型,方便建立完备的试验-计算分析理论体系,为以后类似设计及科研提供参考。

在试验中,最直接关心的是破坏荷载的大小,同时需要获得试验节段的破坏机理。为了能够较为完整地反映试验节段的力学行为,需要对梁段的顶板、底板、腹板及各个加劲肋的平面内应变及平面外变形进行测量。

由于模型制作误差的不确定性、初始几何缺陷、焊接残余应力的存在以及试验荷载在模型截面上引起的应力不均匀性程度等因素都存在相当的随机性,故而模型的屈曲形态及失稳时的破坏部位都难以准确确定。如何合理、准确布置测点用以监测模型发生屈曲和材料达到屈服极限,这是一个值得仔细研究的问题。从目前而言,在计算结果的基础上,加大测点布置范围显得较为可靠。

布置方案:在2~15箱室中心的顶板及顶板肋各布置2条应变监控线;腹板1中区格布置4条应变监控线,腹板T肋布置3条应变监控线,腹板2中区格及加劲肋布置3条应变监控线;底板及底板肋各布置1条应变监控线。在4块主板上面各布置1条变形监控线;在两侧加载板上下位置各布置4个百分表,用以测试试验节段的轴向压缩变形量。模型的主要应变、变形测点布置情况如图4.3-14、图4.3-15所示。

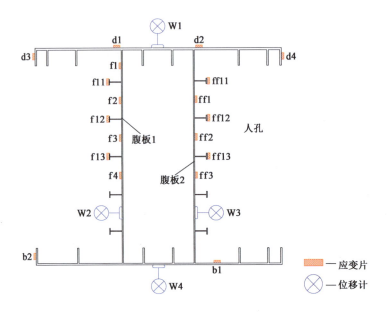

图 4.3-14　肋板试验模型测点布置示意图

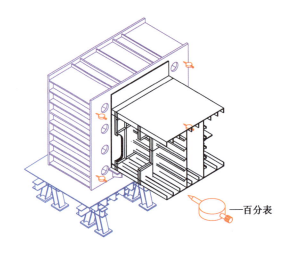

图 4.3-15　百分表测点布置示意图

3）试验结果

试验模型在武汉工厂加工完成后,运送到成都的试验室,吊装安装好模型后,贴应变片,安装传感器,连接导线,达到可试验状态。如图 4.3-16 所示为现场的照片。

（1）试验现象

试验模型加载至第 11 级荷载（1.7 倍整体应力设计荷载），未发现结构出现过大变形,继续张拉钢绞线,仪表读数上涨,结构可以继续承载。荷载加至 10339.27kN 时,考虑 1、2 排钢绞线张拉端端部出现较明显钢丝滑移,后续加载过程中,仅张拉 3~4 排钢绞线,此时加载非设计荷载比例加载。在该加载制度下,完成 3 个工况的顺利加载,最终荷载加至 11102.44kN,结构未出现明显的变形,但在 13 工况时,通过肉眼观察,第 3、5、6、7、11 及 13 箱室出现了腹板 T 肋外漆脱落及面外变形,加载结束时,T 肋变形稳定,没有观察到明显的破坏痕迹。通过进一步观察,T 肋面外屈曲变形可分为两类,一类为对称变形,另一类为反对称变形,变形模式如图 4.3-17 所示。

图 4.3-16　模型试验现场照片

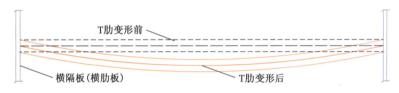

a)T 肋面外对称屈曲变形图

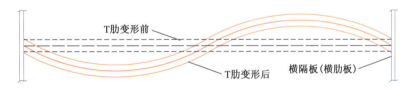

b)T 肋面外反对称屈曲变形图

图 4.3-17　腹板 T 肋屈曲形式

(2)试验结果及分析

考虑试验加载为偏载,仅取工况 1~工况 13 的结果进行分析。基于有限元理论模型对比分析,主要对两方面内容进行分析:荷载-应变曲线(反映板件及加劲肋的应力水平)及荷载-位移曲线(反映结构刚度变化及极限承载力)。对每条应变线中各点求平均值,做出顶板、腹板及底板的应变-荷载曲线,如图 4.3-18~图 4.3-21 所示。

①荷载-应变曲线结果及分析

本小节为各个应变监控线的应变-荷载曲线结果,以顶底板、腹板及加劲肋三类分别示出其结果。结果数据包括不同几何缺陷有限元结果及试验测试结果。

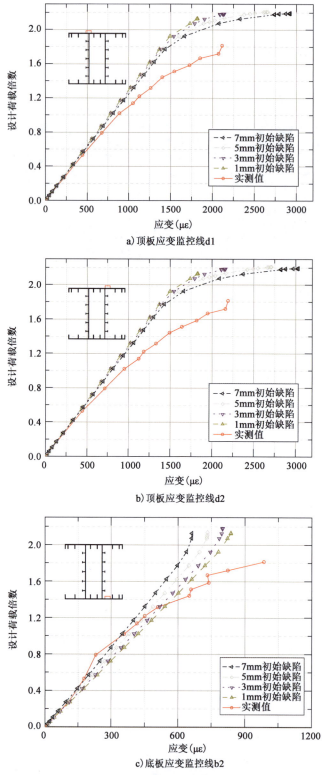

图 4.3-18 顶底板应变-荷载曲线

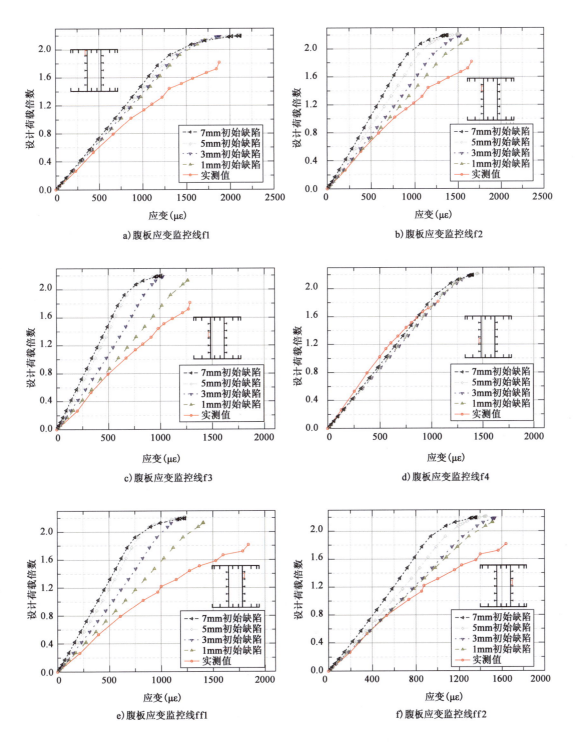

图 4.3-19

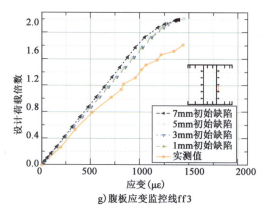

g) 腹板应变监控线ff3

图 4.3-19　腹板应变-荷载曲线

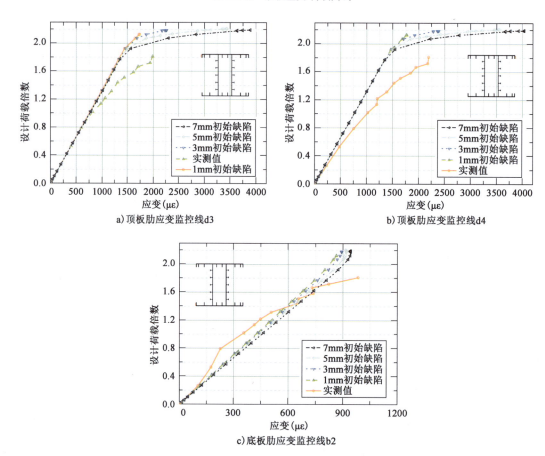

图 4.3-20　顶底板肋应变-荷载曲线

② 轴压荷载作用下节段稳定性试验

如前所述，偏压荷载作用下，节段最终以腹板 T 肋出现较大变形而结束。在结构尚未出现材料拉裂、压溃等极限破坏情况时，卸下荷载，进行节段轴压试验。

试验模型加载至第 10225.68kN 荷载（1.79 倍整轴力设计荷载），发现 2~15 箱室腹板 T

肋出现与前述试验类似的正反对称变形,继续张拉钢绞线,仪表读数上涨,结构可以继续承载,T肋变形逐渐增大。荷载顺利加至13627.18kN时,继续加载时,仪器读数上升,试验节段9号箱室两侧腹板连同底板破坏,破坏前和破坏时变形情况如图4.3-22、图4.3-23所示。没有能够完成下一级加载,仪器读数上升最高值范围在13800~14000kN。破坏后,钢绞线张拉力有所卸载,主要为3~4排钢绞线卸载,且尚余8412.4kN,顶板没有破坏,整个试验节段呈上拱形式。

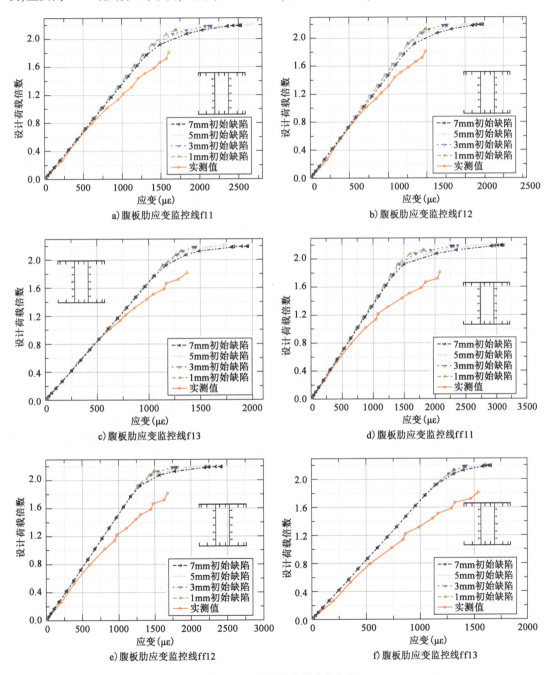

图4.3-21 腹板肋应变-荷载曲线

图 4.3-22　破坏前腹板 T 肋变形图

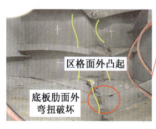

图 4.3-23　破坏时结构变形图

试验加载结构破坏时,由于振动及变形过大造成仪器读数超量程或脱空,仅取破坏前的结果进行分析。与前述偏压试验类似,主要对两方面内容进行分析:荷载-应变曲线(反映板件及加劲肋的应力水平)和荷载-位移曲线(反映结构刚度变化及极限承载力)。对每条应变线中各点求平均值,做出顶板、腹板及底板的应变-荷载曲线,如图 4.3-24～图 4.3.27 所示。

本小节为各个应变监控线的应变-荷载曲线结果,以顶底板、腹板及加劲肋三类分别示出其结果。结果数据包括不同几何缺陷有限元结果及试验测试结果。

由图 4.3-24～图 4.3-27 可知,轴向荷载作用下,对于未出现塑性区的应变测试点,试验节段实测结果与有限元分析结果吻合较好,而如 b2、b1、f1、ff3 应变监控线,实测结果与有限元分析结果有所差异,但荷载-应变发展趋势一致。

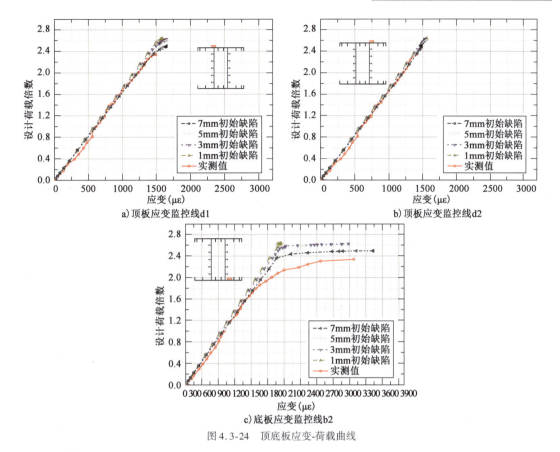

图 4.3-24 顶底板应变-荷载曲线

4）小结

本小节就试验节段在偏压与轴压两种荷载状态下进行了理论及试验研究。通过有限元理论分析、试验现象观察及实测应变变形数据分析，得到如下主要结论：

（1）通过试验节段的有限元非线性屈曲分析结果可知，试验节段在设计荷载作用下的安全储备较高，以屈服强度为345MPa 的最不利材料模型为例，安全储备最小为 1.96。

（2）通过加劲板的有限元非线性屈曲分析结果可知，以屈服强度 345 与屈服强度 420 的两种有限元计算得到的荷载-位移曲线具有相似的发展趋势，极限状态时，以腹板区格屈曲及加劲肋的弯扭屈曲形式破坏，荷载-位移曲线发展充分，位移量足够；破坏时截面的平均应力值作为极限应力水平，该应力水平会受到几何缺陷的影响，几何缺陷由 0 变化到1mm，极限应力水平下降10%左右，但仍能保持较高的应力水平，属于强度破坏。

（3）偏压荷载作用下，试验节段截面应力分布不均匀及加载控制难度较大等造成实测应变数据在荷载较低水平与理论计算结果吻合较好，荷载增大以后，理论计算结果与实测结果差异增大，主要原因为塑性区变形较大，结构非线性特征体现更加充分，实测数据较理论数据偏大；在13 工况时，通过肉眼观察，第 3、5、6、7、11 及 13 箱室出现了腹板 T 肋外漆脱落及面外变形，加载至 11102.44kN 结束时，T 肋变形稳定，没有观察到明显的破坏痕迹，结构的安全系数在 1.95 倍以上，能够满足《公路斜拉桥设计细则》（JTG D65-01—2007）规范要求。

（4）轴压荷载作用下，试验节段经历了逐步破坏过程，从 T 肋的反对称变形出现、加载到底板及临近腹板塑性区发展充分,再到T肋面外弯扭破坏及板区格面外隆起破坏,试验节段破坏前有明显预兆,不属于脆性破坏;破坏后,钢绞线张拉荷载虽有所卸载,但是结构仍可承受8412.4kN的偏压荷载;较偏压荷载作用下的实测结果而言,轴压作用下,应变、位移数据与计算结果吻合较好,对于塑性发展充分的测试区域,实测值较理论值差异较大,与偏压作用试验结论一致。

(5)对有限元理论计算结果与试验实测结果进行对比分析,表明:采用的有限元模型能够反映结构的受力、变形及稳定性等特征;从荷载-应变曲线、荷载-位移曲线来看,理论分析结果与实测结果发展规律一致,呈现的差异性由材料非线性等因素造成。有限元模型计算结果能够为设计计算提供直接的参考作用。

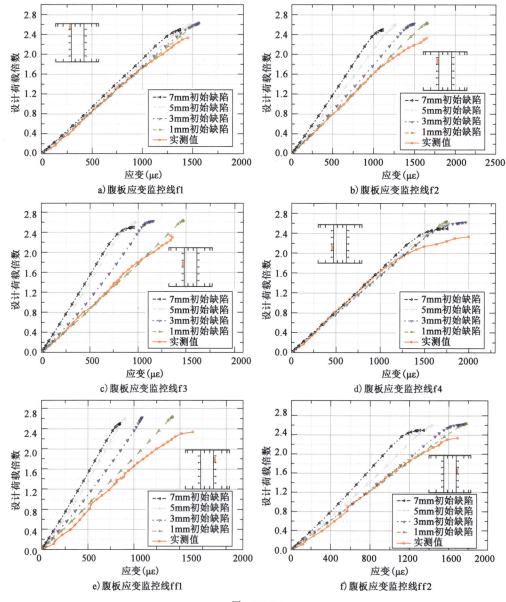

图 4.3-25

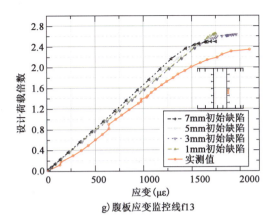

g) 腹板应变监控线f13

图 4.3-25　腹板应变-荷载曲线

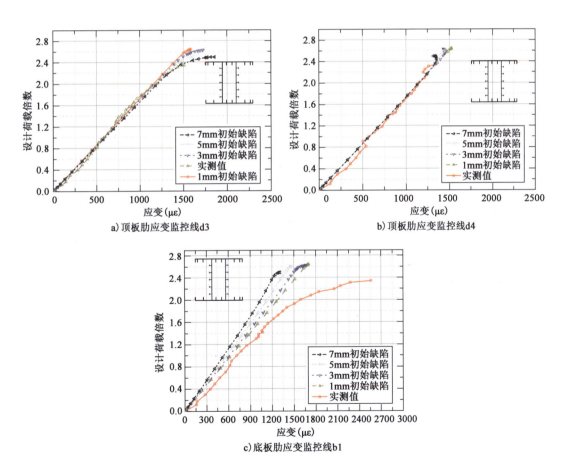

a) 顶板肋应变监控线d3

b) 顶板肋应变监控线d4

c) 底板肋应变监控线b1

图 4.3-26　顶底板肋应变-荷载曲线

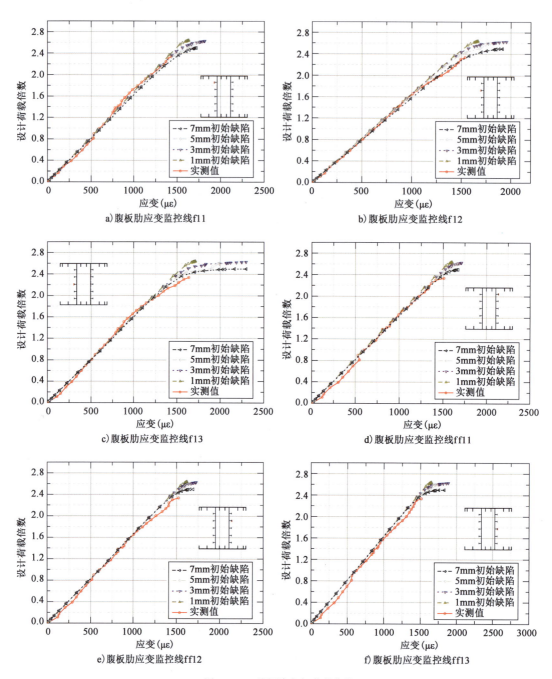

图 4.3-27 腹板肋应变-荷载曲线

4.3.5 试验节段有限元模型与实桥节段有限元模型计算结果对比分析

前面通过节段的理论与试验研究,验证了有限元计算模型。本节采用前面的有限元建模思想,建立综合考虑缺陷及材料非线性的实桥钢梁有限元模型,并进行线性屈曲分析及非线性承载力分析,得到钢箱梁节段线性与非线性稳定情况下的安全储备,以分析设计截面的合理性。屈曲系数对比结果见表 4.3-17。

屈曲系数对比结果　　　　　　　　　表 4.3-17

模态阶次	实桥节段屈曲系数 k_s	试验节段屈曲系数 k_e	误差 $\dfrac{k_s - k_e}{k_s}$
1	4.713	4.788	-1.59%
2	4.714	4.794	-1.70%
3	4.717	4.797	-1.70%
4	4.721	4.809	-1.86%

试验节段计算采用的材料强度为 420MPa，同时考虑残余应力及 7mm 几何缺陷影响。两个模型求解时，采用 NEWTON-RAPSON 算法，在求解模块通过 NLGEOM,ON 设置计入压弯构件的 $P\text{-}\delta$ 效应。计算的荷载-位移曲线结果如图 4.3-28 所示。

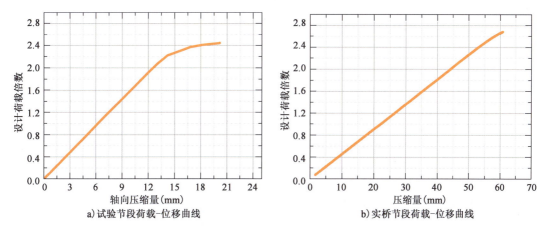

a) 试验节段荷载-位移曲线　　　　　b) 实桥节段荷载-位移曲线

图 4.3-28　荷载-位移曲线结果对比

由图 4.3-28 可知，试验节段在出现刚度退化时，其位移值为 14.18mm，而实桥节段出现刚度退化时，其位移值为 54.38mm，其比值接近几何相似比 1:4，节段模型能够反映实桥模型的荷载效应。结构安全系数统计结果见表 4.3-18。

非线性屈曲极限荷载统计结果　　　　　　表 4.3-18

项　目	试验节段模型 k_{sn}	实桥节段模型 k_{en}	误差 $\dfrac{k_{sn} - k_{en}}{k_{sn}}$
安全系数	2.45	2.68	-9.4%

由表 4.3-18 可知，实桥节段模型计算的荷载安全系数偏大。其主要原因为实桥节段模型为全截面模型，结构具有整体性，在横向受压侧没有进入材料塑性阶段时，横向受拉侧对受压侧具有间接支承作用，相对于试验节段而言，边界条件得到强化，具有增稳作用。实桥节段模型的荷载安全系数能够满足《公路斜拉桥设计细则》(JTG D65-01—2007)规范要求。

无论以线性屈曲计算结果，还是极限承载力计算结果来看，实桥节段模型计算的荷载安全系数偏大。其主要原因可归结为试验节段模型为部分截面模型，没有考虑截取截面以外的板件提供的间接约束作用,在极限承载力分析中,不具有实桥全截面模型整体性受力特点。实桥节段模型的荷载安全系数能够满足《公路斜拉桥设计细则》(JTG D65-01—2007)规范要求。

4.4 结果及结论

本章以多模型及规范作为理论研究基点,主要包括考虑钢梁截面形式全桥杆系模型极限承载力分析、实际钢箱梁节段板壳模型的静力及屈曲分析、国内外规范检算、试验节段及腹板加劲板有限元分析进行了钢箱梁结构局部稳定性及极限承载力的5个方面内容,并依据缩尺钢箱梁模型试验深入地研究了钢箱梁实际受力性能及破坏机理。从计算与实测得到的荷载-位移曲线、加劲板有限元分析荷载-位移曲线及破坏应力水平与试验中实测的应变、位移值进行了详细的对比与分析。得到的主要结论有:

(1)全桥杆系模型极限承载力分析结果表明,结构总体稳定性安全系数比较高,即使以钢梁截面出现纤维屈服状态考虑,其整体安全系数也在1.75以上,整体结构实际的极限承载力安全系数最小也在2.475以上。参照《公路斜拉桥设计细则》(JTG D65-01—2007),该结构满足规范要求的安全储备。

(2)通过局部板壳模型分析,主要受力板件中,中腹板屈曲模态的系数最低,但其屈曲系数最小也接近5;从应力情况比较,板件不会发生局部弹性屈曲;板件的局部失稳是弹塑性失稳,因此应采用非线性理论进行极限承载力分析。

(3)根据应力分析及特征值屈曲分析结果选定危险区格,参照国内外设计规范进行了板件局部稳定性检算,结果表明,纵向加劲肋能够满足 BS 5400 与《公路钢结构桥梁设计规范》(JTG D64—2015)要求,与美国规范对刚性加劲肋的惯性矩要求相比,刚度偏低;腹板强度需要折减。检算表明,腹板各区格能够满足各种规范要求。

(4)考虑初始缺陷、残余应力的试验节段有限元分析结果表明,试验模型的安全系数在2.0以上;试验节段的破坏模式为截面出现大部分塑性区域,即使试验节段的局部区域进入塑性状态,仍有可继续承载的能力;试验节段不会由于腹板区格屈曲后立即丧失承载力;给定不同几何缺陷,极限承载力变化不大,该结构具有非缺陷敏感性的特征,有利于结构受力。

(5)通过腹板加劲板的有限元分析结果可知,以 Q345 与 Q420 的两种材料建立的有限元模型,计算得到的荷载-位移曲线具有相似的发展趋势,极限状态时,以腹板区格屈曲及加劲肋的弯扭屈曲形式破坏,荷载-位移曲线发展充分,位移量足够;破坏时截面的平均应力值作为极限应力水平,该应力水平会受到几何缺陷的影响,几何缺陷由0变化到1mm,极限应力水平下降10%左右,但仍能保持较高的应力水平,属于强度破坏。

(6)偏压荷载作用下,以试验实测得到数据与有限元结果进行对比分析,结果表明:试验方案中拟定的加载系统能够有效可靠地将荷载传递到试验节段中;各类板件应变水平总体趋势较计算理论值高,在应力水平较低时,对应设计荷载0~1.2倍变化范围内,与计算理论值吻合较好,在应力水平较高时,与计算理论值呈现出的差异在稳定范围以内,有限元分析在应变、位移及荷载等方面能够有效模拟试验钢梁的真实情况;加载至工况11时,结构已出现局部板件屈服,屈服区域集中在顶板及靠近顶板侧的腹板,局部区域进入塑性状态后,代表材料强度破坏,但截面其他区域仍然有继续承载的能力,说明材料强度破坏已先于板件屈曲破坏发生,屈曲设计得到了控制;在13工况时,通过肉眼观察,第3、5、6、7、11及13箱室出现了腹板T肋外漆脱落及面外变形,加载至11102.44kN结束时,T肋变形稳定,没有观察到明显的破坏痕迹,结构的安全系数在1.95倍以上,能够满足《公路斜拉桥设计细则》(JTG D65-01—2007)规范要求。

(7)轴压荷载作用下,试验节段经历了逐步破坏过程,从T肋反对称变形出现、发展到底板及临近腹板塑性区发展充分,再到T肋面外弯扭破坏及板区格面外隆起破坏,试验节段破坏前有明显预兆,不属于脆性破坏;破坏后,钢绞线张拉荷载虽有所卸载,但是结构仍可承受8412.4kN的偏压荷载;较偏压荷载作用下的实测结果而言,轴压作用下,应变、位移数据与计算结果吻合较好,对于塑性发展充分的测试区域,实测值较理论值差异较大,与偏压作用试验结论一致。

(8)无论以线性屈曲计算结果,还是非线性屈曲计算结果来看,实桥节段模型计算的荷载安全系数偏大。其主要原因为实桥节段模型为全截面模型,结构具有整体性,在横向受压侧没有进入材料塑性阶段时,横向受拉侧对受压侧具有间接支承作用,相对于试验节段而言,边界条件得到强化,具有增稳作用。实桥节段模型的荷载安全系数能够满足《公路斜拉桥设计细则》(JTG D65-01—2007)规范要求。

第 5 章 主梁钢-混凝土结合段及主缆锚固段静力性能试验

5.1 研 究 背 景

5.1.1 工程概况

鹅公岩轨道大桥主跨主梁与靠桥塔的163.2m边跨主梁为钢箱梁结构,主缆锚固区与50m锚跨采用混凝土结构,主缆锚固区与钢箱主梁之间设钢-混凝土结合段。主缆锚固区与钢-混凝土结合段立面构造如图5.1-1所示。

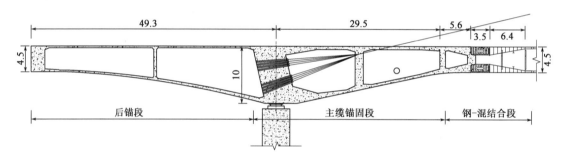

图 5.1-1 主缆锚固区与钢-混凝土结合段立面构造(尺寸单位:m)

锚固端和结合段起着承受主缆力和通过钢梁传递过来的内力等荷载的作用。两段的结构较为复杂,锚固端和锚跨段沿桥纵向采用变截面设计,且混凝土箱梁腹板、锚固横梁及支撑横梁与其顶、底板之间采用倒角过渡,在其顶板上开有散索套孔,另外,锚固结构增加了结构的复杂性;对于结合段,除了钢箱顶、底板、侧腹板和承压板外,箱腹板均为异形开孔设计,且与结合段混凝土横梁嵌入连接,加上钢板和混凝土之间剪力钉和内设的 PBL 剪力键钢筋,使得结构几何构型更为复杂。正是由于复杂的几何构型,使得锚固端和结合段整体受力和局部集中力交汇在一起,构成了复杂的传力机理。

对于此种结构设计,国内外可借鉴的类似工程较少,因此,需要对其进行精细的静力分析研究,目的在于弄清在设计荷载作用下锚固端和结合段各组成部件间力的传递效果,掌握其关键部位周围的局部应力大小和分布规律,也包括索孔、预应力对锚固端结构受力的影响,以及结合段剪力钉、PBL 剪力键受力的空间分布规律等,为完善其设计的合理性及确保成桥后结构的静力安全可靠提供保障。另外,研究成果对其他类似工程设计也有重要的借鉴意义。

对于大跨径自锚式悬索桥,主缆拉力大,锚固区构造复杂,锚下应力分布规律以及主缆力在锚固区的传递路径与机理难以准确把握,如何通过合理的构造设计将主缆力连续、平顺地传递至钢箱主梁,同时保证锚固区受力的合理性以及主缆与主梁之间连接的可靠性,是大跨径自锚式悬索桥设计的重点与难点,鉴于此,对鹅公岩轨道大桥主缆锚固区与静力性能开展精细化数值模拟与试验研究具有重要意义。

本次研究由重庆大学进行试验研究,上海交大进行了精细化分析。

5.1.2 试验研究的依据

重庆鹅公岩轨道大桥主缆锚固区与主梁钢-混凝土结合段静力性能数值模拟与试验实施所依据的文件资料和相关规范主要有:

《重庆市轨道环线鹅公岩轨道大桥主桥自锚式悬索桥图纸》(2016年8月31日);
《地铁设计规范》(GB 5157—2013);
《铁路桥涵设计基本规范》(TB 10002.1—2005);
《铁路桥涵钢筋混凝土和预应力混凝土结构设计规范》(TB 10002.3—2005);
《公路桥涵设计通用规范》(JTG D60—2015);
《公路钢筋混凝土及预应力混凝土桥涵设计规范》(JTG D62—2004);
《公路钢结构桥梁设计规范》(JTG D64—2015);
《桥梁用结构钢》(GB/T 714—2016);
《电弧螺柱焊用圆柱头焊钉》(GB/T 10433—2002)。

5.1.3 试验研究内容

根据试验的研究目的和要求,试验研究包含两大部分:

(1)主缆锚固段(特指主缆锚室及附近混凝土结构)受力性能,主要研究内容为:主缆锚固区的应力水平与分布规律;主缆锚固区的裂缝部位和发展规律;主缆锚固区的安全储备与设计的合理性。

(2)主梁钢-混凝土结合段受力性能,主要研究内容为:钢-混凝土结合段的应力水平与分布规律;钢-混凝土结合段的安全储备与设计的合理性;PBL连接件受力性能;栓钉连接件受力性能。

5.2 主缆锚固段模型试验研究

5.2.1 概述

鹅公岩轨道大桥首次将自锚式悬索桥的主跨跨径设计至600m,主缆力非常大,达162000kN,设计无工程实例可依循,且主缆锚固段的构造与受力状态均十分复杂,理论分析很难精确反映锚固段各构件的应力分布情况。为了解鹅公岩轨道大桥主缆锚固段的受力状态、验证设计计算理论,同时也为今后同类桥型积累科研数据,本章通过模型试验,对主缆锚固段的受力与位移分布特点进行研究,并将测试结果与理论计算结果进行对比分析。

5.2.2 锚固段试验模型设计

选取节段如图5.2-1中阴影区域设计试验模型。在准确模拟实桥的构造和受力状态的前提下,综合考虑试验条件、模型加工和运输等因素,试验选取相似比为1∶5的缩尺模型方案。

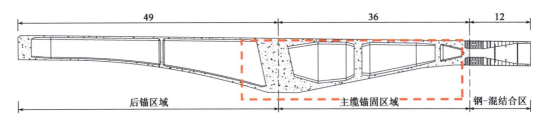

图 5.2-1 锚固段区段(尺寸单位:m)

根据选定的相似比,锚固段模型构造设计如图 5.2-2 及图 5.2-3 所示。预应力钢束的设计依据应力等效的原则,同时考虑试验模型板厚等因素。

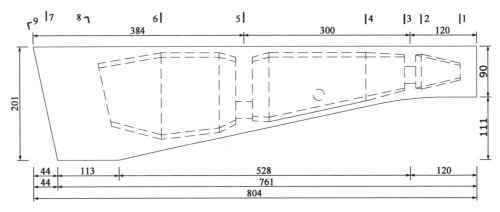

图 5.2-2 锚固段试验模型总体布置(尺寸单位:cm)

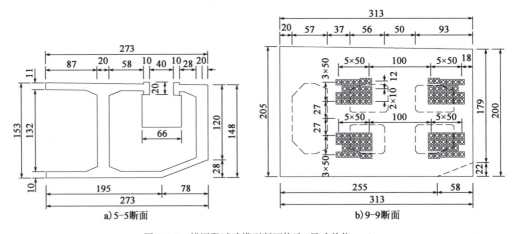

图 5.2-3 锚固段试验模型断面构造(尺寸单位:cm)

5.2.3 试验测试方案

1) 试验加载与约束体系

主缆锚固段模型试验加载与约束体系采用如图 5.2-4 所示的形式,包括液压千斤顶、纵向反力架、竖向反力分配梁、侧向约束锚杆及前端承压垫块。

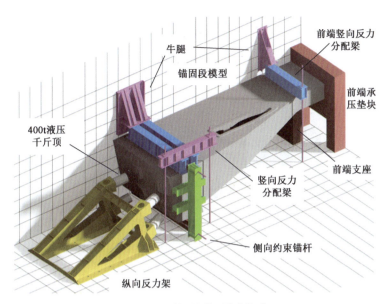

图 5.2-4 锚固段模型约束体系

2) 测点布置

主缆锚固段模型试验采用百分表监测试验模型的压缩变形,如图 5.2-5 所示。在试验模型前后两端共布置 6 个纵向位移测点。试验模型共设置 9 个纵向应变测试断面,在各断面顶板、底板、外腹板及内腹板的混凝土表面共布置 176 个纵向应变测点,在锚固横梁竖隔板(一)和锚固横梁竖隔板(二)的混凝土表面共布置 20 个纵向应变测点,如图 5.2-6 所示。

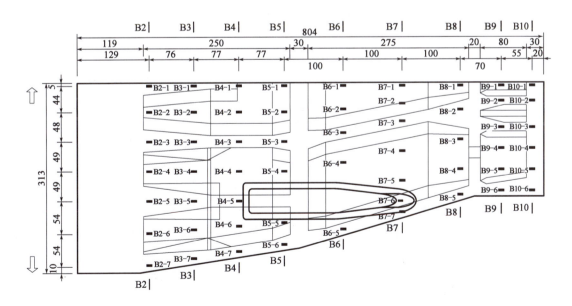

图 5.2-5 主缆锚固段试验模型顶板上表面应变测点布置(尺寸单位:cm)

图 5.2-6 主缆锚固段试验加载及测试

5.2.4 主缆锚固段试验实测值与理论值对比分析

1) 试验现象

主缆锚固段模型在 0~2.0P（P 为设计荷载）加载过程中，未出现显著结构破坏现象，试验模型出现共两处混凝土开裂现象。试验具体试验过程及现象如下：在 1.0P 工况加载过程中，模型未出现较大受力变形，加载反力装置工作稳定，试验模型无混凝土开裂现象。加载至 1.3P 时，模型未出现较大受力变形，加载反力装置工作稳定，试验模型无混凝土开裂现象。加载至 1.4P 时，试验模型出现首条裂缝（1 号裂缝），位于顶板散索套孔前端圆角中部（图 5.2-7），裂缝开裂方向是竖直方向，裂缝最大宽度为 0.10mm。随着试验荷载增加，该裂缝沿竖向朝两端开展并延伸至顶板，同时裂缝宽度逐渐增加。加载至 1.7P 时，1 号裂缝最大宽度增加至 0.12mm。加载至最大荷载 2.0P 时，1 号裂缝最大宽度保持为 0.12mm。锚固横梁竖隔板（一）出现混凝土开裂（2 号裂缝），裂缝位于锚固横梁竖隔板（一）前端上部靠近顶板处，裂缝最大宽度为 0.15mm。该状态下，试验模型其他位置未出现混凝土开裂现象。

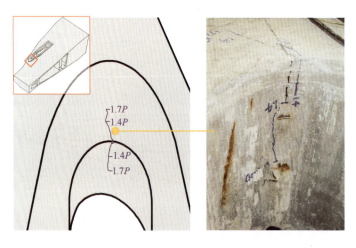

图 5.2-7 顶板散索套孔前端圆角处混凝土开裂

2) 2.0 倍最大主缆力工况纵向应力

2-2 截面顶板测点在 2.0 倍最大主缆力工况荷载作用下纵向应力变化规律如图 5.2-8 所示。2-2 截面顶板均受压,应力范围在 -4.46~0.68MPa,最大压应力出现在测点 BH2-4 处。各测点的实测值与理论值变化规律吻合良好,应力值随着荷载的增加基本呈线性增加。

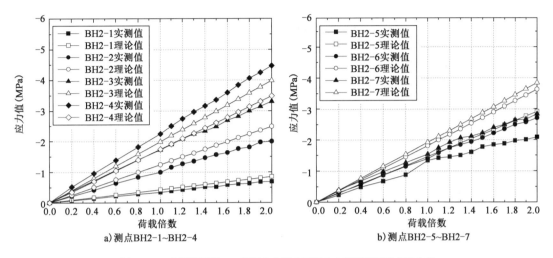

图 5.2-8 主缆锚固段 2.0 倍最大主缆力工况 2-2 截面顶板纵向应力值

3-3 截面外腹板测点在 2.0 倍最大主缆力工况荷载作用下纵向应力变化规律如图 5.2-9 所示。3-3 截面外腹板均受压,应力范围在 -5.97~-4.20MPa,最大压应力出现在测点 BH3-9 处。各测点的实测值与理论值变化规律吻合良好,应力值随着荷载的增加基本呈线性增加。

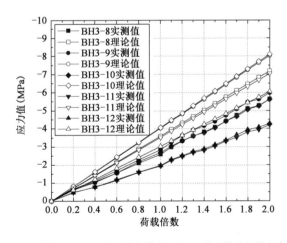

图 5.2-9 主缆锚固段 2.0 倍最大主缆力工况 3-3 截面外腹板纵向应力值

3-3 截面底板测点在 2.0 倍最大主缆力工况荷载作用下纵向应力变化规律如图 5.2-10 所示。3-3 截面底板均受压,应力范围在 -5.07~-0.29MPa,最大压应力出现在测点 BH3-15 处。各测点的实测值与理论值变化规律吻合良好,应力值随着荷载的增加基本呈线性增加。

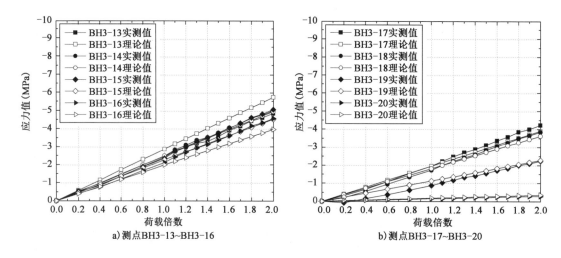

图 5.2-10　主缆锚固段 2.0 倍最大主缆力工况 3-3 截面底板纵向应力值

3）2.0 倍最大主缆力工况锚固横梁竖隔板纵向应力

3-3 截面锚固横梁竖隔板（二）测点在 2.0 倍最大主缆力工况荷载作用下纵向应力变化规律如图 5.2-11 所示。随荷载增加各测点实测值的变化规律与理论值基本吻合，3-3 截面锚固横梁竖隔板（二）均受压。实测值中，测点 BH3-24 处压应力最大，为 –2.16MPa。

3-3 截面锚固横梁竖隔板（一）测点在 2.0 倍最大主缆力工况荷载作用下纵向应力变化规律如图 5.2-12 所示。各测点实测值与理论值吻合良好。3-3 截面锚固横梁竖隔板（一）均受压。实测值中，测点 BH3-32 处压应力最大，为 –3.27MPa。

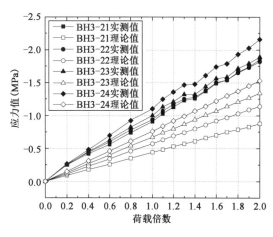

图 5.2-11　主缆锚固段 2.0 倍最大主缆力工况 3-3 截面锚固横梁竖隔板（二）纵向应力值

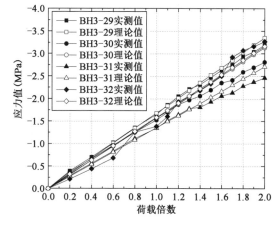

图 5.2-12　主缆锚固段 2.0 倍最大主缆力工况 3-3 截面锚固横梁竖隔板（一）纵向应力值

4-4 截面锚固横梁竖隔板（二）测点在 2.0 倍最大主缆力工况荷载作用下纵向应力变化规律如图 5.2-13 所示。各测点实测值规律与理论值基本吻合。4-4 截面锚固横梁竖隔板（二）均受压，并呈现中间较小、上下两端较大的特征。实测值中，测点 BH4-21 处压应力最大，为 –2.05MPa。

4）主缆锚固段各截面纵向应力沿横桥向的分布规律

（1）顶板

3-3 截面顶板纵向应力沿横桥向分布如图 5.2-14 所示。根据应力分布可见，3-3 截面顶板纵向应力实测值平均值于 1.0P 时为 -3.23MPa，2.0P 时为 -6.62MPa。3-3 截面最大纵向应力出现在 B3-4 测点，达到 -9.93MPa。在 3-3 截面测点的应力呈现出中间测点应力值较大，而在顶板两侧的测点应力值较小的特点。

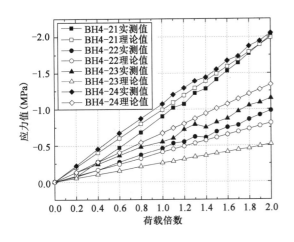

图 5.2-13　主缆锚固段 2.0 倍最大主缆力工况 4-4 截面锚固横梁竖隔板（二）纵向应力值

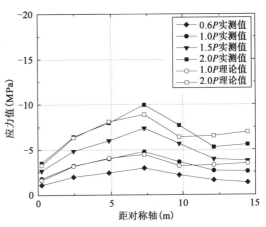

图 5.2-14　3-3 截面顶板纵向应力沿横桥向分布

7-7 截面顶板纵向应力沿横桥向分布如图 5.2-15 所示。根据应力分布可知，实测值曲线与理论值曲线变化规律大致相似。7-7 截面顶板纵向应力实测值平均值于 1.0P 时为 -6.59MPa，2.0P 时为 -12.61MPa。7-7 截面最大纵向应力出现在主梁最外侧 B7-7 测点，达到 -17.80MPa。在 7-7 截面测点的应力值随距离对称轴越远，逐渐减小，在 B7-6 测点处（顶板散索套孔前圆角边缘处）达到最小值，在主梁最外侧达到最大值。

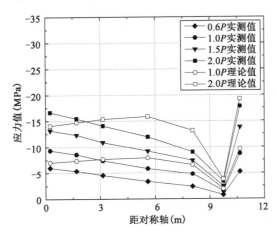

图 5.2-15　7-7 截面顶板纵向应力沿横桥向分布

（2）底板

3-3 截面底板纵向应力沿横桥向分布如图 5.2-16 所示。根据应力分布可见,3-3 截面底板纵向应力实测值平均值于 1.0P 时为 -1.76MPa,2.0P 时为 -3.77MPa。3 截面最大纵向应力出现在 B3-15 测点,达到 -5.07MPa。在 3 截面测点的应力值随距离对称轴越远,逐渐增大。实测值曲线与理论值曲线变化规律基本相似。

7-7 截面底板纵向应力沿横桥向分布如图 5.2-17 所示。根据应力分布可见,7-7 截面底板纵向应力实测值平均值于 1.0P 时为 -7.38MPa,2.0P 时为 -15.83MPa。7 截面最大纵向应力出现在 B7-16 测点,达到 -17.24MPa。在 7 截面测点的应力值随距离对称轴越远,整体先增大,并在 B7-16 测点处达到最大后又逐渐减小。

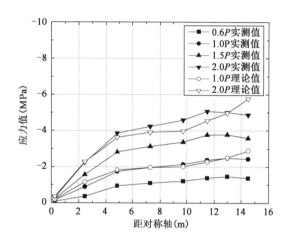

图 5.2-16　3-3 截面底板纵向应力沿横桥向分布

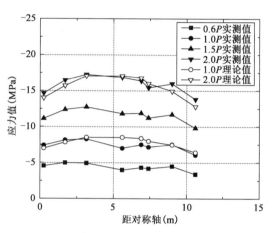

图 5.2-17　7-7 截面底板纵向应力沿横桥向分布

5.2.5　小结

采用 1∶5 相似比设计鹅公岩轨道大桥主缆锚固段试验模型,进行 1.0 倍最大主缆力工况与 2.0 倍最大主缆力工况的试验研究,得到以下结论:

（1）2.0 倍最大主缆力工况:顶板最大压应力为 -17.80MPa,位于测点 7-7;外腹最大压应力为 -26.39MPa,位于测点 7-8;底板最大压应力位于测点 8-9,相应纵向压应力值为 -20.61MPa;内腹板最大压应力位于测点 7-19,相应纵向压应力值为 -14.56MPa。5-5 截面锚固横梁竖隔板(一)均受压,测点 5-31 处压应力最大,为 -5.20MPa;3-3 截面锚固横梁竖隔板(二)均受压,测点 3-24 处压应力最大,为 -2.16MPa。

（2）整个试验加载过程中,发现 2 条裂缝,分别出现在顶板散索套孔前端圆角中部与锚固横梁竖隔板(一)处。试验荷载增至 2.0 倍最大主缆力时,顶板散索套孔处裂缝最大宽度为 0.12mm,锚固横梁竖隔板(一)处最大宽度为 0.15mm,卸载后裂缝闭合。

试验结果表明,重庆鹅公岩轨道大桥主缆锚固段在主缆设计荷载作用下具有足够的安全储备。

5.3 主梁钢-混凝土结合段模型试验研究

5.3.1 概述

鹅公岩轨道大桥首次将自锚式悬索桥的主跨跨径设计至600m,主梁钢-混凝土结合段承受的轴力巨大,达333361kN,设计无工程实例可依循,且钢-混凝土结合段的构造与受力状态均十分复杂,理论分析很难精确反映结合段各构件的应力分布情况。为了解主梁钢-混凝土结合段的受力状态、验证设计计算理论,同时也为今后同类桥型积累科研数据,本章通过模型试验对钢-混凝土结合段的受力情况进行研究,并将测试结果与理论计算结果进行对比分析。

5.3.2 钢-混凝土结合段试验模型设计

选取实桥钢-混凝土结合段为原型进行设计,试验模型尽可能反映实桥钢-混凝土结合段的受力特性及连接处的构造细节。根据相似比1∶3对实桥钢-混凝土结合段进行缩尺设计,考虑结构和荷载的对称性,取横桥向半结构进行缩尺,缩尺后模型总长5.9m,试验模型的构造如图5.3-1所示。

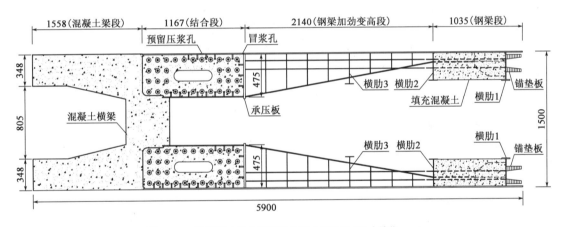

图5.3-1 钢-混凝土结合段试验模型立面构造(尺寸单位:mm)

5.3.3 钢-混凝土结合段试验测试方案

1)试验工况

根据海市政工程设计研究总院(集团)有限公司提供的鹅公岩轨道大桥整体分析结果,确定试验加载工况为:恒载最大轴力工况与附加力组合最大负弯矩工况,考虑到钢-混凝土结合段以承受轴力为主,增加2.0倍恒载最大轴力工况为超载工况,用于验证钢-混凝土结合段的承载能力。各试验工况的荷载组合情况如下:

工况Ⅰ(恒载最大轴力工况):1.0×自重+1.0×基础变位;

工况Ⅱ(附加力组合最大负弯矩工况):1.0×恒载+1.0×活载+1.0×风荷载+1.0×温度荷载;

工况Ⅲ(2.0倍恒载最大轴力工况):2.0×(1.0×自重+1.0×基础变位)。

实桥钢-混凝土结合段缩尺后,钢-混凝土结合面处的轴力与剪力均缩至实桥的1/18,弯矩缩至实桥弯矩值的1/54,各试验工况下实桥与试验模型钢-混凝土结合面处内力如表5.3-1所示。由表可知,竖向剪力相较于轴力很小,因此试验中不予考虑;恒载最大轴力工况和2.0倍恒载最大轴力工况中的弯矩亦不予考虑。

实桥与试验模型承压板截面内力理论值(力单位:kN;弯矩单位:kN·m)　　表5.3-1

试验工况	实桥			试验模型		
	轴力	竖向剪力	竖向弯矩	轴力	竖向剪力	竖向弯矩
恒载最大轴力工况	−333361	1439	28053	−18520	80	520
附加力组合最大负弯矩工况	−329791	5288	−181489	−18322	294	−3361
2.0倍恒载最大轴力工况	−666722	2877	56107	−37040	160	1039

2)试验模型加载

因鹅公岩轨道大桥主梁钢-混凝土结合段主要内力特征为轴力较大、弯矩较小,故采用自平衡的方式加载。试验模型的轴力通过张拉钢绞线实现,并通过调整模型上、下缘张拉力的大小来模拟结合段所受弯矩。具体加载方式如图5.3-2所示。

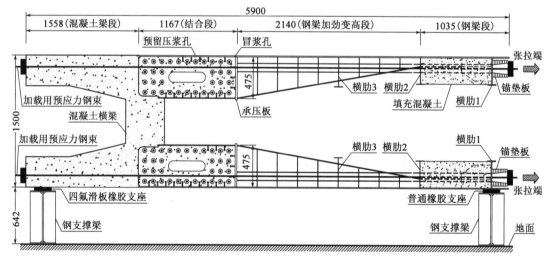

图5.3-2　钢-混凝土结合段试验模型加载示意(尺寸单位:mm)

3)测点布置

(1)表面应变测点

在混凝土箱梁段布置3个表面应变测试截面,在结合段钢结构表面布置4个表面应变测试截面,在钢梁加劲变高段布置3个表面应变测试截面,各截面应变片沿试验模型轴线方向布置。测点布置如图5.3-3与图5.3-4所示。

(2)钢-混界面相对滑移测点

选取一个顶板箱室,在钢-混凝土结合段内部布置钢-混界面相对滑移测点,如图5.3-5与图5.3-6所示。

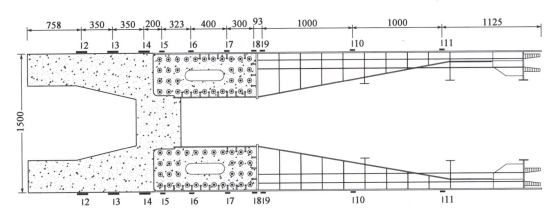

图 5.3-3 试验模型表面测点截面布置(尺寸单位:mm)

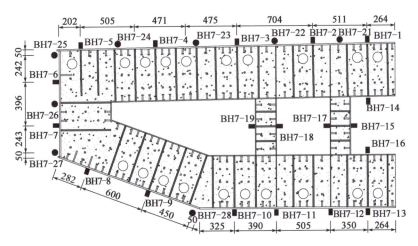

图 5.3-4 7-7 截面测点布置(尺寸单位:mm)

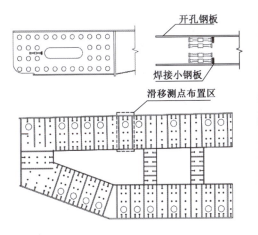

图 5.3-5 钢-混界面相对滑移测点

a) 钢梁段工厂组装

b) 钢梁段加工完成

c) 钢-混结合段试验模型安装完成

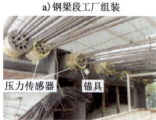
d) 钢梁段加载端

e) 张拉预应力钢绞线

f) 试验加载与测试

图 5.3-6 试验模型加载与测试

5.3.4 2.0 倍恒载最大轴力工况试验测试结果

1) 试验模型表面应力实测结果与理论值对比

选取典型控制性断面 2-2 及 10-10（图 5.3-3）进行分析及对比。

（1）2-2 截面纵向受力

2-2 截面表面测点在 2.0 倍恒载最大轴力工况荷载作用下的纵向应力变化规律如图 5.3-7～图 5.3-12 所示。

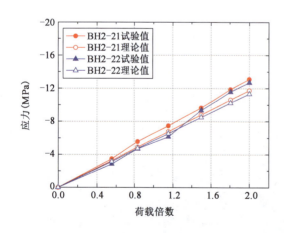

图 5.3-7 2-2 截面顶板应力 a

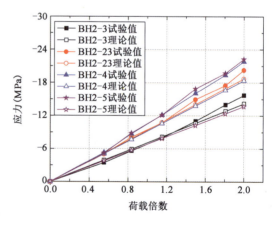

图 5.3-8 2-2 截面顶板应力 b

如上图所示，2-2 截面全截面受压，各测点的实测值与理论值变化规律吻合良好，应力值随着荷载的增大基本呈线性增大。实测应力范围为 $-28.5 \sim -2$ MPa，最大压应力出现在测点 BH2-10 处。

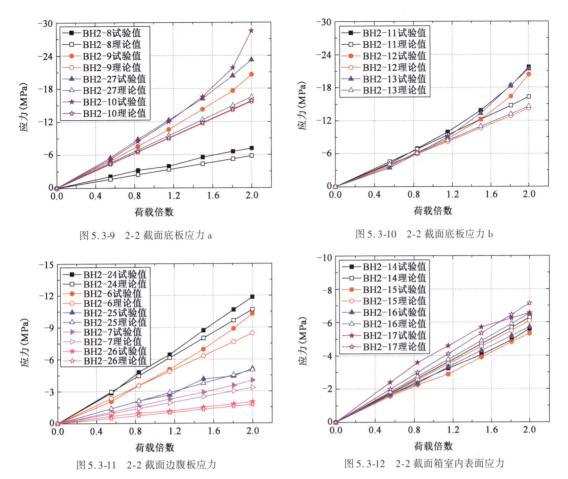

图 5.3-9　2-2 截面底板应力 a

图 5.3-10　2-2 截面底板应力 b

图 5.3-11　2-2 截面边腹板应力

图 5.3-12　2-2 截面箱室内表面应力

(2) 10-10 截面纵向受力

10-10 截面测点在 2.0 倍恒载最大轴力工况荷载作用下的纵向应力变化规律如图 5.3-13～图 5.3-18 所示。可以看出，10-10 截面全截面受压，各测点的实测值与理论值变化规律吻合良好，应力值随着荷载的增大基本呈线性增大。实测应力范围为 -205.2～-88.6MPa，最大压应力出现在测点 BH10-24 处。

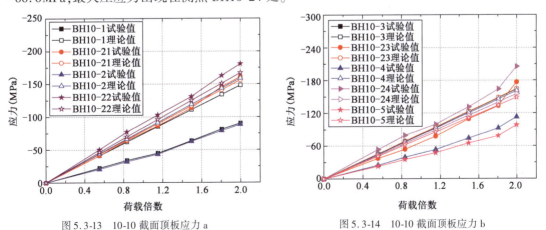

图 5.3-13　10-10 截面顶板应力 a

图 5.3-14　10-10 截面顶板应力 b

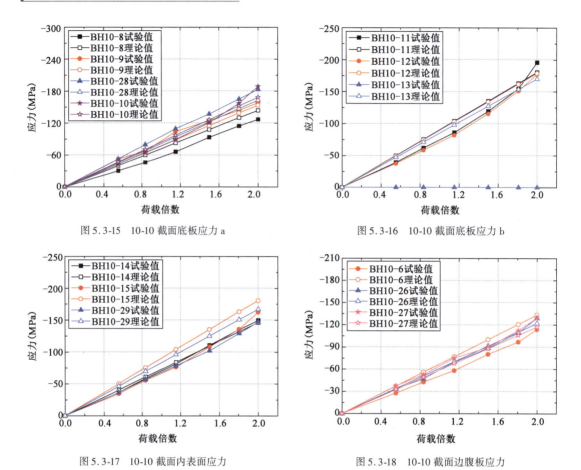

图 5.3-15　10-10 截面底板应力 a

图 5.3-16　10-10 截面底板应力 b

图 5.3-17　10-10 截面内表面应力

图 5.3-18　10-10 截面边腹板应力

2）钢-混界面相对滑移实测结果

结合段钢箱与混凝土在各荷载工况作用下相对滑移结果如图 5.3-19 所示。

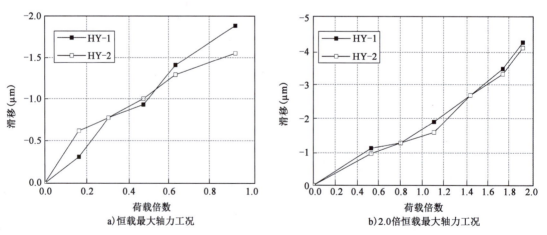

a）恒载最大轴力工况　　　　　　　b）2.0 倍恒载最大轴力工况

图 5.3-19　钢-混相对滑移

可以看出，在 2.0 倍恒载最大轴力工况作用下最大相对滑移量为 4.2μm，较小的相对滑移量表明钢与混凝土之间协同受力良好，承压板、界面黏结力及摩擦力作用明显；随着荷载的增大,钢与混凝土的相对滑移基本呈线性增长,说明 PBL 连接件与栓钉处于弹性受力阶段,结构有较大的安全储备。

5.3.5 小结

本章通过模型试验对钢-混凝土结合段的受力情况进行研究,完成了恒载最大轴力工况、附加力组合最大负弯矩工况与2.0倍恒载最大轴力工况的试验研究工作,并将测试结果与理论计算结果进行对比分析,得到以下结论:

2.0倍恒载最大轴力工况:混凝土结构最大压应力为 -28.5MPa,小于 C55 混凝土的抗压强度标准值35.5MPa;结合段与钢梁段除个别钢结构测点的压应力超过材料屈服强度外,结合段钢结构的最大压应力为 -180.6MPa,钢梁段的最大压应力为 -343.6MPa,均小于 Q420 钢材的屈服强度420MPa;试验加载过程中,仅有少数测点的应力随荷载增大呈现出非线性变化趋势,绝大部分测点应力随荷载增大呈线性增长,试验测试值与理论计算值的变化规律吻合良好。

由钢-混凝土结合段试验模型在试验中表现出的受力情况来看,鹅公岩轨道大桥钢-混凝土结合段具有足够的安全储备。

5.4 试 验 结 论

(1)采用1:5相似比设计鹅公岩轨道大桥主缆锚固段试验模型,进行1.0倍最大主缆力工况与2.0倍最大主缆力工况的试验研究,得到以下结论:

①2.0倍最大主缆力工况:主缆锚固段混凝土最大压应力为 -26.39MPa,小于 C55 混凝土的抗压强度标准值35.5MPa;各测点的压应力实测值随荷载增大基本呈线性趋势增加,实测值与理论值变化规律吻合良好。

②整个试验加载过程中,发现2条裂缝,分别出现在顶板散索套孔前端圆角中部与锚固横梁竖隔板(一)处。试验荷载增至2.0倍最大主缆力时,顶板散索套孔处裂缝最大宽度为0.12mm,锚固横梁竖隔板(一)处最大宽度为0.15mm,卸载后裂缝闭合。

③由主缆锚固段试验模型在2个试验工况中表现出的受力情况来看,鹅公岩轨道大桥主缆锚固段具有足够的安全储备。

(2)采用1:3相似比设计鹅公岩轨道大桥主梁钢-混凝土结合段试验模型,进行恒载最大轴力工况、附加力组合最大负弯矩工况与2.0倍恒载最大轴力工况共3个工况的试验研究,得到以下结论:

①2.0倍恒载最大轴力工况:混凝土结构最大压应力为 -28.5MPa,小于 C55 混凝土的抗压强度标准值35.5MPa;结合段钢结构的最大压应力为 -180.6MPa,钢梁段的最大压应力为 -343.6MPa,均小于 Q420 钢材的屈服强度420MPa;试验加载过程中,仅有少数测点荷载-应力曲线在荷载接近最大值时呈现出轻微的非线性趋势,绝大部分测点的应力均随荷载增大呈线性增长,与理论计算值的变化规律吻合良好。

②整个试验过程中,钢-混凝土结合段试验模型主体结构并未开裂。由试验模型在3个试验工况中表现出的受力情况来看,鹅公岩轨道大桥钢-混凝土结合段具有足够的安全储备。

5.5 精细化数值模拟分析

鉴于问题的复杂程度较高,上海交通大学研究团队采用大型商用有限元分析软件 MSC.NASTRAN 对设计的锚固端和结合段进行精细化有限元建模并作静力分析。

5.5.1 材料参数、约束及工况

钢筋混凝土结构中,混凝土均采用 C55 混凝土,其材料参数如表 5.5-1 所示;所采用的普通钢筋(HPB300)及 PBL 剪力键(HRB400)的材料参数列于表 5.5-2 中。

混凝土材料参数   表 5.5-1

材料	性能				
	E_C (MPa)	ν_C	f_C (MPa)	f_{Ct} (MPa)	γ_C (kN/m^2)
C55	3.6E+04	0.2	37	3.3	26

普通钢筋材料参数   表 5.5-2

材料	性能				
	E_S (MPa)	ν_S	f_{Sk} (MPa)	f_{Sd}, f'_{Sd} (MPa)	γ_S (kN/m^2)
HPB300	2.10E+05	0.3	300	250	78.5
HRB400	2.00E+05	0.23	400	330	78.5

纵向和横线预应力束均采用后张 $\phi_s15.2$ 高强度低松弛预应力钢绞线,相应的材料参数列于表 5.5-3 中。

预应力钢绞线材料参数   表 5.5-3

材料	性能					
	E_p (MPa)	ν_p	f_{pk} (MPa)	f_{pd} (MPa)	f'_{pd} (MPa)	γ_S (kN/m^2)
钢绞线	1.95E+05	0.2	1860	1260	380	78.5

考虑到锚固端和结合段结构的对称性,即具有顺桥方向的纵向对称面,选择 1/2 结构进行建模分析,在其纵断面上施加对称约束。锚跨端横梁及锚固横梁处按实际支座位置施加竖向约束,针对分析模型,还有来自相连的钢主梁节段的约束,但横向截断钢主梁而用相互作用力替代后,分析模型则无此约束,因此,分析模型属缺结构纵向约束的平衡体,对此,采用 MSC.NASTRAN 中"惯性释放"的方法处理。

结构上的荷载分为:①作用在锚固结构上的主索力;②结构的自重力;③第一根吊杆处钢

梁截面按照总体计算结果获得的内力载荷。相应的荷载值列在表 5.5-4 中。

荷 载 工 况　　　　　　　　　　　　　　　　表 5.5-4

工　况	荷　载					
	主缆力（kN）	锚墩反力（kN）	边墩反力（kN）	吊杆 1 处截面轴力（kN）	吊杆 1 处截面弯矩（kN·m）	吊杆 1 处截面剪力（kN）
恒载荷	148035	43818	4646	144379	3990	2605
最不利主缆力	164312	48636	5156	160254	4429	2891

注：轴力为压力；弯矩、剪力正方向参照下图 2-4 中的"内力方向"。

5.5.2 锚固端和结合段有限元分析模型

锚固端和结合段结构有限元分析建模的总原则为：严格按设计方提供的几何尺寸建立；分析模型中不考虑各钢板件间焊接的影响；计算模型从锚跨开始到第一根吊杆位置结束，以充分模拟边界对锚固端和结合段受力的影响。对所建模型进行多次试算，直至结果合理，获得最终模型。

（1）单元锚跨、锚固端及钢混结合段均采用实体单元[NASTRAN（下同）中的 Hex8]，钢梁段采用壳单元（QUAD4），预应力筋采用梁单元（BAR2），剪力钉及 PBL 剪力键设置为三维弹簧单元（Bush）。

（2）钢混连接处理。实际上，结合段中混凝土和钢箱（格室）板除了剪力钉和 PBL 剪力键连接外，受力变形时处于部分接触状态，属于状态非线性问题，考虑到计算接触问题耗时耗费，本模型建模时，剪力钉按实际情况连接，混凝土和钢箱（格室）顶、底及腹板板间预设 1mm 间隙，采用了 Glue 功能近似模拟接触。

（3）剪力钉弹簧单元刚度。参考文献中的相关试验，直径 22mm 的剪力钉的抗剪刚度取为 400kN/mm，抗剪容许承载能力按 50kN 取值。

（4）PBL 剪力键弹簧单元刚度。材料为 HRB400，直径为 28mm 的圆筋。根据甲方提供的实验数据，剪力键的抗剪刚度取为 900kN/mm。

（5）预应力处理。采用降温法实现预应力的施加，预应力筋梁单元与混凝土实体单元采用共节点（MPC）处理。

（6）实体单元与壳单元的连接。钢梁段结构采用壳单元，承压板采用实体单元，它们之间的连接采用 NASTRAN 中 MPC 功能的 RSSCON Surf-Vol 处理，以保证连接自由度的一致性。

最终分析模型共划分 457258 个单元，598120 个节点，如图 5.5-1 所示。

在分析模型上，约束施加的情况如图 5.5-2 所示，包括支座处的横、竖向约束，横向对称面上的对称约束；纵向采用惯性释放。

作用在锚固结构上的主索力，采用 MPC 沿其作用方向以合力的形式施加，如图 5.5-3 所示；第一根吊杆处横截断面上的内力（对分析模型，将其视为外荷载），采用 MPC 功能，将剪力和弯矩分配到横截断面各有限元节点上，轴力以压力的形式直接施加到横截断面各有限元节点上，如图 5.5-4 所示。

图 5.5-1　有限元分析模型

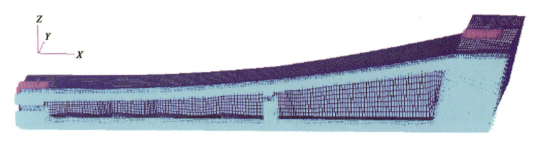

图 5.5-2　分析模型的约束

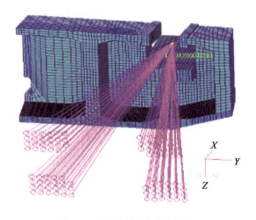

图 5.5-3　锚固结构上的主缆力

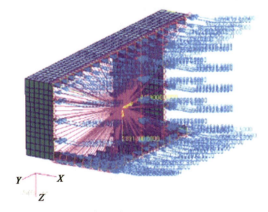

图 5.5-4　第一根吊杆处横截断面上的荷载

5.5.3　锚固端和结合段有限元分析结果

经对结构有限元模型在表 5.5-4 中恒载工况和最不利主缆力工况下进行静力分析比较，发现后者是最为危险的工况。本章给出最不利主缆力工况下的计算结果，并重点分析锚固端和结合段各结构件上最大应力产生的情况。

1) 锚固端顶板、底板及腹板上的应力

顶板上，受索孔影响，在索孔弧形端远离桥中心线处、索孔方形端近桥中心线处产生顺桥向最大压应力，数值达 16MPa；索孔方形端下缘、弧形端内侧及上缘外侧产生 3.3MPa 的顺桥向拉应力,如图 5.5-5 所示。横桥方向,索孔方形端近桥中心线处产生最大压应力,数值达 15.6MPa;在索孔方形端内侧面、弧形端内侧面及弧形端周围区域内存在最大 3MPa 的拉应力,如图 5.5-6 所示。

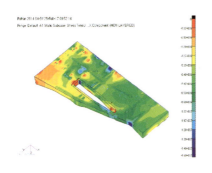
图 5.5-5　锚固端顶板顺桥向应力(Pa)

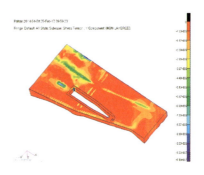
图 5.5-6　锚固端顶板横桥向应力(Pa)

底板上,最大顺桥向压应力值产生在结合段隔板邻近域上,大小为 15MPa;在其与支撑横梁连接处产生大小为 1MPa 的拉应力,如图 5.5-7 所示。横桥向的压应力较小,最大值为 4.5MPa;拉应力均产生在预筋锚固处,大小达到 3.3MPa,如图 5.5-8 所示。

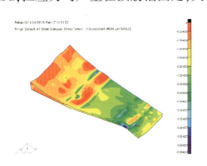
图 5.5-7　锚固端底板顺桥向应力(Pa)

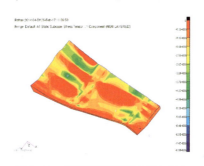
图 5.5-8　锚固端底板横桥向应力(Pa)

腹板上,最大顺桥向压应力产生在边腹板靠近结合段隔板的区域上,数值为 13MPa;在结合段中腹板分叉内侧表面出现 1.09MPa 的拉应力。竖桥向,压应力总体较小,在 4.5MPa 以下。竖桥向拉应力产生在锚固横梁处腹板与顶板连接及其与结合段隔板连接的局部区域上,最大拉应力为 2.36MPa。如图 5.5-9、图 5.5-10 所示。

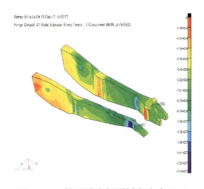
图 5.5-9　锚固端腹板顺桥向应力(Pa)

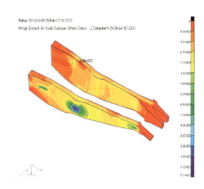
图 5.5-10　锚固端腹板竖桥向应力(Pa)

2)锚固端横梁上的应力

锚固横梁上,后锚面主缆锚固座处、横梁与锚跨顶板、腹板连接处产生顺桥向最大的压应力,大小为10MPa左右;在主缆锚固处周围产生2.6MPa的拉应力,如图5.5-11所示。横桥方向,最大压应力产生在顶板内顺桥向预筋作用区域,数值为8MPa;拉应力仅产生在主缆锚固和预筋锚固处的局部邻域内,属应力集中,如图5.5-12所示。竖桥方向,在支座处及主缆锚固处产生最大的压应力,大小为8.3MPa;在与锚跨腹板连接处及与锚固横梁隔板连接处的局部域内,产生竖桥向拉应力,大小在2.5MPa内,如图5.5-13所示。

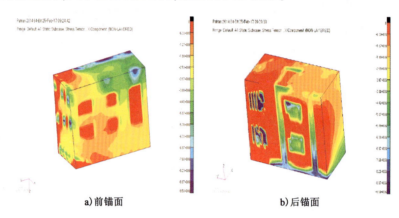

a)前锚面　　　　　　b)后锚面

图5.5-11　锚固端横梁顺桥向应力(Pa)

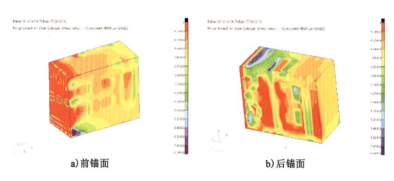

a)前锚面　　　　　　b)后锚面

图5.5-12　锚固端横梁横桥向应力(Pa)

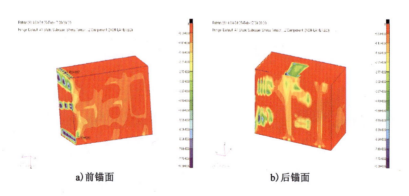

a)前锚面　　　　　　b)后锚面

图5.5-13　锚固端横梁竖桥向应力(Pa)

如图 5.5-14～图 5.5-19 所示,横梁竖隔板一、二和水平隔板上顺桥向、横桥向及竖桥向上的压应力均小于 6MPa。竖隔板一、二与顶板连接处局部分别产生 1.35MPa 和 1.98MPa 左右的顺桥向拉应力;竖隔板二上非预筋作用区域的顶、底部侧面,拉应力达 3MPa。水平隔板在近结合段与侧腹板连接处产生 1.06MPa 横桥向拉应力。

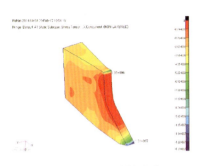

图 5.5-14　竖隔板一顺桥向应力(Pa)

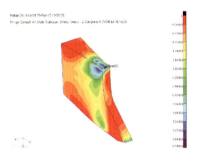

图 5.5-15　竖隔板一竖桥向应力(Pa)

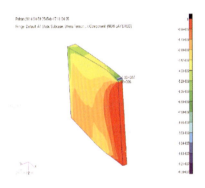

图 5.5-16　横梁竖隔板二顺桥向应力(Pa)

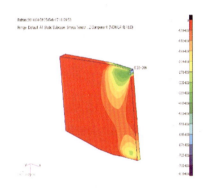

图 5.5-17　横梁竖隔板二竖桥向应力(Pa)

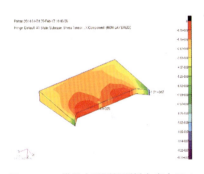

图 5.5-18　横梁水平隔板顺桥向应力(Pa)

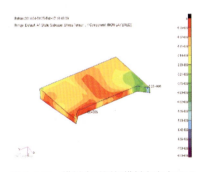

图 5.5-19　横梁水平隔板横桥向应力(Pa)

支撑横梁上,在横梁和主缆支撑座连接处产生 12.8MPa 的横桥向压应力集中及 10.2MPa 的竖桥向压应力集中。在近结合段与腹板上部连接处产生 1.36MPa 的横桥向拉应力;在近侧腹板支撑横梁和主缆支撑座连接处产生 2MPa 的竖桥向拉应力。如图 5.5-20 和图 5.5-21 所示。

3) 钢混连接段各构件上的应力

结合段隔板上,在人孔上下区域内有 6MPa 的横桥方向最大压应力之间。受人孔的影响,在孔周围产生最大2.76MPa的竖桥向拉应力,另在腹板之间区域的表层产生2MPa的竖桥向拉应力,如图5.5-22和图5.5-23所示。

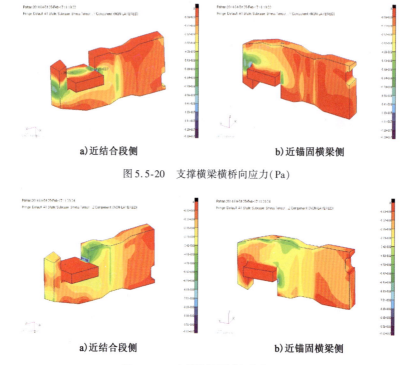

a)近结合段侧　　　　　　　　　　b)近锚固横梁侧

图5.5-20　支撑横梁横桥向应力(Pa)

a)近结合段侧　　　　　　　　　　b)近锚固横梁侧

图5.5-21　支撑横梁竖桥向应力(Pa)

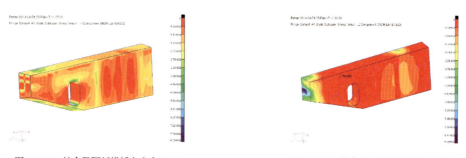

图5.5-22　结合段隔板横桥向应力(Pa)　　　图5.5-23　结合段隔板竖桥向应力(Pa)

结合段横梁上,横桥向和竖桥向的压应力均小于3MPa。横桥向最大拉应力为1.6MPa,竖桥向拉应力达1.57MPa,如图5.5-24和图5.5-25所示。

如图5.5-26～图5.5-29所示,顶板格室内混凝土上部产生最大的顺桥向压应力,大小为8MPa;受竖向PBL键的作用,在腹板格室混凝土与承压板接触区域的表层产生大小为2MPa的顺桥向拉应力。横桥向和竖桥向的压应力较小;在近钢主梁一侧端面上,对应于腹板格室位置处的顶、底板格室内混凝土上产生2.2MPa的横桥向拉应力,另在近结合段一侧,在桥洞对应位置产生最大2.5MPa的横桥向拉应力;最大竖桥向拉应力产生在桥洞对应部位的表层,大小为2.4MPa。

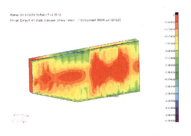 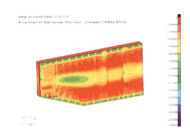

图 5.5-24　结合段横梁横桥向应力(Pa)　　　图 5.5-25　结合段横梁竖桥向应力(Pa)

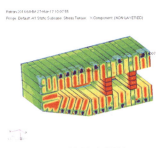 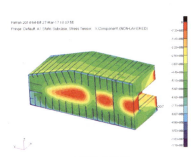

a)近钢主梁侧　　　　　　　　b)近结合段侧

图 5.5-26　钢混段混凝土顺桥向应力(Pa)

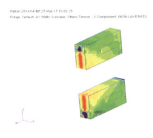 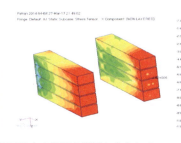

图 5.5-27　单顶、底格室内和中腹板格室内混凝土顺桥向应力(Pa)

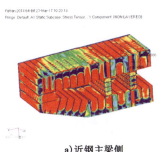 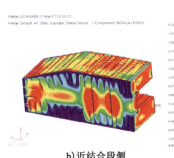

a)近钢主梁侧　　　　　　　　b)近结合段侧

图 5.5-28　钢混段混凝土横桥向应力(Pa)

4)钢混连接段剪力钉、PBL键上的应力

格室顶、底板上单个剪力钉的最大轴向力为 14.1kN,最大横向(顺桥向)剪力为 4.29kN,均产生在远离承压板侧、顶格室中腹板对应处的钉上。另一横向(横桥向)剪力非常小,最大值仅为 0.774kN,如图 5.5-30 所示。

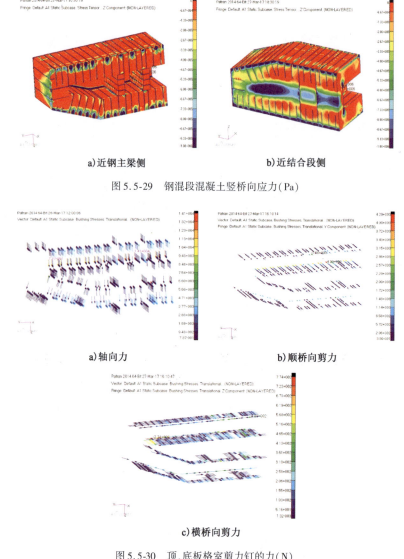

a)近钢主梁侧　　　　　　b)近结合段侧

图 5.5-29　钢混段混凝土竖桥向应力(Pa)

a)轴向力　　　　　　b)顺桥向剪力

c)横桥向剪力

图 5.5-30　顶、底板格室剪力钉的力(N)

如图 5.5-31 所示,中腹板单个钉的最大轴向力为 5.92kN,最大横向(顺桥向)剪力值达 51.0kN,均产生在远离承压板侧中腹板的钉上,另一横向(竖桥向)剪力最大值为 13.6kN。如图 5.5-32 所示,侧腹板上剪力钉的轴向力相对较小,最大值在内侧板上,大小为 4.36kN。横向(顺桥向)剪力的分布规律,内侧板远离承压板处,最大值达 15.5kN。另一横向(竖桥向)剪力较小,最大值仅为 1.57kN。

承压板上剪力钉的受力如图 5.5-33 所示,轴向力较大值产生在顶、底部预筋锚固区域周围,局部钉的最大值达 127kN,该域内其他钉的轴向力在 90kN 左右,这主要是受预筋锚固的影响,值得注意的是由于腹板格室的存在,在其上下对应的区域上,钉的轴向力为零。横向(横桥向)剪力在桥洞对应区域处横向力较大,最大值达 2.87kN。另一横向(竖桥向)剪力的最大值为 3.46kN。

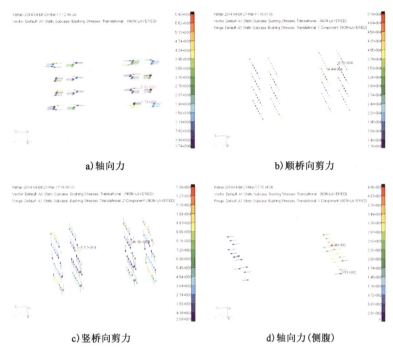

图 5.5-31　中腹板格室剪力钉的应力(N)

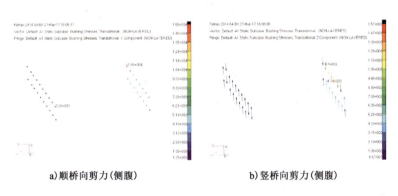

图 5.5-32　侧腹板格室剪力钉的力(N)

PBL 剪力键上,横桥向键的最大轴向力为 18.9kN,产生在顶格室中桥洞对应处靠近承压板侧的键上;最大横向(顺桥向)剪力为 60.3 kN,产生在底格室桥洞对应处远离承压板侧的键上。另一横向(竖桥向)剪力较小,最大值产生在离开承压板较远处,大小为 16.6kN,如图 5.5-34 所示。

如图 5.5-34 所示,中腹板格室竖桥向键的最大轴向力为 27.5kN,最大横向(顺桥向)剪力为 75.7 kN,均产生在中腹板格室内离承压板最近处的 PBL 键上。另一横向(横桥向)剪力较小,最大值为 7.65kN。侧腹板竖桥向 PBL 键的最大轴向力在离承压板最近处,为 15.2kN,横向(顺桥向)剪力最大值达 39.5kN,在远离承压板处。另一横向(横桥向)剪力较小,最大值为 12.2kN,如图 5.5-35、图 5.5-36 所示。

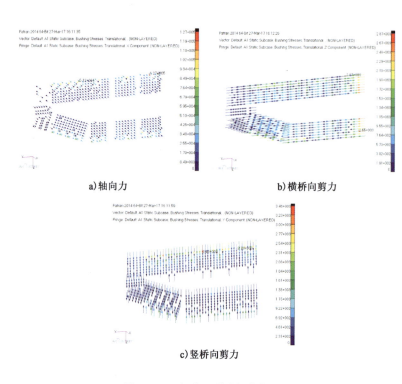

图 5.5-33　承压板上剪力钉的力(N)

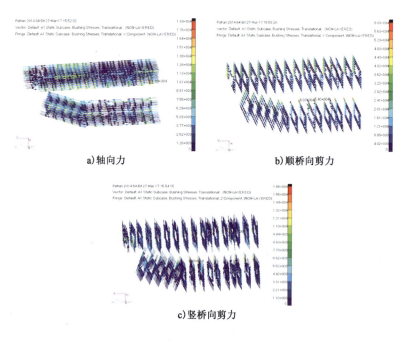

图 5.5-34　钢混段横桥向 PBL 键的力(N)

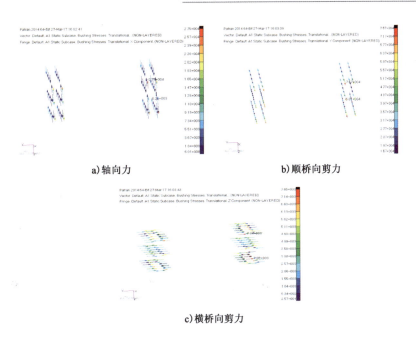

图 5.5-35 钢混段中腹板格室竖桥向 PBL 键的力(N)

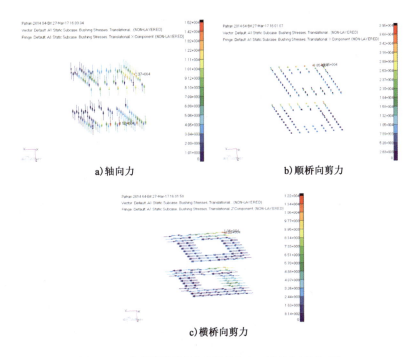

图 5.5-36 钢混段侧腹板格室竖桥向 PBL 键的力(单位:N)

5) 钢混连接段中混凝土与钢格室板之间的相对滑移

在压弯组合作用下,在顶板格室顶板与格室内混凝土之间产生顺桥向的最大相对滑移。这里沿顺桥向(X向)选择格室一半尺寸的位置及靠近承压板处,考虑顶板与混凝土之间的相对滑移,如图 5.5-37 所示。图中给出的是上述位置沿横桥方向(Y向)钢板和混凝土上对应节点顺桥向的位移。可见,平均相对滑移在 0.3~0.4mm 之间。

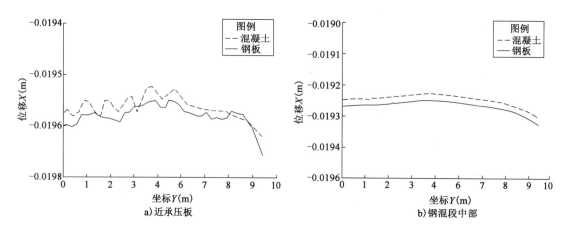

图 5.5-37 顶板与混凝土之间顺桥向的相对滑移

5.5.4 精细化数值分析小结

1)锚固段和钢混结合段的强度

经过精细的有限元分析,获得了大桥锚固段和钢混结合段上应力的分布规律和大小,对其强度进行了校核。

计算表明:除应力集中外,锚固段及钢混结合段混凝土上的压应力小于37MPa 的设计极限应力,拉应力小于 3.3MPa 的设计极限应力。

除了索孔弧端和方形端边缘处的应力集中外,索孔对锚固段顶板顺桥向应力基本没有影响。索孔对顶板横桥向应力的影响主要集中在弧形端周围区域,在其近桥中心线侧导致最大 3MPa 的拉应力区域。

预应力筋的布置合理,有效地将各段混凝土中的拉应力降低到满足强度要求的数值范围之内。另外,预应力筋及钢结构板中的(von Mises 等效)应力均在设计极限值以内。

因此,大桥关键的锚固段和钢混结合段结构满足强度要求。

2)锚固段和钢混结合段中力的传递

锚固横梁、锚固横梁水平隔板、锚固横梁竖隔板、支撑横梁等的组合结构设计,除了有效承担了主缆力的作用,还合理、较为均匀地将力传递到相邻的结构上。当然,在主缆支承座处会有较显著的应力集中。

钢混段钢格室、承压板与其内混凝土之间,通过剪力钉和 PBL 剪力键以及接触实现了有效的力传递。混凝土与承压板之间,主要是接触作用将钢主梁的轴向载荷传递到混凝土上;各钢舱室内钢与混凝土之间,主要是 PBL 剪力键有效地实现力的传递;剪力钉有效地将钢格室顶、底板上的力传递到混凝土层内。

计算表明:锚固段和钢混结合段结构中的传力路径清晰,实现了力合理、有效的传递。故结构设计合理。

3) 依据计算结果对设计的建议

计算明确了应力集中及影响范围,以及最大应力和产生区域,建议采用钢筋进行局部抗拉强度的加强,特别是主缆锚固处周围、锚固支撑横梁和主缆支撑座近侧腹板上部连接处、索孔周围及结合段横隔板人孔边缘等拉应力接近抗拉极限的部位。延伸到锚固段的锚跨顶板预应力筋 T43 和 T44,与锚固横梁箱形部分中腹板上的竖向预应力筋在顶板上有重叠区域,建议 T43 和 T44 止于锚固横梁实体部分。

第6章 "先斜拉后悬索"施工方案研究

6.1 研究背景

传统的自锚式悬索桥施工的方法是"先梁后缆"法,一般需要施工支架。施工工序是设置临时墩和支架,在支架上使主梁形成整体后再架设主缆,直接将主缆锚固在主梁的端部,最后再张拉吊索,调整索力。支架法需要大量施工支架,费用高,影响桥下交通,易受洪水地质条件影响。

对于较深的河道或者地基条件很差的桥位,支架及临时墩难以搭建,施工难度高,费用大,且施工很不安全;对于位于通航要求高的河道以及跨越重要铁路线段或者高速路线的桥位,支架及临时墩的修建必将影响到通航及通车的要求,对交通干扰性大。从图6.1-1可见,重庆鹅公岩轨道交通桥的桥面离地面高度很高(100m以上),同时长江通航船舶多,加上桥位处的地形复杂,航道部门不允许在长江上设置临时墩。因此该自锚式悬索桥不能采用常规的施工方法进行施工,设计中推荐了采用先修建斜拉桥再体系转换的方法进行施工,其主要思路如图6.1-1所示,这也是该法的首次应用。

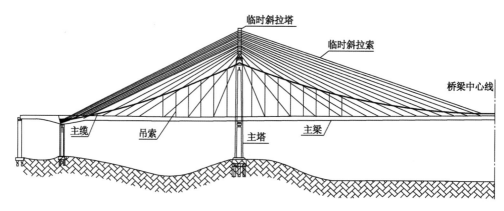

图6.1-1 自锚式悬索桥斜拉扣挂施工法示意图

该方法的施工过程借鉴了斜拉桥的施工工艺架设主梁,就地浇筑边墩和桥塔,在桥塔上安装临时斜拉钢塔,采用临时斜拉索拼装主梁,跨中合龙后再安装主缆和吊索,逐步安装张拉吊索,使结构的承重索由斜拉桥的吊索转换自锚式悬索桥的主缆,然后拆除斜拉索和临时桥塔。

该方法可以避免修建临时墩和支架,临时斜拉桥的主梁采用悬臂拼装方式施工,技术成熟;斜拉桥施工完成桥梁合龙后再进行体系转换,施工过程安全可靠。该工法理论上具有很好的施工可操作性及经济性,是一种很有潜在价值的施工方法。但是这种方法在世界上首次采用,需要对其施工控制的全过程进行精确的模拟,研究其施工的关键阶段和关键技术。其关键技术的解决,能给自锚式悬索桥的施工提供更多的选择与参考,其研究的意义深远。

6.2 国内外研究现状

自锚式悬索桥的施工方法按照主梁及主缆的施工先后顺序,可以分为:"先梁后缆""先缆后梁"及"缆梁同步"的施工方法;按照施工中有无支架或者支墩,可以分为有支架施工方法和无支架施工方法,其中,"先缆后梁"为无支架施工方法。

自锚式悬索桥体系转换的主要方法有张拉吊索法、顶升法及落梁法等。

(1)张拉吊索法。张拉吊索法是以多跨连续梁为其初始状态,通过张拉吊索使其达到体系转换的目的。该方法的关键是确定吊索的张拉力的大小和张拉顺序。体系转换计算时还应考虑混凝土的收缩徐变、主梁的弹性变形、塔顶鞍座的顶推次数与时机、吊索张拉力大小与张拉次数等因素。该方法施工操作相对简单,施工速度快且施工质量容易控制,适合于各种结构形式的自锚式悬索桥。

(2)顶升法。顶升法以多跨连续梁为其初始状态,按照成桥线形安装主梁,将塔顶鞍座降低一定高度后,再按照成桥状态安装主缆及吊索,最后通过逐步顶升塔顶鞍座的方式来实现体系转换。该方法的关键点是顶升塔顶鞍座过程中的稳定、水平滑移以及两根主缆水平力之间的平衡,在体系转换完成后,一般还需对吊索力进行调整。该方法施工需要大吨位千斤顶,并且严格要求同步作业,操作复杂且控制难度大。

(3)落梁法。落梁法是将主梁的成桥线形抬升一定高度后作为主梁的安装线形,按照成桥状态安装主缆及吊索,通过逐步松顶、卸架的方式实现体系转换。该方法的关键是合理确定松顶、卸架的顺序,在体系转换完成后,一般还需对吊索力进行调整。该方法需要在每个吊点布置千斤顶和临时支撑。体系转换过程实际为由临时支撑转换到吊索的过程,施工操作及施工控制难度较大,施工过程计算复杂,适用于双塔三跨自锚式悬索桥。

"张拉吊索法"应用于自锚式悬索桥体系转换中,具有操作方便、容易控制等特点,应用相当广泛,因此国内外已有大量学者对其进行了深入的研究:

沈锐利、唐茂林、胡建华等通过对佛山平胜大桥全桥模型试验的研究,得出自锚式悬索桥在体系转换过程中,采用"无应力长度控制法"确定吊索张拉力或吊索安装状态,无论施工过程如何,理论上最终都能实现要求的设计状态。该方法对于吊索力的计算特别方便,可用于设计和优化吊索的安装过程,以缩短施工工期、减少施工费用、提高工作效率。

沈锐利、朱建甫等以宁波庆丰大桥为例,考虑吊索张拉阶段主梁与支架之间的接触非线性、支架弹性支撑作用、主梁分段施工、混凝土收缩徐变对结构后期施工及运营的影响。以每批次不同的张拉吊索对数,进行了吊索张拉方案的设计计算,并分别提出了可行的张拉方案。从吊索张力、吊索竖向倾角、主梁应力、主梁线形方面比较分析各种安装张拉方案的优缺点。研究表明,"无应力长度控制法"可以比较准确和经济地实现自锚式悬索桥的体系转换,是一种比较优良的体系转换方案。

檀永刚、张哲、严伟飞等研究了自锚式悬索桥施工控制过程中的力学特性,提出并论证了"主缆位移的弱相干性原理""吊索力的相邻影响原理",即张拉吊索对非张拉点主缆的位移影响很小;对于远处吊索的内力影响较小,而对相邻吊索内力的影响较大。当吊索通过接长杆锚固在主梁上并在主梁被张拉离开支架前,这两个原理都是适用的。

邢智等研究了吊索张拉过程中主缆位移以及吊索力的变化规律,通过有限元建模分析的方法进行对比分析,揭示了吊索力的变化规律是:吊索力之间具有"吊索力的强相干性""吊索力的强相干性"又包括"相邻卸载性"和"非相邻累加性"两个组成部分。"吊索力的强相干性"是对"吊索力的相邻影响原理"的补充。

宋旭明、戴公连、方淑君等对三汊矶大桥进行了详细的分析,提出了无应力法进行自锚式悬索桥吊索安装,即吊索在不张拉的情况下安装就位。基本思路为:顶升主梁后进行吊索的安装,全部吊索按照无应力长度安装就位,再将主梁分级逐步下降,并根据主缆线形及吊索力调整塔顶鞍座位置,直到临时墩处千斤顶与主梁脱离。该法避免了反复张拉吊索的过程,极大地提高了施工效率。

李传习、柯红军、刘建等以平胜大桥为工程背景,针对自锚式悬索桥体系转换施工期的变形和受力的特点,系统地提出了吊索张拉方案确定的六原则,讨论了吊索张拉方案中各施工步的实施方法和控制原则。针对吊索张拉方案中存在比较多的千斤顶同步张拉且操作困难的问题,以"以螺母外吊索伸出量控制为主,兼顾吊索索力"为原则,提出并采用"先粗后精分步张拉控制法",有效地解决了该问题并获得不错的张拉效果。

李传习、柯红军、杨武等以黄河桃花峪大桥为例,针对平面主缆双塔三跨自锚式悬索桥缆索体系各阶段的力学和几何特点,明确这种桥型吊索张拉有"先边后中""边中共进"2类和每类6种的吊索张拉思路。分析了空缆状态及各种方案转换过程缆索系统的力学与几何特点、"逐步推进法"与"多轮循环法"的施工特点,为体系转换方案的择优指明了方向。

邱文亮等针对自锚式悬索桥的施工特点,考虑吊索张拉过程中存在支架接触非线性、大位移非线性、主缆弹性模量非线性、混凝土收缩徐变、索鞍顶推等多种非线性因素的影响,编制了适于自锚式悬索桥施工控制的非线性有限元程序。研究了在张拉设备能力和结构承载力等约束条件下,接长杆数量和吊索反复张拉次数的优化方法和脱模状态的确定方法,解决了自锚式悬索桥施工控制中体系转换这一关键问题。

乔朋、狄谨等以广西钦州子材大桥为例,为保证施工过程中的安全性及经济性,提出了"相邻索同步张拉的依次张拉法",提出主跨吊索从塔柱向跨中张拉和从跨中向塔柱张拉2种方案。研究得出主跨吊索选择从跨中向塔柱依次张拉的方案,在不增加施工千斤顶数量的前提下,避免了全桥吊索分级多次张拉带来的不便,提高了体系转换施工效率。体系转换完成后桥梁的线形和内力均满足要求,张拉方案的实际应用效果良好。

牛登辉、周志祥、吴海军等对如何确定自锚式悬索桥体系转换过程中吊索张拉力及张拉程序的问题,提出了自锚式悬索桥体系转换过程的吊索张拉计算方法:调整吊索无应力长度的降温法。根据传统无应力状态控制法和倒退分析法在计算自锚式悬索桥体系转换过程中存在的缺陷,在传统无应力状态控制法的基础上提出了调整吊索无应力长度的降温法。该方法可用于计算自锚式悬索桥,计算方法简单且计算精度高。

自锚式悬索桥体系转换方法的研究,基本上都是基于无应力状态控制法开展的,考虑了温度、施工临时荷载等作用,其研究的成果可应用于本项目的斜拉桥施工、自锚式悬索桥吊索张拉和自锚式斜拉-悬吊组合体系桥斜拉索的拆除全过程的体系转换研究中。

6.3 研究内容及过程

6.3.1 研究内容

重庆鹅公岩轨道大桥自锚式悬索桥的体系转换方案是世界上首次采用,为研究其关键技术,拟定的研究内容包括:

1)临时斜拉桥成桥状态的确定

作为体系转换过程的初态,斜拉桥的成桥状态是体系转换的基础。临时斜拉桥成桥时桥塔的偏位影响着主缆的架设线形;主梁线形直接影响到吊索张拉过程中的受力状态,从而影响了体系转换中吊索张拉方案的制定;斜拉索的轴力状态,一方面直接影响到了斜拉桥的成桥线形及内力状态,另一方面,由于在体系转换过程中斜拉索轴力与吊索轴力相互影响,也必然会对体系转换过程中吊索的轴力产生影响。因此,临时斜拉桥成桥状态的控制是体系转换的关键技术之一。在制定先修斜拉桥再体系转换为自锚式悬索桥施工方法的施工方案时,需要对临时斜拉桥成桥状态的主梁线形控制、斜拉索轴力状态、各构件内力及应力状态等关键控制量进行系统性的研究,以分析各关键控制量对体系转换的影响规律。

2)吊索张拉方案

在传统的自锚式悬索桥的施工方案中,吊索的张拉施工是整个体系转换中最关键的部分,同样,吊索的张拉施工也是先修斜拉桥再体系转换为自锚式悬索桥施工方法体系转换过程中最重要的关键技术之一。对于自锚式悬索桥的吊索张拉施工,已有大量的学者进行了深入的研究,也得出了各种可行的施工方案。对于一个具体的自锚式悬索桥的施工,往往存在多种可行的吊索张拉方案,而各种吊索张拉方案在施工经济性、安全性、施工控制等方面表现出来的特点不一样,这就需要进行多方案的对比研究分析,再通过综合评估的方式进行最优方案的选择。而对于自锚式悬索桥的先修斜拉桥再体系转换为自锚式悬索桥的施工方法,在体系转换过程中结构的变形及受力的特点可能和传统的施工工艺存在较大的差别,当利用传统的吊索张拉工艺进行施工时,可能会存在哪些特点及问题?又有哪些问题需要进行深入研究?这些是需要考虑的问题。因此,作为施工方法最重要的一个环节,吊索的张拉方案是重要的研究对象。

3)斜拉索拆除方案

作为主梁的弹性支撑体系,斜拉索是先修斜拉桥再体系转换为自锚式悬索桥施工方法中重要的承力构件。类似于吊索的张拉方案,斜拉索的拆除施工同样存在多种方案,比如:斜拉索拆除时间的先后、斜拉索拆除顺序、斜拉索卸载分级等。由于在体系转换过程中斜拉索轴力与吊索轴力相互影响,斜拉索的拆除也必然会使得吊索的轴力产生较大的变化,在斜拉索拆除施工时必须严格监控吊索轴力的变化,防止出现吊索轴力过大的不利情况。在制定斜拉索的拆除方案时,还需要综合考虑拆除斜拉索对结构安全性的影响,特别需要注意拆除斜拉索对临时钢塔稳定性的影响,应尽量降低斜拉索的拆除索力,以免对结构产生不利影响,且方便斜拉索拆除施工的操作。因此,斜拉索的拆除方案也是体系转换的关键技术之一。

4）其他

除了上述主要的关键技术之外，还有一些较为重要的施工技术和环节需要进行深入的研究。比如在斜拉桥施工过程中，主梁的线形控制及合龙段的精确安装措施是重要的施工环节，在制定一整套先修斜拉桥再体系转换为自锚式悬索桥施工方法时也需要将这些施工环节考虑在内。

6.3.2 研究技术路线

针对课题的研究内容，制定了本次研究工作。通过前期的研究准备，对先修斜拉桥再体系转换为自锚式悬索桥施工方案进行对比研究，解决其施工关键技术问题。研究技术路线如图6.3-1所示。

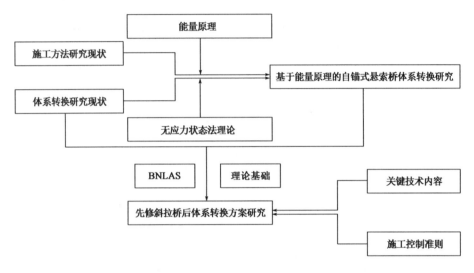

图 6.3-1 研究技术路线

6.3.3 施工方法和施工控制的原则

1）施工方法简介

自锚式悬索桥斜拉扣挂施工法是一种无支架施工方法，地形适应性强，施工干扰性小；斜拉索张拉控制技术也相对成熟，临时斜拉桥状态容易得到控制；体系转换为吊索与斜拉索之间的力的转换，相对于临时锚碇法，有更好的操作性，施工难度更小；可以省去满堂支架安装的大量工作，能够节省工作量。临时斜拉索及钢塔可回收循环利用，能够降低施工成本。自锚式悬索桥斜拉扣挂施工法存在多种可行的施工流程及方案，鹅公岩轨道大桥体系转换的基本施工流程如下：

第1步 就地浇筑边墩和桥塔，在桥塔上安装临时斜拉索钢塔，采用临时斜拉索拼装主梁，通过悬拼施工等方法逐段架设主梁，并调整斜拉索索力，先形成预定的斜拉桥成桥状态，施工示意图如图6.3-2所示。

第2步 架设猫道，吊装主索鞍及散索套，接着架设主缆、安装索夹及吊索等结构，完成缆索结构的施工，施工示意图如图6.3-3所示。

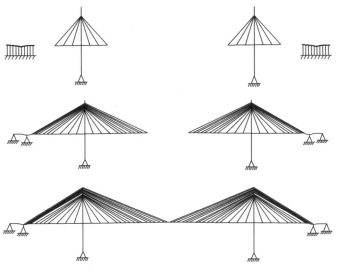

图 6.3-2 形成临时斜拉桥成桥状态

图 6.3-3 完成缆索结构施工

第 3 步 按照一定的施工顺序进行吊索的张拉,并根据主缆的抗滑要求及桥塔的应力状态等进行鞍座顶推操作,施工示意图如图 6.3-4 所示。

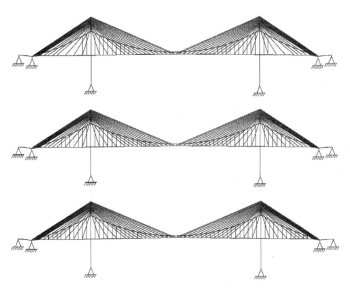

图 6.3-4 吊索的张拉施工

第4步 按照一定的施工顺序拆除斜拉索,施工示意图如图6.3-5所示。

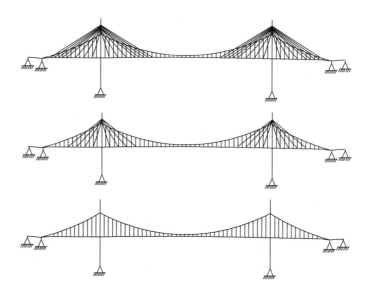

图6.3-5 斜拉索的拆除施工

第5步 拆除临时斜拉索钢塔,桥面铺装二期结构等,达到自锚式悬索桥成桥状态,施工示意图如图6.3-6所示。

图6.3-6 悬索桥成桥

上述展示了先修斜拉桥再体系转换为自锚式悬索桥施工法的基本施工步骤,而由斜拉桥状态体系转换为自锚式悬索桥的流程并不是唯一的。对于一个具体的自锚式悬索桥,当采用该施工法时,应结合桥梁的实际情况,对施工方案进行调整及优化,以制定既能保证结构满足安全的要求,又能快捷地完成体系转换的施工方案。

2)控制准则

体系转换施工的最终目标就是使成桥的线形和受力符合设计要求,并保证体系转换过程中结构安全。根据该施工法施工期的结构特性,从体系转换的最终目标及施工过程结构的受力、构造、经济要求等方面将体系转换方案应遵守的原则概括如下:

(1)在张拉吊索的过程中,吊索的倾斜角度在吊索锚固钢套管允许的转角范围内。

各吊索在成桥状态时基本上都是竖直的,但是在吊索的张拉过程中,主缆变形比较大,各吊点的纵向及竖向位移都比较大,从而导致吊索是倾斜的。如果吊索张拉过程中的竖向倾角太大,吊索将会在钢导管上端处产生折角,导致吊索与套管间产生强力挤压而划伤吊索或损坏套管,应通过控制吊索的竖向倾角来避免这种情况的发生。

(2)各构件及锚固构造应满足强度要求。

体系转换过程中吊索轴力控制是控制的主要目标之一,使成桥状态的实际吊索索力与设计预期索力的误差控制在容许范围内,以保证成桥状态主梁和索塔受力的合理性。吊索张拉过程中的吊索张力在不同的施工阶段变化较大,进行吊索张拉方案设计时,要保证张拉过程中全桥的吊索力均不至于过大,并且有一定的安全系数。如果某一施工阶段个别吊索张力过大,则应立即进行张拉方案调整。在吊索张拉的施工过程中,部分施工阶段吊索临时轴力会比较大,施工过程中吊索轴力安全系数控制在2.5左右,包括吊索索夹、吊索锚具等也应控制在该安全系数范围内。

作为主梁的弹性支撑结构体系,在体系转换过程中斜拉索轴力与吊索轴力相互影响,斜拉索的轴力在施工过程中可能存在较大的变动。因此,需要控制斜拉索的受力状态,施工过程中斜拉索轴力安全系数控制在2.0左右,包括斜拉索锚具等也应控制在该安全系数范围内。

主缆在自锚式悬桥的施工过程中的应力水平一般较小,往往都能够满足施工的要求。对于斜拉扣挂施工法的主缆轴力安全系数控制在2.5左右。

(3)混凝土桥塔压应力不能过大,且有足够的压应力储备。

与传统的自锚式悬索桥施工方法不同,在先修斜拉桥再体系转换为自锚式悬索桥施工方法的施工过程中,桥塔将同时受到斜拉索及主缆的约束作用,桥塔的受力及变形将更加复杂,桥塔的应力变化也将变得更加敏感。在施工过程中,要保证桥塔的压应力不能过大,并且同时需要防止桥塔出现拉应力的情况,应使得桥塔截面有足够的压应力储备。

(4)钢主梁及临时钢塔应满足强度及稳定性的要求。

体系转换过程中,主梁同时受到斜拉索及悬吊体系的约束作用,且在不同的施工阶段时,两者对主梁的约束作用将会发生变化,因此,主梁的位移可能将会变得更加复杂,而受力将可能会变得更不利。如果某一施工阶段主梁应力过高,超过结构允许范围,就应调整体系转换方案。作为斜拉索轴力的直接载体,临时钢塔将斜拉索的轴力传递至混凝土桥塔上,临时钢塔将会由于体系复杂的变形及内力状态而产生较大的应力水平,同样需要对临时钢塔的应力状态进行严格的控制。同时,体系转换过程中需要严格控制好钢主梁及临时钢塔的稳定性,合理安排吊索的张拉顺序及斜拉索的拆除方案,防止应力超过保证结构稳定性的容许应力值。

(5)施工过程中应满足主缆抗滑要求。

根据《公路悬索桥设计规范》(JTG/T D65—2005)第12.4.2条:鞍槽内主缆抗滑安全系数 K 应满足:

$$K = \frac{\mu \alpha_s}{\ln\left(\dfrac{F_{ct}}{F_{cl}}\right)} \geqslant 2 \tag{6.3-1}$$

式中:μ——主缆与槽底或隔板间的摩擦系数,宜取 $\mu = 0.15$;

α_s——主缆在鞍槽上的包角(rad);

F_{ct}——主缆紧边拉力,按作用标准值计算(N);
F_{cl}——主缆松边拉力,按作用标准值计算(N)。

设定斜拉扣挂施工法控制主缆抗滑安全系数:$K \geq 2.0$。

吊索张拉次数、主索鞍顶推的次数、千斤顶数量、接长杆的长度尽量少或者短,吊索张拉的次数、主索鞍顶推的次数及接长杆的数量等将对工程施工的工作量、工期及施工费用有较大的影响。因此,应采用合理的张拉方案,以尽量减少吊索反复张拉和索鞍顶推次数,减少接长杆的数量,这是施工控制计算需要研究的问题。

在上述原则中,第1条原则为构造要求,目的是防止吊索在钢套管处过分弯折,损伤吊索;第2~5条原则为受力安全原则;第6条原则为经济原则,目的是缩短工期,降低施工费用。显然,前5条原则是每一可行方案的必要原则,而第6条原则为优化原则。

3)计算模型和施工方案

在自锚式悬索桥的施工过程中,吊索的张拉施工采用张拉力为控制变量时可以避免因施工误差而导致索力过大或过小的现象。但是,这种方法也存在一定缺点:每次张拉吊索都会存在误差,由于误差的累积,将导致这一轮张拉结束时先被张拉的吊索的索力偏离目标索力较多。无应力状态控制法克服了上述缺点,即控制吊索的无应力索长(也可以是控制锚杯的拔出量)。在桥梁的索力和线形接近于成桥状态但又存在误差时,可以采用无应力状态控制法,而不必考虑调索过程中吊索之间的相互影响,只需要计算出需要张拉的吊索的锚杯拔出量,就可以控制调索一步到位。

无应力状态控制法指的是:在施工控制中无应力索长与索力之间存在着复杂的关系,在给定一组索力的成桥状态中,最终的索力和线形仅与吊索和主缆的无应力索长有关,而与张拉顺序和张拉力的大小无关。用吊索的无应力索长为控制变量来描述自锚式悬索桥张拉过程的方法,称为无应力状态控制法。

无论是从计算模型上分析,还是从实际的张拉过程来看,吊索的张拉本质上是在改变吊索受力部分的无应力长度。目标状态吊索的无应力长度是一组确定的数值,由初始状态到目标状态的变化过程相当于吊索的无应力长度发生变化的过程。

本课题的研究是基于无应力状态控制法的体系转换关键技术研究。

(1)斜拉索

斜拉索各跨采用16对吊索,边跨9对吊索锚固在后锚面,靠近桥塔处斜拉索锚点间距较大,其余间距均匀分布。

斜拉索结构形式采用直径7mm、抗拉强度1670MPa平行钢丝拉索,弹性模量 $E = 2.0 \times 10^5$ MPa。斜拉索布置图如图6.3-7所示。

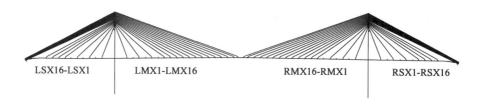

图6.3-7 斜拉索布置形式

第6章 "先斜拉后悬索"施工方案研究

为方便后面章节计算结果的描述,对斜拉索编号如表6.3-1示。

临时斜拉索编号　　　　　　　表6.3-1

编　号	斜拉索	编　号	斜拉索	编　号	斜拉索	编　号	斜拉索
1	LSX16	17	LMX1	33	RMX16	49	RSX1
2	LSX15	18	LMX2	34	RMX15	50	RSX2
3	LSX14	19	LMX3	35	RMX14	51	RSX3
4	LSX13	20	LMX4	36	RMX13	52	RSX4
5	LSX12	21	LMX5	37	RMX12	53	RSX5
6	LSX11	22	LMX6	38	RMX11	54	RSX6
7	LSX10	23	LMX7	39	RMX10	55	RSX7
8	LSX9	24	LMX8	40	RMX9	56	RSX8
9	LSX8	25	LMX9	41	RMX8	57	RSX9
10	LSX7	26	LMX10	42	RMX7	58	RSX10
11	LSX6	27	LMX11	43	RMX6	59	RSX11
12	LSX5	28	LMX12	44	RMX5	60	RSX12
13	LSX4	29	LMX13	45	RMX4	61	RSX13
14	LSX3	30	LMX14	46	RMX3	62	RSX14
15	LSX2	31	LMX15	47	RMX2	63	RSX15
16	LSX1	32	LMX16	48	RMX1	64	RSX16

(2)临时斜拉钢塔

临时斜拉钢塔布置在桥塔上横梁位置,左右幅临时斜拉钢塔间距为11.7m。斜拉索锚固点高度间隔2m布置一处,临时钢塔的结构图如图6.3-8所示。

以下分析中取谢家湾站侧为左侧,谢家湾站方向的边跨为"左边跨",西塔为"左桥塔";海峡路站侧为右侧,海峡路站方向的边跨为"右边跨",东塔为"右桥塔"。

计算方法为空间几何非线性有限元法,计算软件采用"桥梁结构静动力非线性分析系统BNLAS"。BNLAS具有很强的索结构分析功能,能够计及结构所有的非线性,具有空间梁单元、杆单元、膜单元、悬链线单元、单向受力单元等,曾被用于多座地锚式和自锚式悬索桥的结构分析、设计、监控或者验算。在本桥的计算分析中考虑了以下结构几何非线性的影响:

结构大位移效应;

塔梁外荷载的 $P\text{-}\Delta$ 效应;

索的垂度效应;

塔梁轴力-弯曲效应;

杆索单元的应力刚化;

接触或者连接非线性(构件的自动退出或者参与工作)。

(3)有限元模型

为详细分析主梁在各工况下的受力情况,建立了如图6.3-9所示空间杆系模型。悬索桥主梁、桥塔采用梁单元进行模型离散,主缆、吊索和斜拉索采用带自重的悬链线单元。计算分析时考虑了空间几何非线性的影响。结构参数来源于设计图纸。

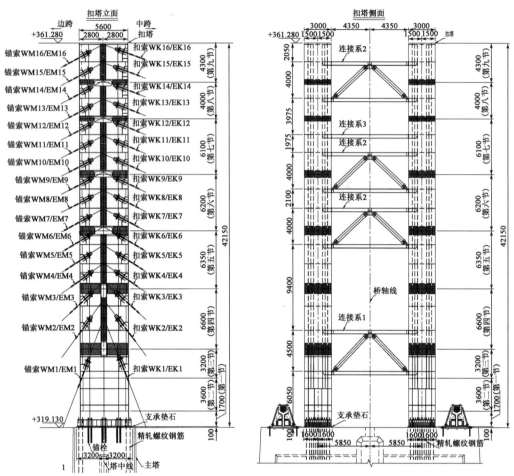

图 6.3-8　临时钢塔结构图(尺寸单位:mm;高程单位:m)

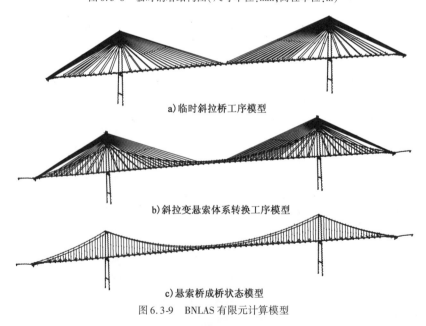

a) 临时斜拉桥工序模型

b) 斜拉变悬索体系转换工序模型

c) 悬索桥成桥状态模型

图 6.3-9　BNLAS 有限元计算模型

由于临时斜拉桥是按悬臂施工法施工的斜拉桥,施工时梁的无应力状态是按自锚式悬索桥的梁的无应力状态加工的,且施工的最终目标是保证最终的成桥状态与设计一致;斜拉桥成桥临时状态只是一个中间状态,在梁的无应力状态不变的情况下,可通过调整斜拉索的张拉力,调整合龙时的临时成桥状态。为便于研究确定合理的斜拉桥合龙状态,研究了三种临时斜拉桥成桥时的桥面高程目标方案。方案一临时斜拉桥成桥状态时主梁的高程对应的是自锚式悬索桥二期恒载铺装之前的主梁高程;方案二临时斜拉桥成桥状态时主梁高程对应的是自锚式悬索桥铺装一半二期恒载的主梁高程;方案三临时斜拉桥成桥状态时主梁的高程对应的是自锚式悬索桥设计成桥位置的主梁高程。

三种方案的吊索张拉方案和斜拉索拆除方法都是一样的。体系转换的吊索张拉方案是:先依次张拉中跨桥塔附近吊索,张拉到合适位置后再依次对称张拉边跨及中跨吊索,并做合适的分级张拉;斜拉索卸载及拆除方案是:待所有吊索张拉到位,再进行斜拉索拆除,拆除顺序为由长斜拉索到短斜拉索依次拆除。

6.3.4 体系转换方案研究结果及比较

1)体系转换方案模拟计算过程

各方案体系转换主要分为五大步骤:

第一步:施工完成桥塔、临时斜拉塔等,采用一定的施工方法,形成指定的临时斜拉桥状态(这是常规的斜拉桥施工过程,不做介绍)。

第二步:架设猫道,架设完成主缆,安装索夹等。

第三步:进行吊索张拉,实现吊索力与斜拉索力的转换。

第四步:进行斜拉索的卸载与拆除,完成体系转换。

第五步:拆除临时斜拉塔,铺装二期结构,完成悬索桥成桥状态。

各阶段的计算模型如图6.3-10所示。

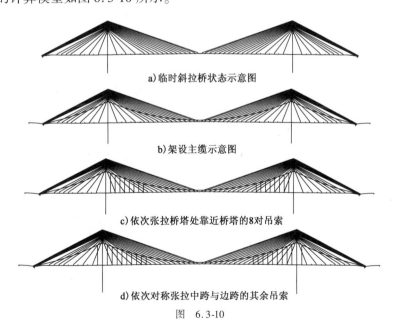

图 6.3-10

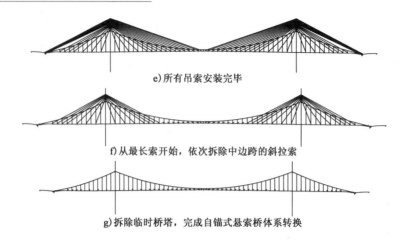

图 6.3-10　从临时斜拉桥到自锚式悬索桥的体系转换模拟计算模型

为方便后文描述,对各吊索、斜拉索及施工工序进行编号,分别如表 6.3-2 ~ 表 6.3-4 所示。

吊索分类编号　　　　　　　　　　　　　　　　　　　　　表 6.3-2

吊索分类	边跨吊索		吊索分类	中跨吊索	
边吊索 1 号	LS1	RS1	中吊索 1 号	LM19	RM19
边吊索 2 号	LS2	RS2	中吊索 2 号	LM18	RM18
边吊索 3 号	LS3	RS3	中吊索 3 号	LM17	RM17
边吊索 4 号	LS4	RS4	中吊索 4 号	LM16	RM16
边吊索 5 号	LS5	RS5	中吊索 5 号	LM15	RM15
边吊索 6 号	LS6	RS6	中吊索 6 号	LM14	RM14
边吊索 7 号	LS7	RS7	中吊索 7 号	LM13	RM13
边吊索 8 号	LS8	RS8	中吊索 8 号	LM12	RM12
边吊索 9 号	LS9	RS9	中吊索 9 号	LM11	RM11
边吊索 10 号	LS10	RS10	中吊索 10 号	LM10	RM10
边吊索 11 号	LS11	RS11	中吊索 11 号	LM9	RM9
			中吊索 12 号	LM8	RM8
			中吊索 13 号	LM7	RM7
			中吊索 14 号	LM6	RM6
			中吊索 15 号	LM5	RM5
			中吊索 16 号	LM4	RM4
			中吊索 17 号	LM3	RM3
			中吊索 18 号	LM2	RM2
			中吊索 19 号	LM1	RM1
			中吊索 20 号	M0	

第6章 "先斜拉后悬索"施工方案研究

斜拉索分类编号　　　　　　　　　　　　　　　　　　　　　　表6.3-3

斜拉索分类	斜　拉　索			
斜拉索1号	LSX1	LMX1	RMX1	RSX1
斜拉索2号	LSX2	LMX2	RMX2	RSX2
斜拉索3号	LSX3	LMX3	RMX3	RSX3
斜拉索4号	LSX4	LMX4	RMX4	RSX4
斜拉索5号	LSX5	LMX5	RMX5	RSX5
斜拉索6号	LSX6	LMX6	RMX6	RSX6
斜拉索7号	LSX7	LMX7	RMX7	RSX7
斜拉索8号	LSX8	LMX8	RMX8	RSX8
斜拉索9号	LSX9	LMX9	RMX9	RSX9
斜拉索10号	LSX10	LMX10	RMX10	RSX10
斜拉索11号	LSX11	LMX11	RMX11	RSX11
斜拉索12号	LSX12	LMX12	RMX12	RSX12
斜拉索13号	LSX13	LMX13	RMX13	RSX13
斜拉索14号	LSX14	LMX14	RMX14	RSX14
斜拉索15号	LSX15	LMX15	RMX15	RSX15
斜拉索16号	LSX16	LMX16	RMX16	RSX16

方案三施工详细操作步骤　　　　　　　　　　　　　　　　　　表6.3-4

工序号	操作内容	操作内容	操作内容
	方案一	方案二	方案三
1	斜拉桥成桥	斜拉桥成桥	斜拉桥成桥
2	架设主缆	架设主缆	架设主缆
3	安装千斤顶	安装千斤顶	安装千斤顶
4	边跨浇筑混凝土梁	边跨浇筑混凝土梁	边跨浇筑混凝土梁
5	安装索夹	安装索夹	安装索夹
6	中吊索1号安装到位	中吊索1号安装到位	中吊索1号安装到位
7	中吊索2号安装到位	中吊索2号安装到位	中吊索2号安装到位
8	中吊索3号安装到位	中吊索3号安装到位	中吊索3号安装到位
9	第1次顶推,左桥塔11.0cm;右桥塔11.1cm	第1次顶推,左桥塔11cm,右桥塔11.5cm	第1次顶推,左桥塔11.3cm,右桥塔12.5cm
10	中吊索4号安装到位	中吊索4号安装到位	中吊索4号安装到位
11	中吊索5号安装到位	中吊索5号安装到位	中吊索5号安装到位
12	中吊索6号安装到位	第2次顶推,左桥塔7.1cm,右桥塔7.3cm	第2次顶推,左桥塔7.7cm,右桥塔9.2cm
13	第2次顶推,左桥塔10.0cm;右桥塔8.9cm	中吊索6号安装到位	中吊索6号安装到位

续上表

工序号	操作内容 方案一	操作内容 方案二	操作内容 方案三
14	中吊索 7 号安装到位	第 3 次顶推,左桥塔 4.6cm,右桥塔 5.1cm	第 3 次顶推,左桥塔 4.8cm,右桥塔 4.7cm
15	第 3 次顶推,左桥塔 5.6cm;右桥塔 5.6cm	中吊索 7 号安装到位	中吊索 7 号安装到位
16	中吊索 8 号安装到位	第 4 次顶推,左桥塔 5.2cm,右桥塔 5.7cm	第 4 次顶推,左桥塔 5.4cm,右桥塔 5.8cm
17	第 4 次顶推,左桥塔 4.7m,右桥塔 6.3cm	边吊索 1 号安装到位 + 中吊索 8 号安装到位	边吊索 1 号安装到位 + 中吊索 8 号安装到位
18	边吊索 1 号安装到位 + 中吊索 9 号安装到位	边吊索 2 号安装到位 + 中吊索 9 号安装到位	边吊索 2 号安装到位 + 中吊索 9 号张拉 3000
19	边吊索 2 号安装到位 + 中吊索 10 号安装到位	第 5 次顶推,左桥塔 2.5cm,右桥塔 6cm	第 5 次顶推,左桥塔 3cm,右桥塔 5.2cm
20	第 5 次顶推,左桥塔 3cm;右桥塔 6.1cm	边吊索 3 号安装到位 + 中吊索 10 号张拉 3500	边吊索 3 号安装到位 + 中吊索 10 号张拉 3500
21	边吊索 3 号安装到位 + 中吊索 11 号张拉 3000	边吊索 4 号安装到位 + 中吊索 11 号张拉 3500	中吊索 9 号安装到位
22	边吊索 4 号安装到位 + 中吊索 12 号张拉 3000	第 6 次顶推,左桥塔 2.1cm,右桥塔 5.3cm	边吊索 4 号安装到位 + 中吊索 11 号张拉 3500
23	中吊索 11 号张拉到位	边吊索 5 号安装到位 + 中吊索 12 号张拉 3500	边吊索 5 号安装到位 + 中吊索 12 号张拉 3500
24	第 6 次顶推,左桥塔 1.1cm;右桥塔 4.4cm	中吊索 11 号(第 2 次)张拉 3500	第 6 次顶推,左桥塔 2.4cm,右桥塔 7.2cm
25	边吊索 5 号安装到位 + 中吊索 13 号张拉 3500	中吊索 10 号张拉到位	中吊索 11 号(第 2 次)张拉 3500
26	中吊索 12 号(第 2 次)张拉 3500	边吊索 6 号张拉 3000 + 中吊索 13 号张拉 3500	中吊索 10 号张拉到位
27	第 7 次顶推,左桥塔 2.0cm;右桥塔 4.3cm	第 7 次顶推,左桥塔 3.3cm,右桥 6.2cm	边吊索 6 号张拉 3000 + 中吊索 13 号张拉 3500
28	边吊索 6 号张拉 3000 + 中吊索 14 号张拉 3500	边吊索 7 号张拉 3000 + 中吊索 14 号张拉 3500	第 7 次顶推,左桥塔 3.5cm,右桥塔 5.0cm
29	边吊索 7 号张拉 3000 + 中吊索 15 号张拉 3500	中吊索 13 号(第 2 次)张拉 3500	中吊索 12 号(第 2 次)张拉 3500
30	边吊索 6 号张拉到位	中吊索 12 号(第 2 次)张拉 3500	中吊索 11 号(第 3 次)张拉 3500
31	中吊索 14 号(第 2 次)张拉 3500	中吊索 11 号张拉到位	边吊索 7 号张拉 3000 + 中吊索 14 号张拉 3500

续上表

工序号	操作内容 方案一	操作内容 方案二	操作内容 方案三
32	中吊索 13 号张拉到位	边吊索 6 号张拉到位	边吊索 6 号张拉到位
33	中吊索 12 号张拉到位	边吊索 8 号张拉 3000 + 中吊索 15 号张拉 3500	边吊索 8 号张拉 3000 + 中吊索 15 号张拉 3500
34	第 8 次顶推,左桥塔 5.0cm;右桥塔 5.5cm	第 8 次顶推,左桥塔 6.5cm,右桥塔 6.5cm	边吊索 7 号张拉到位
35	边吊索 8 号张拉 3000 + 中吊索 16 号张拉 3500	中吊索 14 号(第 2 次)张拉 3500	第 8 次顶推,左桥塔 4.8cm,右桥塔 5.7cm
36	边吊索 7 号张拉到位	中吊索 13 号(第 3 次)张拉 3500	边吊索 9 号安装到位 + 中吊索 16 号张拉 3500
37	中吊索 15 号(第 2 次)张拉 3500	中吊索 12 号张拉到位	边吊索 8 号张拉到位
38	中吊索 14 号张拉到位	边吊索 7 号张拉到位	中吊索 15 号(第 2 次)张拉 3500
39	第 9 次顶推,左桥塔 2.5cm;右桥塔 4.2cm	边吊索 9 号安装到位 + 中吊索 16 号张拉 3500	中吊索 14 号(第 2 次)张拉 3500
40	边吊索 9 号安装到位 + 中吊索 17 号张拉 3000	中吊索 15 号(第 2 次)张拉 3500	中吊索 13 号(第 2 次)张拉 3500
41	边吊索 8 号张拉到位	中吊索 14 号(第 3 次)张拉 3500	中吊索 12 号(第 3 次)张拉 3500
42	中吊索 16 号张拉到位	第 9 次顶推,左桥塔 5cm,右桥塔 7cm	中吊索 11 号张拉到位
43	中吊索 15 号张拉到位	中吊索 13 号张拉到位	第 9 次顶推,左桥塔 4.6cm,右桥塔 5.6cm
44	边吊索 10 号安装到位 + 中吊索 18 号安装到位	边吊索 8 号张拉到位	边吊索 10 号安装到位 + 中吊索 17 号张拉 3500
45	中吊索 17 号张拉到位	边吊索 10 号安装到位 + 中吊索 17 号张拉 3500	中吊索 16 号(第 2 次)张拉 3500
46	边吊索 11 号安装到位 + 中吊索 19 号安装到位	中吊索 16 号(第 2 次)张拉 3500	中吊索 15 号(第 3 次)张拉 3500
47	中吊索 20 号安装到位	中吊索 15 号(第 3 次)张拉 3500	中吊索 14 号(第 3 次)张拉 3500
48	拆除 16 号斜拉索	中吊索 14 号张拉到位	中吊索 13 号(第 3 次)张拉 3500
49	拆除 15 号斜拉索	第 10 次顶推,左桥塔 5.0cm,右桥塔 5.0cm	中吊索 12 号张拉到位
50	拆除 14 号斜拉索	边吊索 11 号安装到位 + 中吊索 18 号张拉到位	第 10 次顶推,左桥塔 6.4cm,右桥塔 6.4cm
51	拆除 13 号斜拉索	中吊索 17 号张拉到位	边吊索 11 号安装到位 + 中吊索 18 号张拉 3000

续上表

工序号	操作内容 方案一	操作内容 方案二	操作内容 方案三
52	拆除12号斜拉索	中吊索16号张拉到位	中吊索17号（第2次）张拉3500
53	拆除11号斜拉索	中吊索15号张拉到位	中吊索16号（第3次）张拉3500
54	拆除10号斜拉索	中吊索19号安装到位	中吊索15号（第4次）张拉3500
55	拆除9号斜拉索	中吊索20号安装到位	中吊索14号（第4次）张拉3500
56	拆除8号斜拉索	拆除16号斜拉索	中吊索13号张拉到位
57	拆除7号斜拉索	拆除15号斜拉索	第11次顶推，左桥塔5.0cm，右桥塔5.0cm
58	拆除6号斜拉索	拆除14号斜拉索	中吊索18号（第2次）张拉3500
59	拆除5号斜拉索	拆除13号斜拉索	中吊索17号（第3次）张拉3500
60	拆除4号斜拉索	拆除12号斜拉索	中吊索16号张拉到位
61	拆除3号斜拉索	拆除11号斜拉索	中吊索15号张拉到位
62	拆除2号斜拉索	拆除10号斜拉索	中吊索14号张拉到位
63	拆除1号斜拉索	拆除9号斜拉索	中吊索17号张拉到位
64	拆除锚固段支座，拆钢塔	拆除8号斜拉索	中吊索18号张拉到位
65	第10次顶推，左桥塔19.5cm；右桥塔25.4cm	拆除7号斜拉索	中吊索19号安装到位
66	铺二期成桥	拆除6号斜拉索	中吊索20号安装到位
67		拆除5号斜拉索	拆除16号斜拉索
68		拆除4号斜拉索	拆除15号斜拉索
69		拆除3号斜拉索	拆除14号斜拉索
70		拆除2号斜拉索	拆除13号斜拉索
71		拆除1号斜拉索	第12次顶推，左桥塔4.5cm，右桥塔4.3cm
72		拆除锚固段支座，拆钢塔	拆除12号斜拉索
73			拆除11号斜拉索
74			拆除10号斜拉索
75			拆除9号斜拉索
76			拆除8号斜拉索
77			拆除7号斜拉索
78			拆除6号斜拉索
79			拆除5号斜拉索
80			拆除4号斜拉索
81			拆除3号斜拉索
82			拆除2号斜拉索
83			拆除1号斜拉索
84			拆除锚固段支座，拆钢塔
85			第13次顶推，左桥塔5cm，右桥塔5cm
86			铺二期成桥

2）模拟计算结果及分析

（1）吊索张拉参数

根据上述的体系转换方案及具体流程，通过计算及调整，制定了满足控制标准要求的吊索张拉控制参数。计算结果表明：

方案一单根吊索最大张拉次数为3次；接长杆最大理论计算长度为2.148m，目标张拉力最大值为3772.936kN，满足千斤顶设备承载力要求；吊索张拉过程中共进行9次顶推，单次最大顶推量为11.1cm，最小顶推量为1.1cm，经过验算，所有鞍座顶推量的设置均满足主缆抗滑及桥塔受力的要求，抗滑安全系数均大于2.0；从架设主缆阶段开始到中跨吊索LM9、RM9第一次张拉，左右桥塔都发生向跨中方向的偏位，偏位幅最大为11.6cm。从中跨吊索LM11张拉到位开始到跨中吊索M0张拉到位，左右桥塔都发生边跨向的偏位，且随着施工的进行，偏位幅度逐渐变大，最大偏位幅度为11.7cm，经过验算当发生上述最大偏位时，方案一的桥塔仍处于全截面受压的状态，满足强度的要求。

方案二单根吊索最大张拉次数为4次；接长杆最大理论计算长度为3.164m，目标张拉力最大值为3510.540kN，满足千斤顶设备承载力要求；吊索张拉过程中共进行10次顶推，单次最大顶推量为7cm，最小顶推量为2.1cm，经过验算，所有鞍座顶推量的设置均满足主缆抗滑及桥塔受力的要求，抗滑安全系数均大于2.0；从架设主缆阶段开始到中跨吊索LM9、RM9第一次张拉，左右桥塔都发生向跨中方向的偏位，偏位幅最大为10.2cm。从中跨吊索LM7第一次张拉开始到跨中吊索M0张拉到位，左右桥塔都发生边跨向的偏位，且随着施工的进行，偏位幅度逐渐变大，最大偏位幅度为17.2cm，经过验算，当发生上述最大偏位时，方案二的桥塔仍处于全截面受压的状态，满足强度的要求。

方案三单根吊索最大张拉次数为5次；接长杆最大理论计算长度为4.833m，目标张拉力最大值为3596.155kN，满足千斤顶设备承载力要求；吊索张拉过程中共进行11次顶推，单次最大顶推量为7.2cm，最小顶推量为2.4cm，经过验算，所有鞍座顶推量的设置均满足主缆抗滑及桥塔受力的要求，抗滑安全系数均大于2.0；从架设主缆阶段开始到中跨吊索LM8第一次张拉，左右桥塔都发生向跨中方向的偏位，偏位幅最大为11.2cm。从中跨吊索LM9第二次张拉开始到跨中吊索M0张拉到位，左右桥塔都发生边跨向的偏位，且随着施工的进行，偏位幅度逐渐变大，最大偏位幅度为20.0cm，经过验算当发生上述最大偏位时，方案三的桥塔仍处于全截面受压的状态，满足强度的要求。

（2）斜拉索拆除参数比较

根据计算得到的三个方案的斜拉索拆除阶段斜拉索索力的"转换比例"，该值反映了吊索张拉过程中斜拉索内力向吊索等结构转换的程度，计算公式为：转换比例 =（斜拉桥成桥斜拉索轴力 − 拆除索力）÷ 斜拉桥成桥斜拉索轴力。转换比例越大，则在吊索张拉过程中斜拉索内力向吊索等结构的转换比重越大，即通过斜拉索拆除卸载而转换至吊索等结构的内力比重越小。转换比例的大小，决定了斜拉索拆除工序的可操作性，同时，由于直接反映了吊索张拉过程内力转换的程度，也决定了吊索张拉过程的操作难易程度，因此，"转换比例"是该施工方法的重要参数，斜拉索内力转换百分比分布如图6.3-11所示。

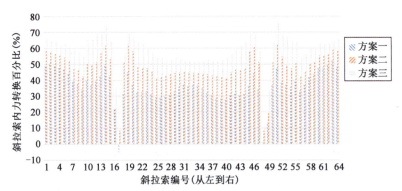

图 6.3-11 斜拉索内力转换比例分布图

通过对比可得,斜拉索内力转换比例大小排序为:方案三>方案二>方案一,斜拉索拆除索力大小排序为:方案三<方案二<方案一,则斜拉索拆除工序的可操作性排序为:方案三>方案二>方案一。但是结合吊索的分析可以发现,方案三的斜拉索内力转换比例最高,但相对应的吊索张拉工序最复杂。实际施工在选取方案时,应综合考虑吊索张拉工期经济性、斜拉索拆除施工的可操作性。

(3)体系转换过程中吊索轴力及应力

根据研究计算,三个方案的吊索轴力总体变化规律大致相同,这里通过对比三个方案典型位置吊索的轴力变化情况来展示三个方案吊索轴力变化情况,典型位置吊索选取为:边跨 LS6 吊索(1/2 边跨位置)、LM10 吊索(1/4 中跨位置)、LM5 吊索(3/8 中跨位置)。典型位置吊索轴力对比如图 6.3-12~图 6.3-14 所示。三个方案吊索施工应力包络值分布情况,如图 6.3-15 所示。

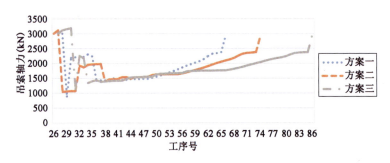

图 6.3-12 LS6 吊索轴力比较

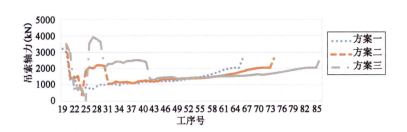

图 6.3-13 LM10 吊索轴力比较

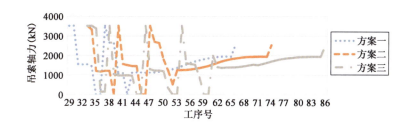

图 6.3-14　LM5 吊索轴力比较

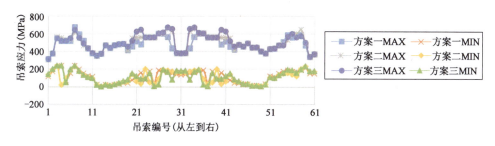

图 6.3-15　吊索应力包络图

通过比较可以得出,三个方案的吊索轴力变化规律大致相同;由于方案二和方案三的吊索张拉过程相比方案一更加复杂,且吊索张拉轮次更多,因此方案二和方案三的部分吊索轴力变动幅度大于方案一,且方案三最大;在斜拉索拆除前,吊索轴力大小排序为:方案一＜方案二＜方案三,当拆除所有的斜拉索时结构体系到达了二期铺装施工前的状态,各方案的吊索轴力基本相同,则由于斜拉索拆除而导致的吊索内力增量大小排序为:方案一＞方案二＞方案三,则说明方案一斜拉索内力通过拆除而转换至结构的比例最大,即斜拉索内力转换比例最低,与前一节结论相吻合。

如图 6.3-15 所示为施工过程吊索应力包络值,通过比较可得出三种方案吊索应力相差不大,其中方案一最大应力为 673.058MPa,方案二最大最大应力为 654.286MPa;方案三最大应力为 672.261MPa。吊索容许应力为:$[\sigma] = 1770\text{MPa}/2.5 = 708\text{MPa}$,则三种方案均满足吊索强度要求。

(4) 体系转换中斜拉索轴力及应力

边跨 LSX8 斜拉索(1/2 边跨位置)、中跨 LMX8(1/4 中跨位置)、LMX12(3/8 中跨位置)典型位置斜拉索轴力对比如图 6.3-16 ~ 图 6.3-19 所示。三个方案吊索施工应力包络值分布如图 6.3-16 所示。

通过对比可以得出:三个方案斜拉索轴力变化规律大大致相同:在吊索张拉阶段,随着吊索张拉的进行,斜拉索轴力逐渐减小,各斜拉索轴力变化幅度较均匀。当所有吊索张拉到位时,斜拉索轴力达到施工全过程中索力的最小值。当进入斜拉索拆除阶段,随着斜拉索的拆除将导致临近斜拉索轴力的增大,从而导致斜拉索轴力呈现出"先由大变小,再由小变大"的趋势。而且由图示可以看出,斜拉索拆除索力的大小关系为:方案一＞方案二＞方案三。

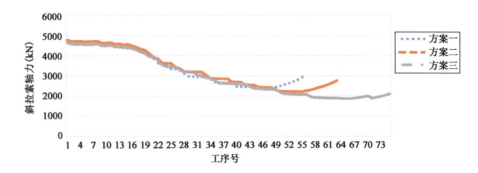

图 6.3-16　LSX8 斜拉索轴力对比

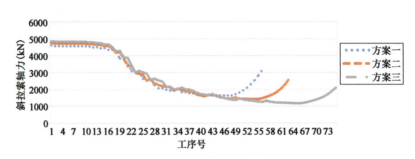

图 6.3-17　LMX8 斜拉索轴力对比

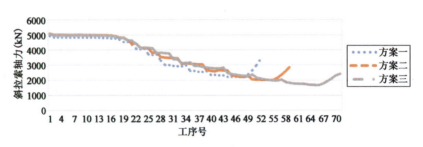

图 6.3-18　LMX12 斜拉索轴力对比

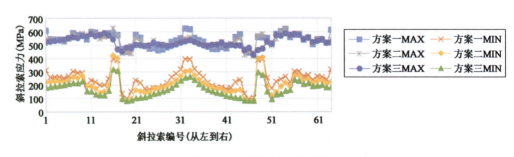

图 6.3-19　斜拉索应力包络图

图 6.3-19 给出各方案斜拉索应力包络图，方案一最大应力为 624.059MPa，方案二最大应力为 654.286MPa，方案三最大应力为 672.261MPa。斜拉索容许应力为：$[\sigma]$ = 1670MPa/2.0 = 835MPa，三个方案均满足斜拉索强度要求。

(5)体系转换过程中主缆竖向位移

主缆边跨跨中、中跨1/4及跨中位置在体系转换过程中的竖向位移对比如图6.3-20～图6.3-22所示。注意:主缆竖向位移值为当前工况下主缆高程与设计成桥高程之差。

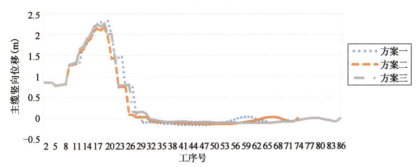

图6.3-20　边跨主缆竖向位移比较

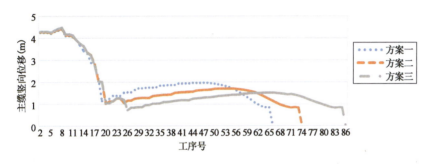

图6.3-21　1/4中跨主缆竖向位移比较

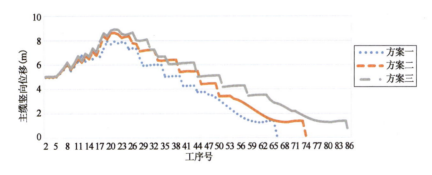

图6.3-22　1/2中跨主缆竖向位移比较

通过对比图6.3-20～图6.3-22中三个方案典型位置主缆竖向位移,可以得出三个方案的主缆竖向位移规律大致相同,且仍然满足主缆位移的"弱相干性"原理。中跨主缆竖向位移较大,边跨相对较小,方案一、方案二、方案三中跨跨中最大竖向位移分别为7.926m、8.628m、8.916m,方案一、方案二、方案三边跨跨中最大竖向位移分别为2.322m、2.182m、2.274m;对于中跨主缆,在吊索张拉初期阶段,随着吊索张拉的进行,已张拉吊索位置的中跨主缆发生较大的向下位移,未张拉吊索位置的中跨主缆将会向上发生较大的位移。随着后期吊索的张拉,已张拉吊索位置的中跨主缆将会发生较小的竖向向上位移,未张拉吊索位置的中跨主缆向上发生最大的位移之后逐渐下降。

可见,在吊索张拉阶段,斜拉扣挂施工法的主缆位移规律和传统施工方法类似。随着斜拉索的拆除,中跨主缆发生较大的竖向向下位移,位移值大约为1.5m。当拆除完所有斜拉索时,中跨主缆线形处于二期铺装前的线形,最后铺装完成二期恒载,主缆竖向位置达到设计成桥位置;对于边跨主缆,在吊索张拉阶段,已张拉吊索位置的边跨主缆发生较大的向下位移,接近回到设计成桥高程,后期施工对边跨主缆线形的影响较小。因此,三个方案在主缆线形的控制方面基本相同。

(6)主梁竖向位移

边跨跨中、中跨1/4跨径和中跨跨中主梁竖向位移对比如图6.3-23~图6.3-25所示。注意:主梁竖向位移值为当前工况下主梁高程与设计成桥高程之差。

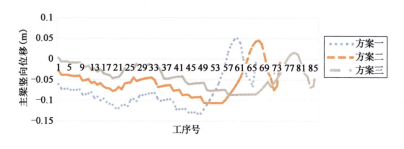

图6.3-23　1/2边跨位置主梁竖向位移比较

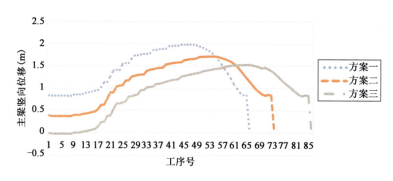

图6.3-24　1/4中跨位置主梁竖向位移比较

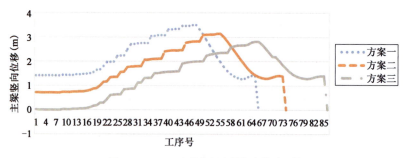

图6.3-25　1/2中跨位置主梁竖向位移比较

通过对比中三个方案典型位置主梁竖向位移,可以得出三个方案的主梁竖向位移变化规律大致相同:中跨主梁竖向位移较大,边跨相对较小,边跨相对较小,方案一、方案二、方案三中跨跨中最大竖向位移分别为 3.486m、3.135m、2.813m,方案一、方案二、方三边跨跨中最大竖向位移分别为 0.050m、0.045m、0.016m。对于中梁,随着吊索的张拉,中跨主梁竖向向上位移逐渐增大,当完成所有吊索张拉时,中跨主梁的竖向位移达到最大值。当进入斜拉索拆除阶段,中跨主梁的竖向位移值逐渐减小,主梁逐渐回落,在最后几对斜拉索的拆除阶段,中跨主梁竖向位移存在一个较小波动。当拆除完所有斜拉索,中跨主梁竖向位置回到了二期铺装之前的高程。最后铺装完成二期恒载,中跨主梁到达设计成桥位置;对于边跨主梁,随着吊索的张拉,边跨主梁竖向向下位移逐渐增大,当完成所有吊索张拉时,边跨主梁的竖向向下位移达到最大值。当进入斜拉索拆除阶段,边跨主梁原本的向下的竖向位移值逐渐减小,主梁逐渐上抬,在最后几对斜拉索的拆除阶段,边跨主梁竖向位移存在一个较小波动。当拆除完所有斜拉索,边跨主梁竖向位置回到了二期铺装之前的高程。最后铺装完成二期恒载,边跨主梁到达设计成桥位置。因此,三个方案在主梁线形的控制方面基本相同。

此外,对于加劲梁的应力、主缆和桥塔的应力计算结果表明,三种方案的结构强度都满足规范要求,在此不再赘述。

从计算结果来看,三种方案在所需器械(千斤顶)、吊索、斜拉索、主缆、桥塔与主梁应力方面相差不大,均能满足结构受力要求,但是方案一相比于方案二和方案三,具有张拉总数少、所需顶推次数少、施工工期短等优点,但也存在斜拉索索力转换比例低、斜拉索拆除困难等缺点。综合来看,在实际施工中考虑到工期以及前期吊索张拉工作等方面,可以在方案一、方案二之间选择适当斜拉桥状态进行施工。

根据上述研究结论,实际施工时,选用了介于方案一和方案二之间的一种方案:通过靠近跨中部分斜拉索的二次张拉,将临时成桥状态靠近主跨跨径的一段主梁线形调整到接近原自锚式悬索桥无二期恒载状态时的线形,其他位置保持与方案二接近。斜拉桥正装施工步骤列于表 6.3-5 中,体系转换阶段详细施工操作步骤如表 6.3-6 所示。

临时斜拉桥正装施工步骤　　　　　　　　　　表 6.3-5

阶 段 号	描 述	工 作 内 容
1	下部结构施工	墩、塔以及支座施工,主索鞍鞍座自重
2	临时钢塔施工	临时钢塔
3	边跨顶推施工	激活边跨钢梁、主桥塔与梁临时连接、顶推支架施加边跨钢梁预偏位
4	2 号节段施工	1 号拉索一张
5	3 号节段施工	激活吊机荷载
6		EM3 梁段起吊
7		EM3 梁段安装
8	4 号节段施工	移动吊机荷载
9		EM4 梁段起吊
10		EM4 梁段安装、2 号拉索一张
11	5 号节段施工	移动吊机荷载
12		WM5、EM5 梁段起吊
13		WM5、EM5 梁段安装

续上表

阶 段 号	描 述	工 作 内 容
14		移动吊机荷载
15	6号节段施工	WM6、EM6梁段起吊
16		WM6、EM6梁段安装、3号拉索一张
17		移动吊机荷载
18	7号节段施工	WM7、EM7梁段起吊
19		WM7、EM7梁段安装
20		移动吊机荷载
21	8号节段施工	WM8、EM8梁段起吊
22		WM8、EM8梁段安装、4号拉索一张
23		移动吊机荷载
24	9号节段施工	WM9、EM9梁段起吊
25		WM9、EM9梁段安装、5号拉索一张
26		移动吊机荷载
27	10号节段施工	WM10、EM10梁段起吊
28		WM10、EM10梁段安装、6号拉索一张
29		移动吊机荷载
30	11号节段施工	WM11、EM11梁段起吊
31		WM11、EM11梁段安装、7号拉索一张、拆除顶推支架
32		激活满堂支架及锚固段、施加锚固段预偏
33	边跨合龙	激活锚固段自重
34		激活合龙段、张拉结合段钢束
35		移动吊机荷载
36	12号节段施工	WM12、EM12梁段起吊
37		WM12、EM12梁段安装、8号拉索一张
38		移动吊机荷载
39	13号节段施工	WM13、EM13梁段起吊
40		WM13、EM13梁段安装、9号拉索一张
41		移动吊机荷载
42	14号节段施工	WM14、EM14梁段起吊
43		WM14、EM14梁段安装、10号拉索一张
44		移动吊机荷载
45	15号节段施工	WM15、EM15梁段起吊
46		WM15、EM15梁段安装、11号拉索一张
47		移动吊机荷载
48	16号节段施工	WM16、EM16梁段起吊
49		WM16、EM16梁段安装、12号拉索一张
50		移动吊机荷载
51	17号节段施工	WM17、EM17梁段起吊
52		WM17、EM17梁段安装、13号拉索一张

续上表

阶 段 号	描 述	工 作 内 容
53	18号节段施工	移动吊机荷载
54		WM18、EM18梁段起吊
55		WM18、EM18梁段安装、14号拉索一张
56	19号节段施工	移动吊机荷载
57		WM19、EM19梁段起吊
58		WM19、EM19梁段安装、15号拉索一张
59	20号节段施工	移动吊机荷载
60		WM20、EM20梁段起吊
61		WM20、EM20梁段安装、16号拉索一张
62	中跨合龙	移动吊机荷载
63		MCL梁段起吊
64		梁段合拢前调索预留
65		MCL梁段安装
66	拆除吊机	钝化吊机荷载
67	释放约束	钝化主梁顺桥向临时约束
68	体系转换前调索	中跨1号二张
		中跨2号二张
		中跨3号二张
		中跨4号二张
		中跨5号二张
		中跨6号二张
		中跨7号二张
		中跨8号二张
		中跨9号二张
		中跨10号二张
		中跨11号二张
		中跨12号二张
		中跨13号二张
		中跨14号二张
		中跨15号二张
		中跨16号二张
		中跨12号三张
		中跨13号三张
		中跨14号三张
		中跨15号三张
		中跨16号三张

体系转换施工详细操作步骤　　　　表 6.3-6

工 序 号	操 作 内 容
1	斜拉桥成桥
2	架设主缆
3	安装顶推支架
4	边跨混凝土梁浇筑
5	安装索夹
6	中吊索 1 号安装到位
7	中吊索 2 号安装到位
8	中吊索 3 号安装到位
9	第 1 次顶推,左桥塔 11.5cm;右桥塔 11.7cm
10	中吊索 4 号安装到位
11	中吊索 5 号安装到位
12	第 2 次顶推,左桥塔 7.5cm;右桥塔 8cm
13	中吊索 6 号安装到位
14	第 3 次顶推,左桥塔 4cm;右桥塔 5.5cm
15	中吊索 7 号安装到位
16	第 4 次顶推,左桥塔 5cm;右桥塔 5.2cm
17	中吊索 8 号安装到位
18	第 5 次顶推,左桥塔 6cm;右桥塔 6.5cm
19	边吊索 1 号安装到位 + 中吊索 9 号安装到位
20	边吊索 2 号安装到位 + 中吊索 10 号张拉 3000
21	第 6 次顶推,左桥塔 3cm;右桥塔 5cm
22	边吊索 3 号安装到位 + 中吊索 11 号张拉 3500
23	中吊索 10 号张拉到位
24	边吊索 4 号安装到位 + 中吊索 12 号张拉 3500
25	中吊索 11 号张拉到位
26	边吊索 5 号张拉 2500 + 中吊索 13 号张拉 3000
27	第 7 次顶推,左桥塔 4.2cm;右桥塔 7.6cm
28	边吊索 6 号张拉 3000 + 中吊索 14 号张拉 3500
29	边吊索 5 号张拉到位
30	中吊索 13 号(第 2 次)张拉 3500
31	中吊索 12 号(第 2 次)张拉 3500
32	第 8 次顶推,左桥塔 2.8cm;右桥塔 4.5cm
33	边吊索 7 号张拉 3000 + 中吊索 15 号张拉 3500
34	边吊索 6 号张拉到位
35	中吊索 14 号(第 2 次)张拉 3500

续上表

工 序 号	操 作 内 容
36	中吊索 13 号张拉到位
37	中吊索 12 号张拉到位
38	第 9 次顶推,左桥塔 3.5cm;右桥塔 4.2cm
39	边吊索 8 号张拉 3000 + 中吊索 16 号张拉 3500
40	边吊索 7 号张拉到位
41	中吊索 15 号(第 2 次)张拉 3500
42	中吊索 14 号张拉到位
43	边吊索 9 号安装到位 + 中吊索 17 号张拉 3000
44	边吊索 8 号张拉到位
45	中吊索 16 号张拉到位
46	中吊索 15 号张拉到位
47	边吊索 10 号安装到位 + 中吊索 18 号安装到位
48	中吊索 17 号张拉到位
49	边吊索 11 号安装到位 + 中吊索 19 号安装到位
50	中吊索 20 号安装到位
51	第 10 次顶推,左桥塔 2.5cm;右桥塔 3.5cm
52	拆 16 号斜拉索
53	拆 15 号斜拉索
54	拆 14 号斜拉索
55	拆 13 号斜拉索
56	拆 12 号斜拉索
57	拆 11 号斜拉索
58	拆 10 号斜拉索
59	拆 9 号斜拉索
60	拆 8 号斜拉索
61	拆 7 号斜拉索
62	拆 6 号斜拉索
63	拆 5 号斜拉索
64	拆 4 号斜拉索
65	拆 3 号斜拉索
66	拆 2 号斜拉索
67	拆 1 号斜拉索
68	拆除锚固段支座,拆钢塔
69	第 11 次顶推,左桥塔 8.5cm;右桥塔 11.5cm
70	铺二期成桥

(7)施工过程结果汇总

通过详细的分析,对实际体系转换施工过程的主要计算结果汇总于表 6.3-7 中。

实际施工方案体系转换过程模拟结果汇总 表6.3-7

项 目		数 值	单 位
张拉工作	同步张拉工作总数	93	次
	张拉工作点位总数	186	个
顶推工作	顶推次数	11	次
	主缆最小抗滑安全系数	2.055	—
	左鞍座最大不平衡力	+1919.487；-3591.101	kN
	右鞍座最大不平衡力	+1473.673；-4702.308	kN
千斤顶	最大张拉力	3622.727	kN
	千斤顶数量	8	套
	千斤顶规格	400	t
接长杆	最大接长杆长度	2.148	m
斜拉索	斜拉桥成桥平均索力	5010.156	kN
	斜拉索拆除平均力	2875.623	kN
	卸载百分比	41.96%	—
	斜拉索拆除最大力	4271.630	kN
	斜拉索施工最大索力	6441.009	kN
	斜拉索施工最大应力	633.068	MPa
	斜拉索安全系数	2.780	—
吊索	吊索施工最大索力	3700.488	kN
	吊索施工最大应力	632.755	MPa
	吊索安全系数	2.781	—
主缆	单根最大张拉次数	3	次
	主缆施工最大应力	585.458	MPa
	主缆安全系数	3.173	—
左桥塔	最小压应力	0.761	MPa
	最大压应力	11.968	MPa
右桥塔	最小压应力	0.766	MPa
	最大压应力	12.178	MPa
钢箱梁	最大压应力	196.244	MPa
	最大拉应力	49.426	MPa

通过上表可以看出,在施工过程中各构件受力均满足要求。

6.4 研究结论

通过对重庆鹅公岩轨道大桥自锚式悬索桥性新的体系转换方案的关键技术的研究,得到以下结论:

(1)施工采用的方法是全新的施工方法,具有安全、经济和施工可实施性。

(2)该工法的施工关键技术是斜拉桥成桥状态的确定、吊索张拉方案的确定、斜拉索拆除方案的制定;经过反复分析,提供了推荐的推荐工序。

(3)研究制定的该工法的施工控制原则主要有七条,分为必要原则和优化原则;该七条原则全面包括了安全、质量和经济性(含工期)要求。

(4)研究表明,无应力长度控制条件下,吊索张拉逐步前进法比多轮循环法更经济,推荐采用逐步前进法。

(5)推荐从长索向短索方向拆除斜拉索,如图6.4-1所示为斜拉桥状态下的主缆施工。

(6)实际施工中,只要保证主梁处于合理的梁高范围之内且受力安全合理,并且施工过程中满足主梁的无应力拼装状态,斜拉桥主梁目标线形不需要严格对应于主桥的某种特定状态,但体系转换计算时需要准确确定斜拉桥的实际状态。

(7)综合考虑工期以及实际操作工作,临时斜拉桥主梁目标线形可在未铺装二期线形与铺装一半二期恒载主梁线形之间选择适当的状态。如图6.4-2所示为斜拉桥合龙施工。

a)   b)

图 6.4-1 斜拉桥状态下的主缆施工

图 6.4-2 斜拉桥合龙施工

第 7 章　抗风性能研究

7.1　国内外研究现状

自从风对桥梁结构的动力作用逐渐被桥梁工程师们认知以后,很多原来基于航空空气动力学的成果和研究方法被加以改造后应用到了桥梁结构的抗风分析研究之中。

不少学者对现有的大跨径桥梁的风致静风失稳进行了详细的研究。张文明以一座位于长江上的多跨径悬索桥为研究对象,在考虑风速场的空间随机性的前提下,分析了桥梁结构的静风稳定性能。陈艾荣团队针对主跨 1088m 的苏通大桥展开静风稳定性研究,探讨了基础、斜拉索单元模态、不同的初始风攻角、不同的风场条件等多种不同因素对桥塔位移、桥梁振型频率以及失稳临界风速的影响。随着桥梁跨径的增加,桥梁结构越来越柔,更容易发生静风失稳现象,因此大跨径桥梁的静风稳定性验算必不可少。目前,已有较多的研究者针对大跨径桥梁进行了静风稳定性能的验算。

桥梁颤振是一种由于梁体自身的运动而不断从来流中吸取能量,在一定条件下振幅迅速增大,直至使结构破坏的自激振动,研究颤振现象的最主要参数是"颤振临界风速"。对颤振的研究主要集中于颤振机理的探讨、颤振现象的描述、颤振导数的确定以及减小颤振的措施等方面。近年来,随着风洞试验技术的进步与发展,通过风洞试验节段模型获取桥梁结构的颤振导数,对桥梁结构的颤振理论分析提供了有效的验证和支撑。

桥梁抖振是因作用于结构上的风速随时空不规则随机变化的而引起的结构振动。由于抖振的发生频率较高,长期的抖振作用对桥梁构件、接头等处产生的疲劳效应将影响桥梁的使用寿命。现阶段,关于抖振的分析基本基于三种抖振分析理论,即由 Davenport 提出的抖振分析理论、Scanlan 建立的颤抖振分析理论和 Lin 提出的时域抖振分析理论,后续的研究者们针对具体问题开展相关研究工作,模型建立、参数识别、分析方法和数值计算等越来越细化。随着大跨径桥梁结构长期健康监测系统的逐步建立,为桥梁结构抖振分析提供了大量有效的实测结果,研究者们根据监测结果与抖振理论分析相结合,对多座实际工程项目进行了系统的研究与分析。徐幼麟等以香港的青马大桥为研究对象,进行了大跨径桥梁长期健康监测系统,依据该地区的气象资料,分别基于理论和监测数据对青马大桥进行了抖振响应分析,结果表明,理论分析的抖振相应计算结果与实测数据吻合良好。近年来,同济大学、西南交通大学等院校的研究者们针对我国境内的多座大跨径桥梁分别开展了抗风理论和试验研究,在大跨径桥梁的风场特性、风致振动问题、桥梁振动控制等领域收获颇丰。

桥梁涡激振动是在较低风速下发生的振动,是受风荷载周期性影响而发生的涡激共振现象。尽管涡激振动是一种限幅振动,但当出现共振时振幅相当大,截面发生微小变化都会对振动特性产生敏感的影响。对大跨径桥梁而言,这种振动即使不致引起整个结构物发生破坏,影响桥梁的安全性能以及行车安全性,在分析中需要考虑如何避免或减少涡激振动的影响。

7.2 研究内容及过程

7.2.1 静力三分力风洞试验

为确定风-车-桥系统中车辆和桥梁各自的气动力系数,分别制作了桥梁和车辆节段模型,采用交叉滑槽系统在西南交通大学 XNJD-1 工业风洞第二试验段进行了较为系统的风洞试验。

1)试验介绍

试验在西南交通大学 XNJD-1 风洞的第二试验段中进行,该试验段断面为 2.4m(宽)× 2.0m(高)的矩形,最大来流风速为 45m/s,最小来流风速为 0.5m/s。试验段中设有专为桥梁节段模型静力三分力试验用的侧壁支撑及测力天平系统,由计算机控制的模型姿态角 α(来流相对于模型的攻角)调整机构角度变化的范围为 ±20°,变化间隔最小为 0.1°,并与数据采集系统相连。对于单独桥梁或单独车辆的情况,可直接利用该装置进行不同风速下的测试。对于桥梁和车辆共存的情况(车辆位于桥梁上),先采用交叉滑槽系统实现两者气动力的分离,然后再利用该天平分别进行车辆和桥梁气动力的测试。为确保天平处于正常工作状态,风洞试验之前首先对测试天平的阻力分量、升力分量及力矩分量进行了复核性标定,标定结果表明测试天平处于良好的工作状态。图 7.2-1 为不考虑老桥影响下风洞试验模型,图 7.2-2 为考虑老桥影响下风洞试验模型。

图 7.2-1 安装在风洞中的节段模型(不考虑老桥影响)

图 7.2-2 安装在风洞中的节段模型(考虑老桥影响)

针对成桥状态(考虑老桥影响、不考虑老桥影响)、施工状态(不考虑老桥影响)进行了三分力试验。为检验雷诺数对模型气动特性的影响,对各工况均进行了三种级差风速下的试验。加劲梁三分力试验工况列于表 7.2-1。

加劲梁三分力试验工况 表7.2-1

模型类别	试验内容	系统状态	风速及攻角
成桥状态桥梁模型	测试三分力（桥梁）	不考虑老桥影响	三种级差风速。$\alpha = -12° \sim +12°, \Delta = 1°$
成桥状态桥梁模型	测试三分力（桥梁）	考虑老桥影响	三种级差风速。采用三种攻角$3°, 0°, +3°$
施工状态桥梁模型	测试三分力（桥梁）	不考虑老桥影响	三种级差风速。采用三种攻角$3°, 0°, +3°$

2）试验结果

节段模型主体采用优质松木和层板制作，防撞护栏及检修车轨道等采用有机塑料板，按设计要求采用电脑雕刻加工。节段模型采用1∶40的几何缩尺比，全长2.095m，高0.1125m，桥面宽0.5514m，长宽比3.7>2.0，满足《公路桥梁抗风设计规范》(JTG/T 3360-01—2018)的要求。

成桥状态试验(考虑/不考虑老桥影响)测试了桥梁的静力三分力系数。试验在均匀流条件下进行，为检验雷诺数对模型气动特性的影响，对各工况均进行了三种级差风速下的试验，三种级差试验风速约为10m/s、15m/s、20m/s。

由于施工状态还未铺装桥面附属设施、检修车轨道，且施工状态相对较短，因此，施工状态试验仅测试不考虑老桥影响下的单独桥梁三分系数。试验在均匀流条件下进行，为检验雷诺数对模型气动特性的影响，对各工况均进行了三种级差风速下的试验，三种级差试验风速约为10m/s、15m/s、20m/s，风洞试验中桥梁、车辆模型会对附近风场产生影响，因此实测风速与理论要求值略有差异。

在三种级差风速下，多数工况测试得到的阻力系数存在随风速增大(雷诺数增大)而减小的趋势，升力系数和力矩系数亦随风速而变化，但规律性不强，这表明雷诺数对系统的气动性能有一定影响。考虑到低风速时模型上的风荷载相对较小、测试误差略大，而高风速时部分工况节段模型可能会存在一定程度的抖动，加之三种级差风速下的结果差异较小，故取中间风速下测试得到的三分力系数作为相应工况的最终取定值。此时模型系统的雷诺数较实桥雷诺数要小，最终取定值应是偏于安全的(特别是阻力)。

成桥状态(不考虑老桥影响)、施工状态(不考虑老桥影响)风轴系和体轴系下工况1和工况2的三分力系数随攻角的变化情况如图7.2-3~图7.2-6所示。

7.2.2 主梁颤振导数风洞试验

鹅公岩轨道大桥固有振动频率较低，结构较为柔性，风致振动分析中必须考虑桥梁断面自激力的影响。本书研究采用加权整体最小二乘识别方法，通过动力节段模型风洞试验对主梁断面的颤振导数进行了测试。

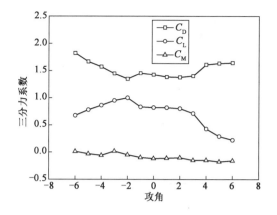

图 7.2-3　15m/s 风速,体轴系下车辆三分力系数随攻角变化情况(成桥状态,不考虑老桥影响)

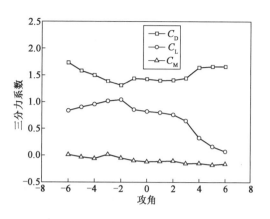

图 7.2-4　15m/s 风速,风轴系下车辆三分力系数随攻角变化情况(成桥状态,不考虑老桥影响)

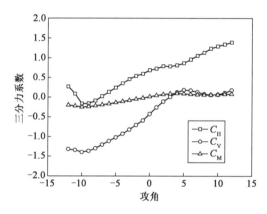

图 7.2-5　15m/s 风速,体轴系下桥梁三分力系数随攻角变化情况(施工状态,不考虑老桥影响)

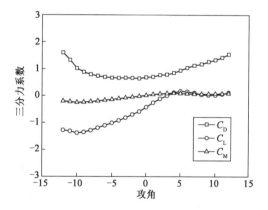

图 7.2-6　15m/s 风速,风轴系下桥梁三分力系数随攻角变化情况(施工状态,不考虑老桥影响)

颤振导数是桥梁结构风致振动分析所需的基本参数,精确有效地识别颤振导数是桥梁结构抗风分析的前提条件。桥梁断面的颤振导数可通过节段模型风洞试验、节段模型水洞试验、气弹模型试验和 CFD(Computational Fluid Dynamics)计算等多种途径来获取。基于节段模型风洞试验的识别方法根据模型振动情况不同又可分为自由振动法和强迫振动法。强迫振动法模型振动信号一致性好,且折算风速范围较宽,但模型激振装置较复杂,目前应用尚不多。基于节段模型风洞试验的自由振动识别方法是目前获取桥梁断面颤振导数的主要途径。

1)风洞试验参数

颤振导数试验中采用的节段模型和静力三分力试验中的相同,采用 1∶40 的几何缩尺比,模型长 $L=2.1m$,宽 $B=0.112m$,高 $H=0.55m$,长宽比 $L/B=3.809$。在模型两端设置端板,以保证主梁断面气动绕流的二维特性。节段模型由 8 根拉伸弹簧悬挂,形成可竖向运动和绕模型轴线转动的二自由度振动系统。试验支架置于洞壁外,以免干扰流场,模型安装如图 7.2-7 所示。

图 7.2-7　安装在风洞中的节段模型(不考虑老桥影响)

试验在西南交通大学单回流串联双试验段工业风洞(XNJD-1)第二试验段中进行,该试验段设有专门进行桥梁节段模型动力试验的装置。试验来流为均匀流,共进行了三种来流攻角下的试验,即 $\alpha=0°$、$±3°$。颤振导数是主梁断面的固有特性,与试验系统的质量、频率及阻尼无关。为得到高折算风速下的颤振导数,试验中采用较大的质量及质量惯矩。

2)试验结果

成桥状态(不考虑老桥影响)三种攻角下部分颤振导数随折算风速的变化情况如图 7.2-8 和图 7.2-9 所示。该计算结果可用于桥梁自激力计算。

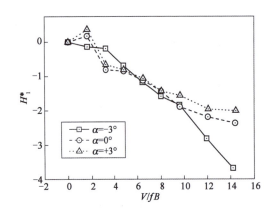

图 7.2-8　成桥状态颤振导数 H_1^*(不考虑老桥影响)

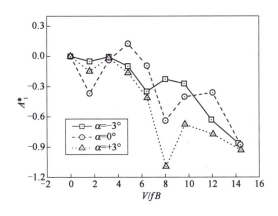

图 7.2-9　成桥状态颤振导数 A_1^*(不考虑老桥影响)

7.2.3　节段模型颤振试验

本项试验通过加劲梁动力节段的模型风洞试验,测试加劲梁在不同攻角下发生颤振的临界风速,从而对该桥的抗风稳定性进行初步评估,避免在颤振检验风速范围内出现发散性的颤振,必要时提出改善气动性能措施的建议。已建成的鹅公岩桥距离鹅公岩轨道大桥 70m,为研究鹅公岩桥对鹅公岩轨道大桥的颤振性能的影响,分别进行了鹅公岩轨道大桥的成桥状态(考虑老桥影响、不考虑老桥影响)、最不利施工状态(不考虑老桥影响)颤振试验。

本试验通过直接测量法测定加劲梁节段模型在不同工况下的颤振临界风速,并通过风速比(模型试验风速与实桥自然风速之比)推算出实桥的颤振临界风速。

根据《公路桥梁抗风设计规范》(JTG/T 3360-01—2018)规定,在风攻角 $-3°\leqslant \alpha \leqslant +3°$ 范围内,颤振临界风速应满足下述规定:

$$V_{cr} \geqslant [V_{cr}] \tag{7.2-1}$$

式中:V_{cr}——颤振临界风速(m/s);

[V_{cr}]——颤振检验风速(m/s),可按《公路桥梁抗风设计规范》(JTG/T 3360-01—2018)式(7.2-1)进行计算。

桥梁颤振检验风速为:

$$[V_{cr}] = 1.2 u_f V_d \tag{7.2-2}$$

式中:u_f——风速脉动修正系数,可按《公路桥梁抗风设计规范》(JTG/T 3360-01—2018)表6.3.8规定选用。根据该桥跨径和地表粗糙度类别应取为1.317,所以该桥成桥状态加劲梁的颤振检验风速为:

$$[V_{cr}] = 1.2 \times 1.317 \times 31.8 = 50.3 (m/s) \tag{7.2-3}$$

驰振主要可能发生在截面较钝的钢桥和钢的桥塔中。由于鹅公岩轨道大桥桥塔采用混凝土材料,混凝土桥塔阻尼较大,驰振临界风速很高。

根据《公路桥梁抗风设计规范》(JTG/T 3360-01—2018)规定,宽高比 $B/H < 4$ 的钢主梁,驰振临界风速应满足下述规定:

$$V_{cg} \geqslant 1.2 V_d \tag{7.2-4}$$

该桥加劲梁为高宽比 $B/H = 4.89$ 的钢箱梁,成桥状态加劲梁驰振稳定性验算临界风速可偏保守取:

$$1.2 V_d = 1.2 \times 31.8 = 38.2 m/s \tag{7.2-5}$$

针对三种模型分别进行了 $\alpha=0°$、$\pm 3°$ 三种攻角情况下的试验,试验来流为均匀流。

1)成桥状态不考虑老桥影响

各种攻角下的颤振临界风速测试结果如表7.2-2所示。由表可知,$\alpha = 0°$、$\pm 3°$ 三种攻角情况下加劲梁的颤振临界风速均大于颤振检验风速,这表明该桥加劲梁在颤振检验风速范围内不会发生颤振,满足规范要求。

成桥状态不同攻角下颤振临界风速(不考虑老桥影响) 表7.2-2

攻　　角	风洞试验	公路桥梁抗风设计规范
$-3°$	>123.8m/s	
$0°$	>123.8m/s	50.3m/s
$+3°$	>124.4m/s	

2)成桥状态考虑老桥影响

各种攻角下的颤振临界风速测试结果如表7.2-3所示。由表可知,$\alpha = 0°$、$\pm 3°$ 三种攻角情况下加劲梁的颤振临界风速均大于颤振检验风速,这表明该桥加劲梁在颤振检验风速范围内不会发生颤振,满足规范要求。

成桥状态不同攻角下颤振临界风速(考虑老桥影响)   表 7.2-3

攻 角	风洞试验	公路桥梁抗风设计规范
$-3°$	>109.7m/s	
$0°$	>112.5m/s	50.3m/s
$+3°$	>124.5m/s	

3)最不利施工状态

各种攻角下的颤振临界风速测试结果如表 7.2-4 所示。由表可知,$\alpha = 0°$、$\pm 3°$ 三种攻角情况下加劲梁的颤振临界风速均大于颤振检验风速,这表明该桥加劲梁在颤振检验风速范围内不会发生颤振,满足规范要求。

最不利施工状态不同攻角下颤振临界风速(不考虑老桥影响)   表 7.2-4

攻 角	风洞试验	公路桥梁抗风设计规范
$-3°$	>76.1m/s	
$0°$	>80.3m/s	46.3m/s
$+3°$	>80.7m/s	

换算到实桥状态下,$-3°$、$0°$、$+3°$ 三个风攻角情况下,不考虑老桥影响与考虑老桥影响的成桥状态的颤振临界风速均高于颤振检验风速 50.3m/s,最不利施工状态的颤振临界风速均高于颤振检验风速 46.3m/s,满足规范要求。

7.2.4 节段模型涡振试验

当气流绕过物体时在物体两侧及尾流中会产生周期性脱落的漩涡,这种周期性的激励会使物体发生限幅振动,这种振动称为涡激振动,它通常发生在较低的风速下,其振动形式通常为竖向涡振和扭转涡振。本试验目的是通过节段模型测定涡激振动的发振风速、振幅以及主梁截面的斯脱罗哈数,对主梁的涡激振动特性作出评价。

1)试验参数

涡激振动试验所用的节段模型与颤振试验的模型相同,由 8 根拉伸弹簧悬挂在支架上。分别进行了成桥状态、最不利施工状态涡振试验,由于涡激振的发生不依赖于弯扭耦合机制,因而对模型系统无扭弯频率比的要求。因涡振通常发振风速较低,为降低模型风速比,采用较为刚性弹簧以提高模型的振动频率。成桥状态和最不利施工状态模型实测频率、阻尼比及按弯、扭基频换算到实桥不同状态的风速比如表 7.2-5、表 7.2-6 所示,试验中采用了扭转对应的风速比。

成桥状态涡激振动系统频率、阻尼比及风速比   表 7.2-5

参 数	竖 向	扭 转
频率(Hz)	2.368	6.757
阻尼比(%)	0.361	0.363
风速比	3.282	5.626

注:表中风速比按弯、扭振动基频换算,试验中采用扭转风速比,同下表。

最不利施工状态涡激振动系统频率、阻尼比及风速比　　表 7.2-6

参　　数	竖　向	扭　转
频率(Hz)	2.758	8.135
阻尼比(%)	0.372	0.345
风速比	3.855	3.861

2) 试验结果

对成桥状态(不考虑老桥影响)、成桥状态(考虑老桥影响)、最不利施工状态(不考虑老桥影响)的主梁断面分别进行了 $\alpha = 0°$、$\pm 3°$ 三种攻角条件下的试验。由于施工状态时间相对较短，最不利施工状态不考虑老桥影响。试验在均匀流场中进行。控制风速基本步长 0.01m/s，试验中根据模型的振动情况适当增大或减小步长。表 7.2-7 ~ 表 7.2-9 给出了成桥状态、最不利施工状态各工况下各涡振区最大涡振响应的振幅、斯托罗哈数($S_t = fD/U$)以及对应的实桥风速。

成桥状态最大涡振振幅、实桥风速(不考虑老桥影响)　　表 7.2-7

工况	涡　振　区	实桥风速(m/s)	实桥最大振幅	允许振幅	斯托罗哈数
-3	竖弯涡振区	11.2	0.053m	0.206m	0.0781
	扭转涡振区	32.5	0.197°	0.218°	0.1317
0	竖弯涡振区	11.6	0.056m	0.206m	0.0754
	扭转涡振区	33.2	0.245°	0.218°	0.1288
3	竖弯涡振区	12.6	0.066m	0.206m	0.0694
	扭转涡振区	34.2	0.177°	0.218°	0.1252

成桥状态最大涡振振幅、实桥风速(考虑老桥影响)　　表 7.2-8

工况	涡　振　区	实桥风速(m/s)	实桥最大振幅	允许振幅	斯托罗哈数
-3	竖弯涡振区	11.8	0.048m	0.206m	0.0740
	扭转涡振区	15.7	0.099°	0.218°	0.2729
0	竖弯涡振区	13.5	0.034m	0.206m	0.0647
	扭转涡振区	35.3	0.113°	0.218°	0.1210
3	竖弯涡振区	15.1	0.076m	0.206m	0.0580
	扭转涡振区	24.6	0.071°	0.218°	0.1739

最不利施工状态最大涡振振幅、实桥风速(不考虑老桥影响)　　表 7.2-9

工况	涡　振　区	实桥风速(m/s)	实桥最大振幅	允许振幅	斯托罗哈数
-3	竖弯涡振区	—	m	0.150m	—
	扭转涡振区	12.2	0.015°	0.264°	0.2896
0	竖弯涡振区	—	m	0.150m	—
	扭转涡振区	11.8	0.027°	0.264°	0.2991
3	竖弯涡振区	11.4	0.059m	0.150m	0.1054
	扭转涡振区	16.9	0.149°	0.264°	0.2094

注："—"表示未观测到明显的涡振现象。

成桥状态换算到实桥状态下,桥址区基本风速为 27.5m/s,设计基本风速为 31.5m/s,成桥状态(考虑老桥影响、不考虑老桥影响)在 -3°、0°、+3°三种风攻角下,设计基本风速内结构的竖向涡振振幅小于规范要求 0.206m、扭转涡振振幅最大值均小于规范要求 0.218°。当不考虑老桥影响时,33~38m/s 风速区间,扭转涡振振幅超限,此种工况下涡振扭转振幅超限风速区间较高,且大于桥址区设计基本风速,涡振性能满足要求。当考虑老桥影响时,竖向、扭转振幅随着风速增大而增大,其中扭转振幅随风速变换明显,这是因为来流前方布置老桥模型后,后方的风速场编程紊流风速场,且紊流度随着风速的增加变得更加明显,由于涡振发生于均匀风速场中,颤振发生于紊流风速场,当风速较高时,此种工况下桥梁颤振更加明显。

最不利施工状态(不考虑老桥影响),设计基本风速为 29.3m/s,在 -3°、0°、+3°三种风攻角下,试验风速对应的实桥风速均超过 35m/s,其中 -3°、0°风攻角下未发生涡振,+3°风攻角下发生竖向、扭转涡振,振幅小于规范要求,试验结果偏于安全。

7.2.5 成桥状态气弹模型试验

1)模态试验

模型安装完成后,对其成桥状态的动力特性进行了测试。由于结构较为柔性,各个模态高阶频率较为接近,难以单纯激励,所以竖向、横桥向和扭转振型以实际激励情况为准。频率和阻尼的测试结果详见表 7.2-10。由表可见,实测频率和要求值基本上吻合。阻尼比在 0.45%~0.67%之间,符合试验要求。

自锚方案模态频率及阻尼测试(频率单位:Hz) 表 7.2-10

振型阶次	实桥频率	实测频率	阻尼比(%)
反对称竖弯-1	0.163	1.654	0.647
对称横弯-1	0.165	1.625	0.670
对称竖弯-1	0.196	2.153	0.469
对称扭转-1	0.932	10.125	—
反对称扭转-1	1.633	—	—

注:1. 实桥频率与实测频率的比为 1/10。
　　2. "—"表示频率太高,无法测得该阶振型频率。

2)均匀流中的气弹模型试验(自锚方案)

对于均匀流场中的风洞试验,考虑到来流风向的不确定性,除了来流风攻角 $\alpha = 0°$(即来流方向与桥梁所在水平面平行)、风向角 $\beta = 0°$(即来流方向与桥轴垂直)外,还进行了 $\alpha = +3°$以及 $\beta = 15°$、$\beta = 30°$(其中角度以模型俯览时顺时针转动为正方向)时的试验。不同的风攻角通过在加劲梁下设置一定角度的斜坡板来实现,不同的风向角通过转动固定在模型下面的钢板来实现。在每一种来流风攻角、风向角工况下,开机风速为 0~7.5m/s,低风速时(0~4m/s)风速间隔约为 0.2m/s,高风速时(4~7.5m/s)风速间隔约为 0.4m/s,试验风速换算至实桥桥面处自然风速为 0~75m/s,最大风速已远高于鹅公岩轨道桥成桥状态的颤振检验风速(50.3m/s)和驰振检验风速(38.2m/s)。试验在 XNJD-3 工业风洞进行,如图 7.2-10 所示为均匀流场中的全桥气弹模型。

图 7.2-11~图 7.2-13 分别给出了部分控制断面风致响应随风速变化的情况(相关数据均

已经换算为实桥值。当结构响应过小时,受测试精度影响,部分响应曲线容易出现波动)。

图 7.2-10 均匀流中的全桥气弹模型
(自锚方案 成桥态)

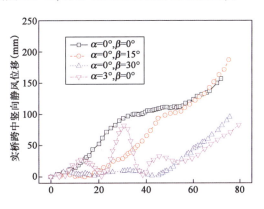

图 7.2-11 成桥状态加劲梁跨中竖向位移
(静风位移,均匀流)

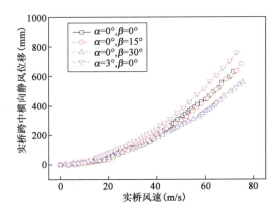

图 7.2-12 成桥状态加劲梁跨中横向位移响应
(静风位移,均匀流)

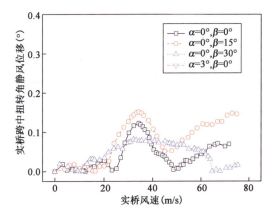

图 7.2-13 成桥状态加劲梁跨中扭转角响应
(静风位移,均匀流)

均匀流中的气弹模型试验结果表明,模型在不同的来流风攻角和风向角下,桥面最高试验风速分别达到约 7.5m/s,相当于实桥桥面处风速约为 75m/s,未出现振幅发散的颤振、驰振及静风失稳等气动失稳现象。在试验风速范围内,+3°风攻角下,跨中加劲梁在 25～35m/s 风速范围内出现了小幅扭转涡激振动,其他来流风攻角和风向角下,加劲梁未出现竖向和扭转涡振现象,桥塔未出现明显的横向涡振现象。因静风引起的竖向位移及扭转角较小,试验值随风速的变化曲线存在一定的波动。

综上所述,仅 +3°风攻角下,跨中加劲梁在 25～35m/s 风速范围内出现了小幅扭转涡激振动,其他风攻角和风向角情况下,在桥面高度处实桥来流风速远高于颤振检验风速和静风稳定性检验风速的情况下,未出现振幅发散的颤振、驰振及静风失稳等气动失稳现象,加劲梁未出现竖向和扭转涡振现象,桥塔未出现明显的横向、顺桥向涡振现象。

3)紊流场中的气弹模型试验(自锚方案)

当来流为紊流时,进行了三个风向角的试验,即 $\beta = 0°$、$\beta = 15°$、$\beta = 30°$(角度以模型俯瞰时顺时针转动为正方向),试验风速间隔约为0.4m/s,开机风速为0~4.75m/s,换算至实桥桥面处自然风速为0~47.5m/s,该风速已远高于鹅公岩轨道大桥成桥状态的设计风速(31.8m/s)。图7.2-14为紊流场中的全桥气弹模型情况,图7.2-15~图7.2-17分别给出了结构各控制断面风致响应随风速的变化情况。

图7.2-14 紊流中的全桥气弹模型
(自锚方案·成桥态)

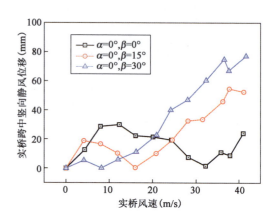

图7.2-15 成桥状态加劲梁跨中竖向位移
(静风位移,紊流)

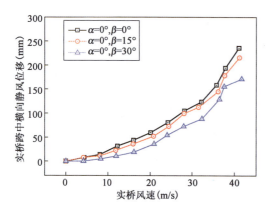

图7.2-16 成桥状态加劲梁跨中横向位移响应
(静风位移,紊流)

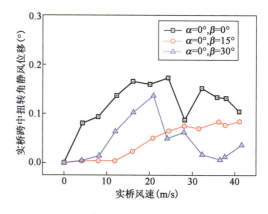

图7.2-17 成桥状态加劲梁跨中扭转角响应
(静风位移,紊流)

由于均匀流测试下桥面最高风速换算至实桥已达75.0m/s未出现振幅发散的颤振及驰振等气动失稳现象,而紊流在一定程度上可以减小颤振发生的概率,对抑制颤振有利,故在紊流作用下重点考查桥梁的涡振和抖振。紊流中的气弹模型试验结果表明,模型在 $\alpha=0°$、$\alpha=+3°$、$\beta=0°$、$\beta=15°$、$\beta=30°$ 的情况下,在试验风速范围内,加劲梁在横向、竖向及扭转等方向均未发生明显的涡激振动。

研究表明,对于大多数工程结构,抖振响应峰值和均方根(RMS,root-mean-square)之间的比例 g(常称为峰值因子)一般在3.0~4.0之间。在本试验中偏于安全的取 $g=4.0$,由此得到的设计基准风速下(31.8m/s)加劲梁跨中竖向位移全振幅(双边峰-峰值)约为564mm,横向位移全振幅约为574mm,扭转角全振幅约为0.54°;加劲梁1/4跨竖向位移振幅约为1148mm,横向位移振幅约为406mm,扭转角振幅约为0.4°;桥塔设计基准风速(37.0m/s)风速下,海峡路侧号桥塔塔顶横桥向位移振幅(单边)约为50.4mm,顺桥向位移振幅(单边)约为40.8mm。

7.2.6 施工状态气弹模型试验

1) 测试系统与模态试验

最不利施工态在即加劲梁合龙前的最大悬臂状态,测试仪器及布置形式同成桥状态,即在加劲梁跨中、1/4截面布置相应激光位移传感器,测试来流下加劲梁竖向、横向位移及转角;桥塔塔顶布置加速度传感器,测试塔柱振动情况。

对于最不利施工状态,试验工况为均匀流时的三种风攻角(即 $\alpha = 0°$、$\alpha = +3°$)以及紊流时的一种风攻角(即 $\alpha = 0°$),相应地考察了施工阶段的颤振、涡振及抖振情况。模态试验激励测试结果见表7.2-11。

模态频率及阻尼测试(频率单位:Hz)　　　　表7.2-11

振型阶次	实桥频率	实测频率	阻尼比(%)
加劲梁横弯-1	0.131	1.356	2.64
加劲梁竖弯-1	0.257	2.455	3.93
加劲梁扭转	1.066	—	—

2) 均匀流中的气弹模型试验

试验条件与7.2.5节一致,在试验参数方面,同样地,除了来流风攻角 $\alpha = 0°$(即来流方向与桥梁所在水平面平行)、风向角 $\beta = 0°$(即来流方向与桥轴垂直)外,还进行了 $\alpha = +3°$ 以及 $\beta = 15°$、$\beta = 30°$(其中角度以模型俯览时顺时针转动为正方向)时的试验。在每一种来流风攻角、风向角工况下,开机风速为 0~5.5m/s,低风速时(0~4m/s)风速间隔约为 0.2m/s,4~5.5m/s时风速间隔约为0.4m/s 试验风速换算至实桥桥面处自然风速为0~55m/s,最大风速已远高于鹅公岩轨道大桥最不利施工态的颤振检验风速(46.3m/s)和驰振检验风速(35.2m/s)。试验在XNJD-3工业风洞进行,图7.2-18为均匀流场中的施工态气弹模型。

图7.2-19~图7.2-21分别给出了各控制断面风致响应随风速变化的情况(相关数据均已经换算为实桥值。当结构响应过小时,受测试精度影响,部分响应曲线容易出现波动)。

图 7.2-18　均匀流中的最大单悬臂状态气弹模型
(最大悬臂状态)

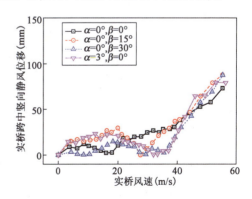

图 7.2-19　最大单悬臂状态加劲梁跨中竖向位移
(静风位移,均匀流)

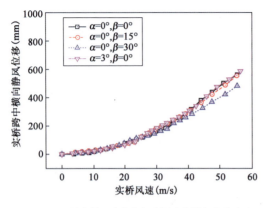

图 7.2-20 最大单悬臂状态加劲梁跨中横向位移响应
（静风位移，均匀流）

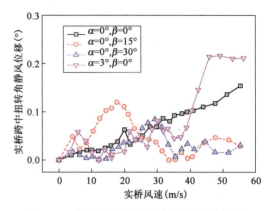

图 7.2-21 最大单悬臂状态加劲梁跨中扭转角响应
（静风位移，均匀流）

均匀流中的气弹模型试验结果表明，风速 40～45m/s 范围内，+3°风攻角下跨中出现小幅扭转涡振；在风速 25～43m/s 范围内，0°风攻角、15°风向角工况下，1/4 跨出现小幅度扭转涡振；模型在其余不同的来流风攻角和风向角下，桥面最高试验风速分别达到约 5.5m/s，相当于实桥桥面处风速约为 55m/s，未出现振幅发散的颤振、驰振及静风失稳等气动失稳现象。桥塔在风速 30～40m/s 范围内，0°风攻角、0°风向角工况下出现小幅度横向、顺桥向涡振。

综上所述，不同风攻角和风向角情况下，在桥面高度处实桥来流风速远高于颤振检验风速和静风稳定性检验风速的情况下，未出现振幅发散的颤振、驰振及静风失稳等气动失稳现象，+3°风攻角下，跨中截面在 40～45m/s 范围内出现了小幅扭转涡振；0°风攻角、15°风向角工况下，1/4 跨截面在风速 25～43m/s 范围内出现了小幅扭转涡振；0°风攻角、0°风向角工况下，桥塔在风速 30～40m/s 风速范围内出现小幅横向、顺桥向涡振。模型其余不同的来流风攻角和风向角下，加劲梁未出现竖向和扭转涡振现象，桥塔未出现明显的横向涡振现象。

3）紊流中的气弹模型试验

当来流为紊流时，进行了三个风向角的试验，即 $\beta=0°$、$\beta=15°$、$\beta=30°$（角度以模型俯览时顺时针转动为正方向）。对于每一种来流偏角，模型试验风速为 0～4.0m/s，试验风速间隔约为 0.4m/s，换算至实桥桥面处自然风速为 0～40.0m/s，该风速已远高于鹅公岩轨道大桥施工状态的设计风速（29.3m/s）。试验在西南交通大学 XNJD-3 工业风洞进行，图 7.2-22 为紊流场中的全桥气弹模型情况。图 7.2-23～图 7.2-25 分别给出了结构各控制断面风致响应随风速的变化情况。

紊流中的气弹模型试验结果表明，模型在 $\beta=0°$、$\beta=15°$、$\beta=30°$ 的情况下，桥面试验风速达到 4.0m/s，相当于实桥桥面处风速约为 45.0m/s，已远高于该桥施工态设计基准风速 29.3m/s，由于均匀流测试下桥面最高风速换算至实桥已达 75.0m/s，未出现振幅发散的颤振及驰振等气动失稳现象，而紊流在一定程度上可以减小颤振发生的概率，对抑制颤振有利，故在紊流作用下重点考查桥梁的涡振和抖振。在试验风速范围内，在风速 15～25m/s 风速范围内，跨中加劲梁出现小幅度扭转涡振；在 20～35m/s 范围内，1/4 跨加劲梁出现小幅度扭转涡振，其余工况下加劲梁在横向、竖向及扭转等方向均未发生明显的涡激振动。

图 7.2-22 紊流中的最大单悬臂状态气弹模型
(最不利施工态)

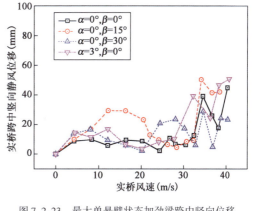

图 7.2-23 最大单悬臂状态加劲梁跨中竖向位移
(静风位移,均匀流)

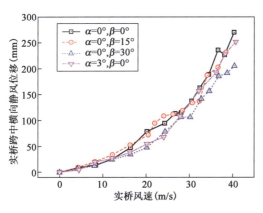

图 7.2-24 最大单悬臂状态加劲梁跨中横向位移响应
(静风位移,均匀流)

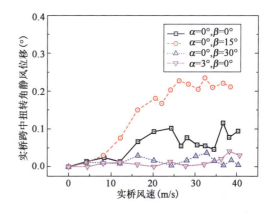

图 7.2-25 最大单悬臂状态加劲梁跨中扭转角响应
(静风位移,均匀流)

研究表明,对于大多数工程结构,抖振响应峰值和均方根(RMS,root-mean-square)之间的比例 g(常称为峰值因子)一般在 3.0~4.0 之间。在本试验中偏于安全的取 $g=4.0$,由此得到的设计基准风速下(29.3m/s)条件下,加劲梁跨中竖向位移全振幅(双边峰-峰值)约为 988mm,横向位移全振幅约为 486mm,扭转角全振幅约为 0.44°;加劲梁 1/4 跨竖向位移振幅约为 192mm,横向位移振幅约为 194mm,扭转角振幅约为 0.14°;在桥塔设计基准风速(37.0m/s)条件下,海峡路侧号桥塔塔顶横桥位移振幅(单边)约为 12mm,顺桥向位移振幅约为 23mm。

7.2.7 裸塔状态气弹模型试验

1) 模态试验

根据裸塔状态的振型特点,气弹模型试验中偏安全地选择高塔(即海峡路侧桥塔)进行气弹模型试验,试验以塔顶作为动态响应测量控制断面,测定顺桥向及横桥向位移与加速度响应。

由于实桥桥塔材料为混凝土,阻尼比一般在2%左右,而模型桥塔芯梁采用钢材且外模分段,因此阻尼比较实桥要小,通过在桥塔外模分段缝隙内填塞一定黏性软质材料增加模型顺桥向及横桥向振动模态的阻尼比,使模型两方向阻尼比增大至1.0%~1.7%。裸塔模型如图7.2-26所示。

裸塔状态模型塔底部于承台顶面嵌固,即6个方向的自由度均约束。模型安装完成后,对其成桥状态的动力特性进行了测试,频率和阻尼的测试结果详见表7.2-12。由表可见,阻尼比为1.0%~1.64%,符合试验要求。

图7.2-26 桥塔模型

模态频率及阻尼测试　　　　表7.2-12

振型阶次	实桥频率(Hz)	实测频率(Hz)	相对误差(%)	阻尼比(%)
一阶横桥向弯曲	0.233	2.238	-3.82	1.07
一阶顺桥向弯曲	0.558	5.439	-2.53	1.64

2)试验结果及分析

对于均匀流场中的风洞试验,共进行了十种来流风向角的试验:$\beta = 0°$(即来流与桥轴垂直,横桥向吹风)~$\beta = 90°$(即来流与桥轴一致,顺桥向吹风),以$\Delta = 10°$递增。对于每一种来流偏角,模型试验风速为0~7.5m/s,0~4m/s低风速时风速间隔为0.2m/s,4.0~7.5m/s高风速时间风速隔约为0.4m/s,换算至实桥风速已远高于施工状态桥塔设计基准风速(34.0 m/s)。图7.2-27、图7.2-28给出了塔顶风致响应随风速的变化情况。

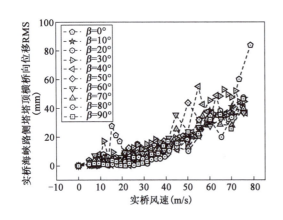

图7.2-27 裸塔状态海峡路侧塔塔顶横桥向位移响应(均方根,均匀流)

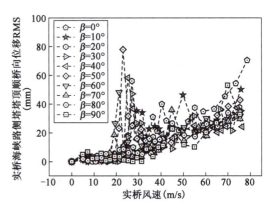

图7.2-28 裸塔状态海峡路侧塔塔顶顺桥向位移响应(均方根,均匀流)

气弹模型试验表明,来流为均匀流时模型在十种风向角情况下,18~30m/s风速范围内,在20°~50°风向角下出现顺桥向小幅涡振,其他工况、风速下均未出现振幅发散的驰振等气动失稳现象。

7.2.8 静风稳定性分析

桥梁静风失稳是指加劲梁在静风荷载作用下,发生弯曲或扭转失稳的现象。当结构变形引起的抗力增量小于风荷载增量,就会出现静风失稳现象。鹅公岩桥的柔性体系也亟待验算静风稳定性。

综合考虑结构的几何非线性和风荷载的非线性,基于有限元软件 ANSYS,采用内外双重迭代和增量结合的方法,实现了大跨径桥梁静风失稳的非线性分析,可对静风失稳的全过程进行跟踪。

1)成桥状态静风稳定性分析结果

针对初始攻角为 +3°、0°、-3°三种情况下的静风稳定性能做了对比计算分析,考察了初始攻角对钢桁方案桥梁结构静风稳定性的影响。分别采用线性和非线性静风稳定性分析方法,计算出成桥状态结构在不同初始攻角下的静风失稳风速(表 7.2-13),图 7.2-29 ~ 图 7.2-31 为结构在静风失稳过程中跨中位移随风速的变化情况。三种初始攻角下,静风临界失稳风速均满足规范要求,这表明结构具有良好的静风稳定性。

成桥状态静风失稳风速(单位:m/s)　　　　　表 7.2-13

计算方法	初始攻角/°		
	0	+3	-3
二维线性	235	—	—
三维非线性	231	262	219

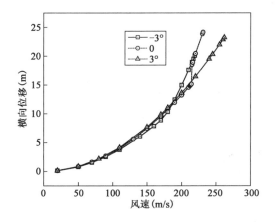

图 7.2-29 加劲梁跨中横向位移随风速的变化

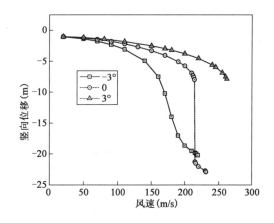

图 7.2-30 加劲梁跨中竖向位移随风速的变化

2)施工状态静风稳定性分析

通过三维非线性计算,取中跨悬臂端部为观测点,对比分析了两种施工方案下 -3°、0°、+3°三种攻角下第六、第八施工序的静风稳定性能。

(1)第 6 道工序

第六施工序工况描述如下:边跨施工到结合段已浇筑,与锚固段间仅余 2m;合龙段,劲性骨架尚未施工;中跨侧施工到 7 号;索张拉完,两侧钢梁支架均已落架,形成最大双悬臂;主墩支座临时固结的自由度为 V_x, V_y, V_z, R_x, R_y;主墩支座释放的自由度为 R_z(主梁的竖弯),工况示意图如图 7.2-32 所示。

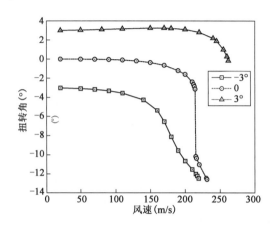

图 7.2-31 加劲梁跨中扭转角随风速的变化

图 7.2-32 第八施工序施工示意图

计算结果表明:

①对于方案一,0°攻角下风速高于 360m/s、+3°攻角下风速高于 360m/s 时,加劲梁端部横向、扭转变形快速增大,为明显的失稳现象;-3°攻角下风速高于 350m/s 时,加劲梁仍未失稳。

②对于方案二,-3°、0°、+3°初始风攻角下,风速高于 470m/s 时,均未出现明显的静风失稳现象,表明方案二的静风失稳风速高于 470m/s。

③方案一、二第六施工序的静风失稳风速均高于 300m/s,均高于静风稳定性检验风速 58.6m/s,表明两种方案下第六施工序均具有良好的静风稳定性能。-3°、0°、+3°攻角下,方案二的静风失稳风速均高于方案一,表明第六施工序方案二的静风稳定性能优于方案一,这应该与塔梁结合处的约束形式有关。

(2)第 8 道工序

最大单悬臂状态,除锚固段支架外其他均已落架;16 对斜拉索全部张拉,中跨劲性骨架尚未施工;主墩支座临时固结的自由度为 V_x, V_y, V_z, R_x, R_y;主墩支座释放的自由度为 R_z(主梁的竖弯)。第八工序施工工况示意图如图 7.2-33 所示。

计算结果表明:

①对于方案一,0°攻角下风速高于 250 m/s、+3°攻角下风速高于 250m/s 时,加劲梁端部竖向、扭转变形快速增大,为明显的失稳现象。-3°攻角下风速高于 300m/s 时,结构仍未出现明显的失稳现象。

②对于方案二，-3°攻角下风速高于200m/s、0°攻角下风速高于270m/s、+3°攻角下风速高于250m/s时，加劲梁端部竖向、扭转变形快速增大，为明显的失稳现象。

③方案一、方案二第八施工序静风失稳风速均高于200 m/s，均高于静风稳定性检验风速58.6m/s，表明两种方案下第八施工序均具有良好的静风稳定性能。-3°攻角下，方案一的静风失稳风速高于方案二；0°、+3°攻角下，方案二的静风失稳风速均高于方案一。

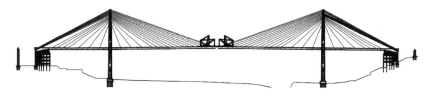

图 7.2-33　第八施工序施工示意图

7.2.9　成桥状态风致静动力响应

根据前面介绍的分析方法和参数，利用团队自主研发的软件BANSYS，分别计算了基准风速下成桥状态结构的静风响应及抖振响应。

1）成桥状态静风响应

成桥状态加劲梁关键节点的静风位移汇总如表7.2-14所示。对于加劲梁，分别提取了加劲梁左右锚跨跨中、左右1/4中跨和中跨跨中五个关键节点的位移。加劲梁所有节点的位移响应如图7.2-34～图7.2-36所示。

加劲梁关键截面静风位移汇总　　　　　　　　　表7.2-14

各关键截面位移	横向位移(mm)	竖向位移(mm)	扭转角(rad)
左锚跨跨中	3.40	-0.22	9.50×10^{-5}
左1/4中跨	111.0	-30.50	7.24×10^{-4}
中跨跨中	167.0	-41.80	2.00×10^{-4}
右1/4中跨	112.0	-30.50	7.18×10^{-4}
右锚跨跨中	3.06	-0.18	5.80×10^{-5}

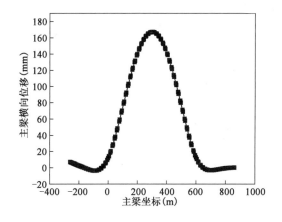

图 7.2-34　加劲梁横向位移

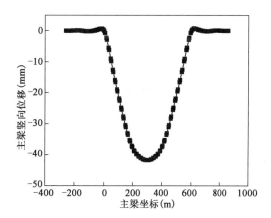

图 7.2-35　加劲梁竖向位移

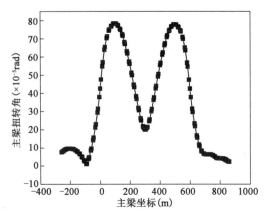

图 7.2-36　加劲梁扭转角

由表可知,设计基准风速下,成桥状态的最大静风响应位于跨中位置处,横向位移为167mm、竖向位移为41.8mm、扭转角为0.0002rad,这是因为该桥为自锚式悬索桥,加劲梁为了满足抗压性能,具有较高的横向刚度、扭转刚度。

2) 成桥状态抖振响应

成桥状态加劲梁关键截面的静风内力汇总如表 7.2-15 所示。

结构关键截面静风内力汇总　　　　　　　　　　　　　　　表 7.2-15

各关键截面内力	F_x(kN)	F_y(kN)	F_z(kN)	M_x(kN·m)	M_y(kN·m)	M_z(kN·m)
左锚跨跨中	1210.0	-7.6	596.0	-1090.0	26500.0	462.0
左1/4中跨	1210.0	-10.8	-643.0	-739.0	-39800.0	558.0
中跨跨中	1210.0	-7.6	0.5	70.9	-86300.0	1450.0
右1/4中跨	1210.0	-6.9	676.0	876.0	-40200.0	556.0
右锚跨跨中	1210.0	-3.0	-600.0	244.0	21300.0	479.0

由表可知,设计风速下,该桥的加劲梁静风轴力为1210kN,这是因为该桥为自锚式悬索桥,加劲梁初始承受巨大的水平压力,加劲梁的轴力变化对变形较为敏感,风荷载作用下引起的加劲梁轴力较之初始轴力仍然非常小。边墩、锚固墩、桥塔对加劲梁的约束,导致约束处加劲梁的剪力、弯矩发生突变。横向剪力最大值为10.8kN,竖向剪力最大值为676.0kN,扭矩最大值为1090kN·m,竖向弯矩最大值为39800kN·m,横向弯矩最大值为1450kN·m。

3) 最不利施工态静风响应

最不利施工状态加劲梁关键节点的抖振位移汇总如表 7.2-16 所示。对于加劲梁,分别提取了加劲梁左锚跨跨中、左1/4中跨和中跨跨中三个关键节点的位移。加劲梁所有节点的位移响应如图 7.2-37~图 7.2-39 所示。

加劲梁关键截面静风位移汇总　　　　　　　　　　　　　　表 7.2-16

各关键截面位移	横向位移(mm)	竖向位移(mm)	扭转角(rad)
左锚跨跨中	0.0	0.0	0.0
左1/4中跨	35.5	-11.7	-7.04E-05
中跨跨中	122.2	-29.8	-1.37E-04

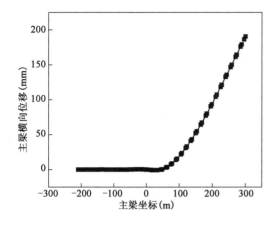
图 7.2-37 劲梁横向位移

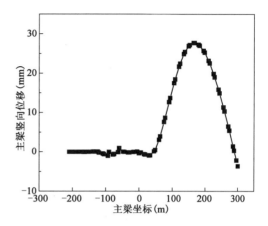
图 7.2-38 加劲梁竖向位移

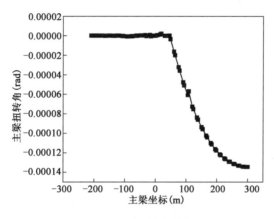
图 7.2-39 加劲梁扭转角

由表可知,设计基准风速下,施工状态的最大静风横向、竖向、扭转位移均发生于跨中位置处,最大值分别为 122mm、29.8mm、0.0137rad。

4)最不利施工态抖振响应

最不利施工状态加劲梁关键截面的抖振内力汇总如表 7.2-17 所示。

结构关键截面静风内力汇总　　　　表 7.2-17

各关键截面内力	F_x(kN)	F_y(kN)	F_z(kN)	M_x(kN·m)	M_y(kN·m)	M_z(kN·m)
左锚跨跨中	515.0	33.9	252.0	51.8	5.6	69.5
左 1/4 中跨	619.0	46.0	899.0	2980.0	78500.0	2750.0
中跨跨中	0.1	8.4	23.5	53.5	101.0	36.3

由表可知,设计风速下,该桥最不利施工状态的加劲梁抖振内力为 619kN。横向、竖向最大剪力发生在 1/4 跨处,最大值分别为 46kN、899kN。加劲梁扭矩最大值为 2980kN·m,竖向弯矩最大值为 78500kN·m,横向弯矩最大值为 2750kN·m,分别发生在 1/4 跨处。

7.3 研究结论

通过对重庆鹅公岩轨道大桥桥址区风特性及结构动力特性的分析,可得出以下结论:

(1)重庆鹅公岩轨道大桥桥址区属 C 类地表粗糙度类型,地表粗糙度影响系数 α 可取为 0.22,桥面高度处的设计基准风速(100 年一遇的 10min 平均年最大风速)为 31.8m/s。

(2)通过节段模型风洞试验,得出如下结论:

①-3°、0°、+3°三个风攻角条件下,考虑和不考虑旧桥影响时,成桥状态和施工状态的颤振临界风速均高于颤振检验风速,满足规范要求。

②不考虑老桥影响时,竖向涡振在三种攻角条件下均满足规范要求,且振幅较小。扭转涡振振幅(发振区间为 33~38m/s)在 0°攻角时超限,由于扭转涡振的发振风速较高,且大于桥址区设计基本风速,因此可认为涡振性能满足要求。当考虑老桥影响时,竖向、扭转振幅随着风速增大而增大,其中扭转振幅随风速变化明显,但涡振性能满足要求。

③最不利施工状态(不考虑老桥影响),在 -3°、0°风攻角下未发生涡振,+3°风攻角下发生竖向、扭转涡振,振幅小于规范要求值。

④考虑/不考虑老桥影响下的桥梁气动力系数略有差异。受老桥影响,新建桥梁的气动力系数整体减小。老桥对新建桥梁的颤振导数有一定影响。

(3)通过全桥气弹模型风洞试验,可得出如下结论:

①均匀流条件下,自锚方案成桥状态,+3°风攻角下,跨中加劲梁在 25~35m/s 风速范围内出现了小幅度扭转振动,远小于规范要求的涡振振幅限值,其他风攻角和风向角情况下,加劲梁、桥塔未出现涡振和静风失稳的现象,加劲梁颤振、驰振满足规范要求。当自锚改为地锚的约束形式时,仍满足规范要求。

②紊流条件下,自锚方案成桥状态,在设计基准风速(31.8m/s)条件下,成桥状态的全桥气弹模型风洞试验得到的跨中竖向位移(换算到实桥的单边振幅,下同)为 282mm,横向位移全振幅约为 287mm,扭转角全振幅约为 0.27°;加劲梁 1/4 跨横向位移振幅约为 203mm,扭转角振幅约为 0.2°;桥塔设计基准风速(37.0m/s)风速下,海峡路侧号桥塔塔顶横桥向位移振幅约为 50.4mm,顺桥向位移振幅约为 40.8mm。

③均匀流条件下,最不利施工状态,在不同来流风攻角(0、±3°)和风向角(0、15°、30°)下,部分工况出现涡激振动,但幅值小于规范值,且发振风速较高。实桥主梁来流风速约为 55m/s,未出现振幅发散的颤振、驰振及静风失稳等气动失稳现象。

④最不利施工状态下,对应加劲梁设计基准风速(29.3m/s),在紊流条件下,加劲梁跨中竖向位移约为 494mm,横向位移全振幅约为 243mm,扭转角全振幅约为 0.22°;加劲梁 1/4 跨竖向位移振幅约为 96mm,横向位移振幅约为 97mm,扭转角振幅约为 0.07°;在桥塔设计基准风速(37.0m/s)条件下,海峡路侧 14 号桥塔塔顶横桥位移振幅约为 12mm,顺桥向位移振幅约为 23mm。

(4)通过裸塔气弹模型风洞试验,可得出如下结论:

①海峡路侧 14 号桥塔裸塔状态,均匀流条件下,18~30m/s 风速范围内,在 20°~50°风向角下出现顺桥向小幅涡振,但是振幅较小,其他工况、风速下均未出现振幅发散的驰振等气动

失稳现象。

②海峡路侧14号桥塔裸塔状态,紊流条件下,在桥塔设计基准风速(34.0m/s)时,海峡路侧号桥塔塔顶横桥向位移约为213mm,对应风向角为$\beta=40°$;设计风速下塔顶顺桥向位移约为161mm,相应风向角为$\beta=90°$。

(5)通过静风稳定分析和风致静动力分析,可得出如下结论:

①该桥成桥状态和最不利施工状态的静风失稳风速远高于检验风速。

②成桥状态,横向静风作用下,根据自主研发软件BANSYS计算得到的加劲梁最大横向、竖向位移发生在跨中位置处,分别为167mm、41.8mm,最大扭转位移发生在1/4跨位置处,为7.24×10^{-4}rad。轴向压力最大值为1210kN,横向剪力最大值为10.8kN,竖向剪力最大值为676.0kN,扭矩最大值为1090kN·m,竖向弯矩最大值为39800kN·m,横向弯矩最大值为1450kN·m。

③成桥状态,脉动风作用下,根据自主研发软件BANSYS计算得到的加劲梁最大横向发生在跨中位置处,为203mm,最大竖向位移和扭转位移发生在1/4跨处,分别为58.4mm和8.54×10^{-4}rad。轴向压力最大值为1070kN,横向剪力最大值为69.8kN,竖向剪力最大值为882kN,扭矩最大值为2360kN·m,竖向弯矩最大值为112000kN·m,横向弯矩最大值为5370kN·m。

④最不利施工状态下,静风作用下,根据自主研发软件BANSYS计算得到的加劲梁的最大横向、竖向、扭转位移发生在跨中位置,分别为122.2mm、29.8mm、1.37×10^{-4}rad。轴向压力最大值为540kN,横向剪力最大值为20.5kN,竖向剪力最大值为592.0kN,扭矩最大值为928kN·m,竖向弯矩最大值为42300kN·m,横向弯矩最大值为108kN·m。

⑤最不利施工状态下,脉动风作用下,根据自主研发软件BANSYS计算得到的加劲梁的最大横向、扭转位移发生在跨中位置,分别为190.7mm、1.34×10^{-4}rad,最大竖向位移发生在1/4跨位置处,为26.9mm。轴向压力最大值为619kN,横向剪力最大值为46kN,竖向剪力最大值为899kN,扭矩最大值为2980kN·m,竖向弯矩最大值为78500kN·m,横向弯矩最大值为2750kN·m。

(6)综上所述,旧桥对新建桥梁的气动力系数有一定影响,成桥状态和最不利施工态下加劲梁的颤振性能和涡振性能满足规范要求,抖振振幅满足要求;裸塔状态下未出现驰振等气动失稳现象,抖振振幅满足要求。成桥状态、两种方案最不利施工状态的静风稳定性能满足规范要求。

第8章 正交异性钢桥面板及吊杆疲劳分析

8.1 研究背景

鹅公岩轨道大桥结构为自锚式悬索桥,吊杆采用成品索,163丝 ϕ7mm,强度1770MPa,主缆截面包括91股拉索,单股127丝 ϕ5mm,强度1860MPa。边跨过渡墩处设置混凝土段,兼压重作用。主梁为钢箱梁,分为A、B、C、D四种类型,顶板、底板和斜底板的厚度从32mm变化到44mm,边腹板厚度为40mm,中腹板厚度为20mm。钢箱梁梁高4.5m,边腹板外侧间距为18.8m,横隔板间距为2.5m。

顶板上铺设双向轨道,轨道结构高度540mm。轨道下方有道床板,道床板采用现浇形式,板长度为4.7m,板宽2.3m,板均厚度0.268m,道床板中部设置4.7m×0.6m的凹槽,凹槽深度30mm,板与板之间设置10cm宽缝隙,隔振垫在道床板下采用满铺的形式,隔振垫静力地基模量0.019N/mm³,厚度为30mm。道床板如图8.1-1所示。

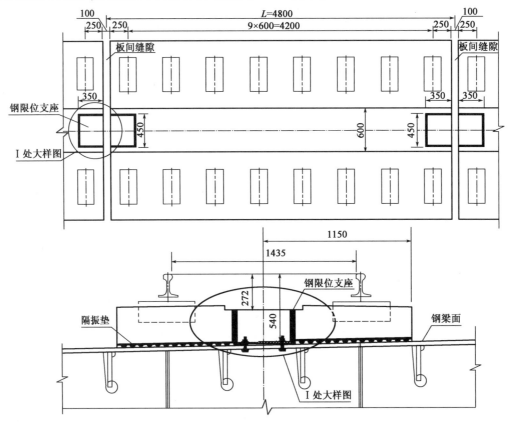

图 8.1-1 道床板构造图(尺寸单位:mm)

鹅公岩轨道大桥吊杆采用平行钢丝索股(PWS)外包聚乙烯(PE)材料的形式,下锚头直接锚固在加劲梁上,上锚头通过连接板销接在索夹耳板。除混凝土桥塔处,吊杆间距均为15m,共61对122根。吊杆的钢丝数目及规格有139ϕ7、151ϕ7、163ϕ7共三种。

近年来由于我国国民经济的快速发展,交通量、车辆重量和车速都大幅度提高,对桥梁钢结构疲劳产生很大的影响,有些桥梁的钢箱梁在使用不到10年的时间内相继出现不同的疲劳损伤、裂缝甚至破坏。如图8.1-2所示为悬索桥在使用约10年时钢桥面板出现的疲劳裂缝;如图8.1-3所示为是国内某简支钢箱梁桥在使用仅6年后钢箱梁顶板出现的疲劳裂缝,不得不拆除重建。

a)顶板与U肋的焊缝处的疲劳裂缝

b)顶板与U肋的焊缝处的疲劳裂缝

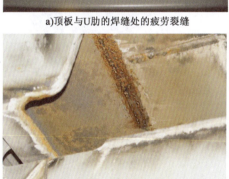
c)顶板与U肋的焊缝处的疲劳裂缝

d)U肋下端过焊孔处横隔板的疲劳裂缝

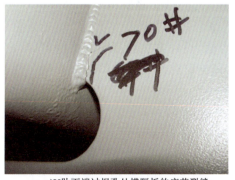
e)U肋下端过焊孔处横隔板的疲劳裂缝

f)U肋上端过焊孔处横隔板的疲劳裂缝

图 8.1-2

g)U肋上端过焊孔处横隔板的疲劳裂缝

h)U肋修补处焊缝疲劳裂缝

图 8.1-2　桥面板疲劳裂缝

图 8.1-3　简支钢箱梁桥顶板出现的疲劳裂缝

这里仅列举了很少的一些实例，类似的情况，在发达国家也有出现。例如日本阪神道路公团管辖的 1347 跨钢桥面板桥梁中，2006 年时发现有 105 跨桥梁的钢桥面板有疲劳裂纹，2007 年时增加到 142 跨，裂纹宽度大多在 0.1mm 以下，长度最长可达 100mm 左右。东京湾大桥由于重车多，比例约达到总车流量的 1/2，钢桥面疲劳损伤严重，不得不进行了大规模的维修。

虽然钢桥面板在公路桥梁中已经得到广泛应用，但是在轻轨桥梁中的应用却很少见，国内规范对轻轨疲劳荷载、钢桥面板的疲劳构造细节都没有明确的规定，缺乏相关研究资料。关于轨道交通荷载引起的钢桥面板的疲劳寿命、设计方法和预防措施的研究很少。因此，展开轨道交通荷载对钢桥面板的疲劳与预防措施研究对确保桥梁安全和耐久性是很有必要的。

自锚式悬索桥主梁自重及其所承受的车辆荷载等通过吊杆传递到主缆，主缆通过索鞍由索塔支承，两端锚固于主梁端部。吊杆是悬索桥的主要传力结构，由于防腐保护层的老化和桥梁振动，吊杆锚固处容易漏水和腐蚀，承载力降低，特别是抗疲劳性能的降低，有可能导致吊杆的突然断裂，近年我国发生多起系杆拱桥吊杆断裂的垮塌事件。同时，国内规范对轻轨疲劳荷载及腐蚀对吊杆疲劳影响没有明确的规定，缺乏相关研究资料，因此，展开轨道交通荷载及腐蚀对吊杆疲劳研究对确保桥梁安全和耐久性是很有必要的。

8.2 国内外研究现状

8.2.1 钢桥面板常见疲劳破坏形式

英国的塞文桥(Severn bridge)建成于1966年,位于英国的塞文河,采用了正交异性钢桥面板构造。正交异性桥面板板厚为11.5mm,下设U形闭口加劲肋,加劲肋板厚6mm,纵向每4.6m设置一道横隔板,横隔板腹板厚8mm,U形加劲肋在横隔板处断开并采用单面角焊缝连接在横隔板上。在通车5年后,塞文桥的桥面板中出现了三种类型的裂缝,如图8.2-1所示,分别为浮运隔板与纵肋的连接焊缝破坏、横隔板与纵肋的连接焊缝的破坏以及纵肋与桥面板的连接焊缝的疲劳破坏。

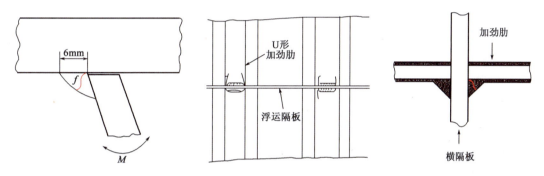

图8.2-1 英国塞文河的布里斯托尔港公路桥桥面板疲劳破坏形式

在丹麦的鹿特丹,有一座建于1990年的Second Van Brienenoord桥,由于在建成之初规范中没有对桥面板疲劳进行相关的规定,因此在设计时没有对桥面板的疲劳进行更多的考虑。在通车7年之后,即1997年该桥的桥面板中出现了许多疲劳裂缝从而导致该桥的重建,在该桥的桥面板中疲劳裂缝主要为如图8.2-2所示的裂缝形式,主要为桥面板与加劲肋连接处加劲肋内侧处的桥面板裂缝和桥面板与加劲肋的连接角焊缝两种。

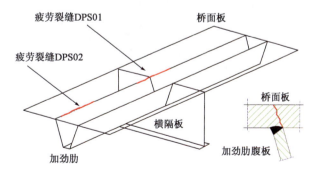

图8.2-2 Second Van Brienenoord桥顶板疲劳破坏形式

在日本,正交异性桥面板的疲劳破坏现象也屡见不鲜,如建成于1978年的Kinuura桥,是连接Takahama和Handa两座城市的一座连续梁桥。如图8.2-3所示,这座桥梁板厚8mm的U形加劲肋,采用金属衬垫的单面坡口的工地焊缝连接,2003年6月,检测人员发现纵向加劲肋的连接中发现许多疲劳裂缝,据分析,这种疲劳裂缝产生的原因是由于坡口焊缝的未完全熔透以及桥上行驶的高交通量。另外,在 Maihama 桥上,由于每天高达 80000 辆车的交通量使得该桥的正交异性钢桥面板发生了如图 8.2-4 所示的疲劳裂缝,其中包括纵向加劲肋之间的对接焊缝、纵向加劲肋与桥面板的连接焊缝、桥面板与加劲肋焊接处的桥面板顶板以及横梁腹板的过焊孔边缘处四种疲劳裂缝形式。

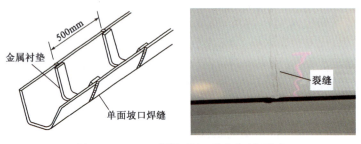

图 8.2-3 Kinuura 桥桥面板 U 肋疲劳破坏形式

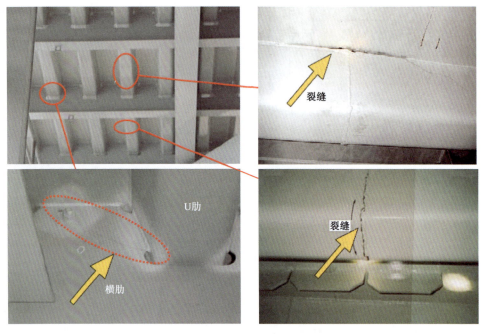

图 8.2-4 Maihama(迈哈马)桥疲劳破坏形式

20 世纪 80 年代后期开始,正交异性钢桥面板在我国迅速发展。尽管我国大量建设公路钢桥只有十几年历史,但近年来也有出现疲劳破坏现象。如图 8.2-5 所示为我国某大跨悬索桥钢桥面板疲劳破坏形式。

8.2.2 吊杆典型疲劳破坏形式

在运营过程中,雨水渗入、腐蚀介质侵入、加上疲劳荷载的作用,吊索常会发生生锈、腐蚀甚至断裂,以下列举一些典型的吊索体系病害类型和实例。

綦江区彩虹桥位于綦江县城古南镇綦河上,是一座连接新旧城区的跨河人行桥,1996 年 2

月竣工。该桥为中承式钢管混凝土提篮拱桥，桥长 140m，主拱净跨 120m，桥面总宽 6m，净宽 5.5m。桥面由吊杆、横梁及门架支承，吊杆锚固采用群锚体系，锚具型号为 YCMl5-3。1999 年 1 月 4 日，桥梁吊杆断裂，彩虹桥垮塌（图 8.2-6），使用寿命仅 2 年零 222 天。这次因工程质量导致的重大责任事故，共造成 40 人死亡，其中包括 18 名年轻武警战士，直接经济损失 628 万余元。

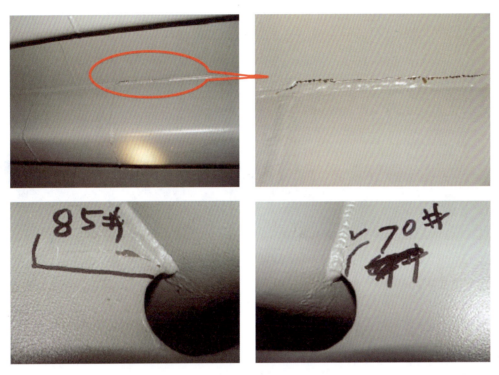

图 8.2-5 国内某大桥疲劳破坏形式

图 8.2-6 綦江区彩虹桥垮塌

宜宾小南门桥主桥系中承式钢筋混凝土肋拱桥，矢度 1/5，是建桥当时国内跨径最大的钢筋混凝土拱桥。该桥桥面系分两部分，中部 180m 范围为钢筋混凝土连续桥面，预制横梁及空心板组成"飘浮式"桥面系，用 12 根柔性吊杆将桥面悬挂于拱肋；两端各 30m 为钢筋混凝土门式框架。两拱肋间桥面以下部分设置3道剪刀撑以加强侧向刚度,桥面以上部分设置两道K式横撑与拱肋组成框架。主拱基础为分离式拱架。该桥采用劲性钢骨架施工法,缆索吊装。1990年建成。2001年11月7日凌晨4点,从四川南部宜宾进入云南的咽喉要道宜宾南门大桥发生悬索及桥面断裂事故,桥两端同时塌陷,造成交通及市外通信中断。造成事故的是连接拱体和桥面预制板的4对8根钢缆吊杆断裂,北端长约10m、南端长20余米的桥面预制板发生坍塌。两边的断裂处都是在主桥与引桥的结合点,恰恰也是吊桥动态与静态的结合点。因受力不均,一边垮塌后,桥面的支撑力发生波浪形摆动,造成另一边也发生垮塌,如图8.2-7所示。

图8.2-7　宜宾小南门桥主垮塌

江苏省常州运村运河大桥于1997年10月建成通车,属下承式系杆拱桥,主桥跨径52.8m,宽2×10.2m,为上下行分离式桥梁。2007年05月13日凌晨5:15左右,大桥西半幅桥梁突然发生坍塌,如图8.2-8所示。

图8.2-8　江苏常州运村运河大桥垮塌

新疆库尔勒孔雀河大桥位于新疆巴音郭楞蒙古自治州首府库尔勒市郊,是314国道跨越孔雀河的一座重要桥梁,于1998年建成通车,是一座中承式大跨径钢管混凝土拱桥。2011年4月12日5时30分大桥垮塌,如图8.2-9所示。

福建武夷山公馆大桥1999年11月20日竣工通车,为中承式钢架拱桥,上部结构为3孔中承式悬链线等截面(拱脚处截面加高加厚)钢筋混凝土箱型无铰拱拱桥,设两墩两台,中间跨径100m,两边跨径80m,全长301m,宽18m(车行道12m,人行道6m)荷载为汽20,

挂 100;总投资约 1700 万元。2011 年 7 月 14 日早上 8 时 50 分许,武夷山公馆大桥北端轰然垮塌,一辆正在桥上行驶的旅游大巴车坠入桥下,造成 1 名驾驶员当场死亡,其余 22 人受伤。事故原因为桥梁个别或部分吊杆断裂,导致桥面荷载失去承载而发生桥面垮塌,如图 8.2-10 所示。

图 8.2-9　新疆库尔勒孔雀河大桥垮塌

图 8.2-10　福建武夷山公馆大桥垮塌

广东九江大桥是主跨为 2×160m 独塔斜拉桥,斜拉桥拉索采用平行钢丝外加 PE 保护层结构形式。该桥在施工过程中未采用橡胶滚轮等保护措施,拉索被损伤,留下了安全隐患。该桥运营了十多年后,对主桥斜拉桥进行了全面检测,检测范围包括梁、拉索、索力和箱梁体外索等。经检查发现近 70% 的拉索 PE 护层有不同程度的损坏,严重的已有剥落现象并有大量钢丝锈渣,个别 PE 护套内甚至有水流出,最严重的钢丝断丝已达 1/3 数量。

因此必须严格规范现场施工人员的作业方式,禁止暴力施工或不加保护地对吊索进行起吊运输,防止吊索产生人为损害。

吊索的锚固系统是把桥梁荷载传递给塔和梁的主要构件,其锚固部位的安全性及耐久性对整个桥梁的耐久性起着关键的作用。某些早期的斜拉桥及拱桥,对锚头部位不进行有效防护,锚具无保护罩,施工结束后直接用水泥材料封锚,水进入锚杯,导致锚具严重锈蚀且钢丝镦头也已全部锈蚀,如图 8.2-11、图 8.2-12 所示。

图 8.2-11　锚具锈蚀

a)水泥封锚　　　　　　　　　　　　b)锚具及钢丝镦头严重锈蚀

图 8.2-12　锚具及钢丝锈蚀

如表 8.2-1、表 8.2-2 所示分别为国外、国内桥梁吊索体系病害问题。

国外桥梁吊索体系病害　　　　　　　　　　　　　　　表 8.2-1

桥　名	地　点	建成时间(年)	出现问题的时间(年)	出现的问题
General Rafael Urdaneta 桥	委内瑞拉	1962	1979	吊索锈断
Kohlbrand 桥	德国	1974	1976	吊索锈断
St. Nazaire 桥	法国	1975	1978	吊索锈蚀
布宜诺斯艾利斯某桥	阿根廷	1976	1978	PE(聚乙烯)裂缝
Pasco-Kennewick 桥	美国	1978	2001	吊索锈蚀
Hale Boggs 桥	美国	1983	1986	HDPE(高密度聚乙烯)纵向裂缝

国内桥梁吊索体系病害　　　　　　　　　　　　　　　表 8.2-2

桥　名	建成时间(年)	出现问题的时间(年)	出现的问题
上海新五桥	1975	1991	保护层开裂、钢丝锈蚀
广西来宾红水河铁路桥	1981	1994	吊索锈蚀

续上表

桥　　名	建成时间(年)	出现问题的时间(年)	出现的问题
山东济南黄河大桥	1982	1995	吊索锈断
上海恒丰北路桥	1987	2001	吊索锈蚀
广东九江大桥	1988	2000	吊索锈蚀
广州海印大桥	1988	1995	吊索锈蚀
重庆石门大桥	1988	2005	吊索锈蚀
安徽蚌埠淮河公路桥	1989	2005	PE 严重破损
四川犍为岷江桥	1990	2000	吊索锈蚀
四川宜宾小南门大桥	1990	2001	吊索断裂 3 人死亡,3 人受伤
杨浦大桥	1993	2000	护套出现脱层
云南三达地怒江大桥	1994	2004	吊索锈蚀
南宁白沙大桥	1995	2003	护筒积水、锚具锈蚀
綦江区彩虹桥	1996	1999	吊杆断裂、40 人死亡
珠海淇澳大桥	2001	2003	PE 断裂、锚具保护罩破裂、锚头严重锈蚀
常州运村运河大桥	1997	2007	吊杆断裂西半幅桥突然坍塌
杭州钱塘江三桥	1997	2002	PE 出现裂纹
武汉月湖大桥	1998	2002	PE 断裂
库尔勒孔雀河大桥	1998	2011	吊杆断裂
厦门海沧大桥	1999	2000	吊索出现环向裂纹,锚具漏水
武夷山公馆大桥	1999	2011	吊杆断裂、大桥北端突然垮塌,造成 1 人死亡,22 人受伤

8.3　研　究　内　容

针对鹅公岩轨道大桥的正交异性钢桥面板和吊杆的疲劳特性进行研究,内容如下:
(1)轨道交通疲劳设计荷载模型。
(2)钢桥面板受力特性与典型疲劳破坏形式。
(3)轨道交通路面结构形式对钢桥面板疲劳影响。
(4)轨道交通荷载作用下钢桥面板典型构造细节的疲劳寿命与抗疲劳构造措施。
(5)吊杆典型疲劳破坏形式。
(6)轨道交通荷载作用下吊杆受力特性与疲劳寿命分析。
(7)轨道交通荷载作用下吊杆锚箱连接疲劳寿命分析。

8.3.1　轨道交通疲劳设计荷载

钢结构的疲劳破坏是疲劳裂纹的发生→扩展→断裂过程,它与荷载产生的应力历程和构造细节的抗疲劳强度紧密相关。钢桥面板的疲劳计算与静力强度计算不同,需要考虑在结构预期使用期内车辆荷载作用的历程。

根据重庆市的环线桥梁的行车量管理规划,预计在不同的时期里采用不同的列车编组,初期和近期(2028年之前)采用六辆编组列车,远期规划采用七辆编组列车。

图8.3-1中给出了列车编组的轴间距示意图,一个车厢的轴组成为2200mm + 11200mm + 2200mm,车厢间的轴间距为4400mm。六辆编组列车的组成为 Mc + Mp + M + M + Mp + Mc,七辆编组列车的组成为 Mc + Mp + M + M + M + Mp + Mc。其中,Mc 车:带有司机室的动车,具有1台动力转向架和1台无动力转向架;Mp 车:带有2台受电弓的动车,具有2台动力转向架;M车:动车,无受电弓,具有2台动力转向架。

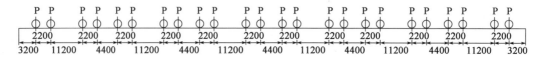

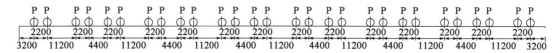

图8.3-1 列车编组轴间距示意图(尺寸单位:mm)

表8.3-1给出了在不同载客量下列车单厢和整列列车的质量。其中 AW0:空载;AW1:座席,42人/车;AW2:定员;AW3:超员。根据超重(AW3)进行计算,MP 和 M 车型超员时质量为59460kg,一个车厢有4个轴,单轴轴重为148.65kN,设计轴重150kN。

不同载客量下列车质量(kg)　　　　表8.3-1

车型	AW0	AW1	AW2	AW3
Mc	38000	40520	50720	58880
Mp、M	37500	40020	50940	59460
列车总质量(6辆编组)	226000	241120	305200	355600
列车总质量(7辆编组)	263500	281140	356140	415060

疲劳设计荷载如图8.3-2所示,每辆车有4个150kN的车轴,车轴分布为2.2m + 11.2m + 2.2m,车辆间距4.4m。2028年以前每列车按6辆编组计算,2028年以后按7辆编组计算。荷载传力途径为轻轨列车轮载作用在钢轨上,钢轨将列车轮载传递到混凝土道床板中,混凝土道床板下方有橡胶垫层,将荷载分散到钢箱梁顶板上。

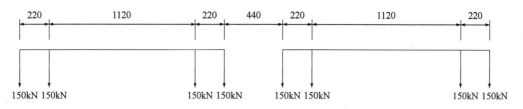

图8.3-2 设计疲劳车轴重分布(尺寸单位:cm)

8.3.2 正交异性钢桥面板疲劳

1)计算模型与受力特性

根据桥面系的传力途径,再考虑有限元模型的建模过程的复杂性,准备将整个传力途径分为两个部分。

第一部分为轴重荷载 P 由钢轨通过垫块传递到道床板上,轨道由道床板上的垫块支承,钢轨简化为连续梁,垫块简化为支座,计算垫块处反力。每块道床板长 4.9m,各道床板相互断开,间隙 0.1m,考虑前后道床板的影响,选取了三块道床板作为分析对象,列车按移动荷载计算,近期与远期的疲劳车分别为六节和七节列车,车轮间距分布为 2.2m + 11.2m + 2.2m。

第二部分是将钢轨垫块支反力 R 传递到道床板上,道床板再将荷载传递到钢箱梁顶板上,该过程的计算模型如图 8.3-3 所示。道床板与钢箱梁之间有 30mm 厚的隔振垫,静力地基模量 0.019N/mm^3,采用弹簧单元进行模拟。桥梁结构采用子结构模型有限元方法,子结构模型的位置选择在自锚式悬索桥结构跨中四分之一点处,有限元模型如图 8.3-4 所示。

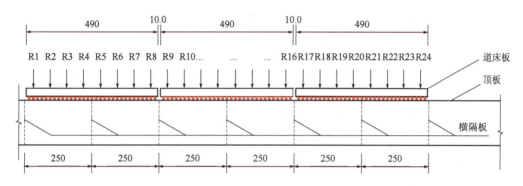

图 8.3-3 轨道支反力传递到道床板上加载示意图(尺寸单位:cm)

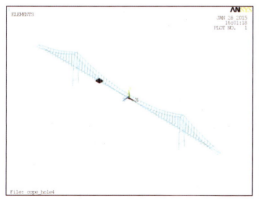 

图 8.3-4 有限元模型示意图

对鹅公岩轨道交通桥的桥面板进行受力分析,首先确定最不利的加载位置。工况 A 为间距 2.2m 的轴组作用在道床板一侧靠近边缘处,此时道床板会产生刚体转动,造成顶板局部的应力较大。工况 B 为轴距刚好骑跨道床板中心线,此时道床板只产生竖向的位移。最大的应力出现在双车轴加载在道床板一侧时(工况 A),纵桥向的应力为 27.6MPa,横桥向最大应力为 22.12MPa。工况 B 纵桥向最大应力为 22.35MPa,横桥向应力最大值 13.79MPa。

2) 钢桥面板疲劳应力幅

如图 8.3-5 所示,研究道床板边缘下方中圆圈中标出位置的开口加劲肋处疲劳细节。开口加劲肋的疲劳细节如图 8.3-6 所示,主要分为五种,分别是开口加劲肋与顶板相交位置,其中包括疲劳细节 1、疲劳细节 2 和疲劳细节 3,开口加劲肋与横隔板焊接下端(即疲劳细节 4),以及开口加劲肋过焊孔边缘位置疲劳细节 5。针对这五种疲劳损伤形式,对如图 8.3-7 所示的活载应力幅进行计算分析,分别为顶板下缘横桥向应力、横隔板横桥向应力和开孔边缘主应力。

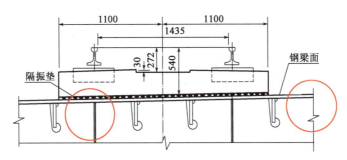

图 8.3-5 疲劳细节研究位置(尺寸单位:mm)

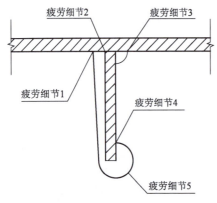

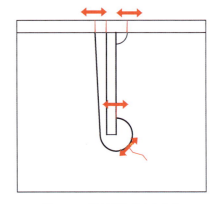

图 8.3-6 开口加劲肋疲劳细节　　　　图 8.3-7 引起裂纹的应力方向

根据原设计方案,道床板与钢桥面板间设置橡胶垫层,对疲劳细节的应力历程进行计算分析。道床板在钢箱梁顶板上的位置可能对疲劳细节有不同的影响,以横隔板作为参照对道床板进行布置。钢箱梁横隔板间距为 2.5m,横隔板有两种形式,实腹式横隔板和横肋板(中空的横隔板)。这两种横隔板交替分布在钢箱梁中作为横向加劲。

采用应力历程和雨流法计算得到单节车厢通过后对应疲劳细节以上各疲劳细节的应力幅。计算接工表明,疲劳细节中应力幅值最大的位置均在过焊孔边缘处,最大应力幅值 14.7MPa。

对于混凝土道床板与钢桥面板之间采用剪力钉连接的组合结构形式,在有限元模型中将混凝土道床板与钢桥面板之间采用固结约束的方法进行模拟。计算可知,混凝土道床板与钢桥面板之间采用剪力钉连接对钢桥面板应力幅的影响不明显。组合结构钢桥面板的疲劳细节最大应力幅12.9MPa,出现在开口加劲肋开孔边缘处。

计算结果表明,道床板与钢桥面间设置橡胶垫层结构,以及道床板与钢桥面形成组合结构的两种结构形式,对钢桥面板疲劳细节最大应力幅影响不大,最大应力幅均小于疲劳强度的截止疲劳极限,结构满足疲劳极限状态要求。

3) 过焊孔形对钢桥面板疲劳寿命的影响

将欧洲规范推荐的开口加劲肋苹果形过焊孔构造与本桥设计的钥匙形过焊孔构造的疲劳特性进行对比分析。欧洲规范推荐的开口加劲肋的构造细节要求和计算的构造细节如图8.3-8所示。

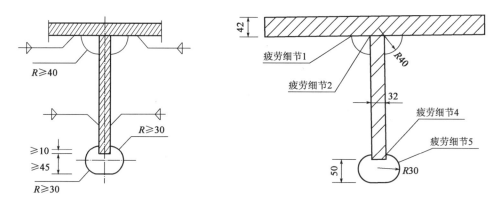

图 8.3-8 欧洲规范 Eurocode 3 推荐的开口加劲肋构造细节(尺寸单位:mm)

本桥设计方案的钥匙形过焊孔形状结构以及比较方案的苹果形过焊孔形状结构,活荷载作用下横隔板处的各疲劳细节的最大应力幅值如表8.3-2所示。由表可知,开口加劲肋过焊孔形状对疲劳细节5(开孔边缘处)的最大应力幅影响最大,其他疲劳细节影响不明显。

不同钢桥面板过焊孔形状疲劳细节最大应力幅的比较(MPa)　　表 8.3-2

疲劳细节	横隔板3		横隔板4		横隔板5	
	苹果形	钥匙形	苹果形	钥匙形	苹果形	钥匙形
D_L1	3.72	0.2	0.58	0.1	4.63	0.2
D_L2	1.04	2.9	1.25	9.3	3.11	3.8
D_L3	—	1.8	—	6.2	—	2.5
D_L4	0.5	1.0	1.57	0.2	2.33	0.2
D_L5	5.12	10.4	2.26	13.0	2.52	7.4
D_R1	1.15	0.2	1.46	0.4	2.64	0.2
D_R2	2.44	3.5	1.2	5.2	2.94	2.3
D_R3	—	0.2	—	3.8	—	2.0
D_R4	0.5	0.2	1.89	0.2	2.22	0.2
D_R5	3.35	8.1	2.18	2.9	3.65	4.3

计算得到苹果形过焊孔边缘处的应力幅较小,但是,钥匙形过焊孔制作安装较为简单,最大应力幅均小于疲劳强度的截止疲劳极限,结构满足疲劳极限状态要求,钥匙形开孔是可行的。

8.3.3 轨道交通荷载作用下吊杆受力特性与疲劳寿命分析

本章采用单位力加载计算吊杆应力影响线,对单向行驶及双向行驶两种荷载工况进行计算得到吊杆应力历程,利用雨流法对应力历程进行计数得到吊杆应力幅谱,最后根据欧洲规范EuroCode 3 计算吊杆疲劳损伤度及疲劳寿命。

1)吊杆疲劳计算模型与方法

计算模型如图 8.3-9 所示,由钢主梁单元、混凝土主梁单元(为便于计算,钢混结合段偏安全地按照混凝土主梁截面进行建模)、桥塔单元、主缆单元、吊索单元、刚臂单元组成。钢主梁、混凝土主梁、桥塔单元均采用 beam44 单元模拟,拉索及主缆采用 beam188 单元模拟。刚臂采用 beam44 单元模拟,其弹性模量取钢加劲梁模量的 1000 倍。

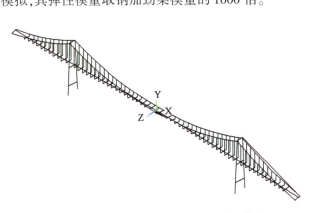

图 8.3-9 鹅公岩轨道大桥杆系有限元全桥模型

边界条件为桥塔底部采用全固结处理;桥塔顶部与主缆的索鞍处,主缆在鞍座里不能滑移,采用纵桥向耦合处理;在加劲梁与桥塔横梁的支座部位,采用纵桥向及横桥向的耦合约束处理以模拟支座。在主缆与主梁的锚固处,采用刚臂将主缆与混凝土主梁端部进行连接。在加劲梁及吊杆的锚固处,采用刚臂将加劲梁与吊杆下端部进行连接。

钢主梁材料为 Q345D 钢材,弹性模量为 2.06×10^5 MPa,泊松比为 0.3。混凝土主梁、桥塔材料为 C60,弹性模量为 3.45×10^4 MPa,泊松比为 0.167。主缆及吊杆材料为高强钢丝,弹性模量为 1.95×10^5 MPa,泊松比为 0.3。

2)吊杆应力影响线

在计算吊杆影响线时,为了考虑几何非线性及应力刚化,本书研究采用了两种加载情况:一是考虑结构恒载,并且沿纵桥向每 5m 施加一个大小为 10kN 且作用于车道中心的竖向单位力,并且同时在该处施加一个 $10\text{kN} \times 2.6\text{m} = 26\text{kN} \cdot \text{m}$ 的扭矩以模拟荷载偏心的情况。二是仅考虑结构恒载。计算上述两种加载情况下各吊杆所有加载步的应力差即可得到各吊杆的应力影响线。典型位置处吊杆(M-31 为跨中吊杆,LM-12 为桥塔附近处吊杆,LS-1 为边跨端部吊杆)的应力影响线如图 4.6.2 所示,其中坐标原点为桥梁的中点。从图 8.3-10 可以看出,各吊杆影响线中的同号部分较长,达 400~900m。并且由于自锚式悬索桥主缆的刚度相对加劲梁的刚度很小,因此能够使得列车荷载可以比较均匀地分配到较多吊杆上。图 8.3-10 列出 3 种不同位置吊杆的吊杆力影响线,中跨跨中区域吊杆力影响线为单峰型,边跨为双峰型。

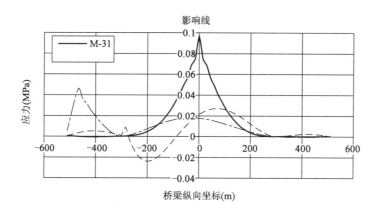

图 8.3-10 吊杆应力影响线(尺寸单位:MPa)

3) 吊杆应力历程

据此,本书研究共考虑两种荷载工况:一是仅有一列车处于桥上的情况;二是有两列车在桥上会车。由于会车位置较难确定,因此本书研究偏安全地假定荷载工况二的会车位置均处于各计算吊杆处相应的纵桥向位置。由此计算得到典型位置处吊杆的应力履历(图 8.3-11),可以从图上看出,荷载状况一的应力履历峰值约为荷载工况二的 1/2。

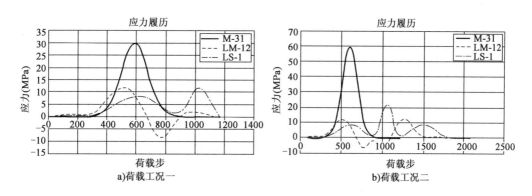

图 8.3-11 吊杆应力履历

4) 吊杆应力幅值谱

计算得到吊杆在 100 年的设计年限时的疲劳损伤以及最终的疲劳寿命,如表 8.3-3 所示。双车交会时 LM-28 吊杆的 100 年疲劳损伤度在所有吊杆中最大为 0.1036,因此疲劳寿命为 965 年,所有吊杆的疲劳寿命均较大,其原因可能为:①自锚式悬索桥恒载所占比例较大;②自锚式悬索桥主缆的刚度相对加劲梁的刚度很小,因此能够使得列车荷载可以比较均匀地分配到较多吊杆上,说明在桥梁服役期内鹅公岩轨道大桥吊杆满足疲劳设计的要求。

吊杆100年疲劳损伤及疲劳寿命 表8.3-3

吊杆编号	100年疲劳损伤		疲劳寿命（年）		吊杆编号	100年疲劳损伤		疲劳寿命（年）	
	荷载工况一	荷载工况二	荷载工况一	荷载工况二		荷载工况一	荷载工况二	荷载工况一	荷载工况二
LS-1	1.4×10^{-6}	1.4×10^{-4}	7.4×10^7	7.2×10^5	LM-12	3.2×10^{-5}	1.9×10^{-4}	3.1×10^6	5.2×10^6
LS-2	3.6×10^{-6}	3.1×10^{-4}	2.7×10^7	3.2×10^5	LM-13	4.7×10^{-5}	1.0×10^{-4}	2.1×10^6	9.8×10^5
LS-3	7.2×10^{-5}	8.9×10^{-4}	1.4×10^6	1.1×10^5	LM-14	5.6×10^{-6}	1.1×10^{-5}	1.8×10^7	9.0×10^6
LS-4	1.4×10^{-5}	8.3×10^{-4}	7.1×10^6	1.2×10^5	LM-15	8.1×10^{-6}	1.6×10^{-5}	1.2×10^7	6.4×10^6
LS-5	1.0×10^{-5}	1.2×10^{-3}	9.7×10^6	8.7×10^4	LM-16	1.8×10^{-5}	2.5×10^{-4}	5.5×10^6	4.1×10^5
LS-6	5.3×10^{-6}	4.6×10^{-4}	1.9×10^7	2.2×10^5	LM-17	1.1×10^{-5}	4.2×10^{-4}	8.9×10^6	2.4×10^5
LS-7	2.5×10^{-6}	9.6×10^{-5}	4.0×10^7	1.0×10^6	LM-18	4.5×10^{-5}	1.9×10^{-3}	2.2×10^6	5.3×10^4
LS-8	5.9×10^{-6}	1.2×10^{-5}	1.7×10^7	8.4×10^6	LM-19	1.0×10^{-4}	5.1×10^{-3}	9.7×10^5	2.0×10^4
LS-9	1.0×10^{-5}	2.1×10^{-5}	9.7×10^6	4.8×10^6	LM-20	1.5×10^{-5}	9.0×10^{-3}	6.8×10^5	1.1×10^4
LS-10	8.4×10^{-5}	1.1×10^{-4}	1.2×10^6	9.3×10^5	LM-21	1.7×10^{-5}	1.2×10^{-2}	6.0×10^5	8.2×10^3
LS-11	3.9×10^{-5}	2.4×10^{-5}	2.5×10^6	4.2×10^6	LM-22	2.0×10^{-4}	1.6×10^{-2}	5.1×10^5	6.3×10^3
					LM-23	2.4×10^{-4}	1.1×10^{-2}	4.1×10^5	8.9×10^3
					LM-24	2.5×10^{-4}	5.0×10^{-2}	4.0×10^5	2.0×10^3
					LM-25	2.6×10^{-4}	5.6×10^{-2}	3.8×10^5	1.8×10^3
					LM-26	3.6×10^{-4}	7.8×10^{-2}	2.8×10^5	1.3×10^3
					LM-27	3.4×10^{-4}	7.6×10^{-2}	2.9×10^5	1.3×10^3
					LM-28	4.6×10^{-4}	0.1036	2.2×10^5	965
					LM-29	3.9×10^{-4}	9.1×10^{-2}	2.6×10^5	1.1×10^3
					LM-30	3.5×10^{-4}	4.2×10^{-2}	2.8×10^5	2.4×10^3
					M-31	3.5×10^{-4}	7.9×10^{-2}	2.9×10^5	1.3×10^3

5）吊杆弯曲效应的影响

在仅考虑轴力及同时考虑轴力及弯矩这两种情况下，其吊杆疲劳寿命相对偏差最大值为5.2%。因此可以认为在计算自锚式悬索桥的吊杆疲劳寿命时，其弯曲效应的影响可以忽略不计，如表8.3-4所示。

吊杆疲劳寿命比较 表8.3-4

吊杆编号	仅考虑轴力（年）	考虑轴力及弯矩（年）	相对偏差（%）	吊杆编号	仅考虑轴力（年）	考虑轴力及弯矩（年）	相对偏差（%）
LS-1	7.47×10^3	7.19×10^3	4.0	LM-12	5.41×10^6	5.25×10^6	3.1
LS-2	3.35×10^3	3.18×10^3	5.2	LM-13	1.01×10^6	9.77×10^5	3.2
LS-3	1.18×10^3	1.12×10^3	5.2	LM-14	9.26×10^6	8.96×10^6	3.4
LS-4	1.24×10^3	1.20×10^3	3.2	LM-15	6.66×10^6	6.41×10^6	3.8
LS-5	8.84×10^2	8.66×10^2	2.1	LM-16	4.23×10^5	4.07×10^5	4.1
LS-6	2.30×10^3	2.19×10^3	5.2	LM-17	2.50×10^5	2.40×10^5	4.1
LS-7	1.09×10^4	1.04×10^4	4.6	LM-18	5.33×10^4	5.27×10^4	1.1
LS-8	8.65×10^4	8.38×10^4	3.3	LM-19	2.01×10^4	1.97×10^4	2.5
LS-9	5.08×10^4	4.84×10^4	5.0	LM-20	1.13×10^4	1.11×10^4	2.5
LS-10	9.51×10^3	9.29×10^3	2.3	LM-21	8.49×10^3	8.19×10^3	3.7
LS-11	4.33×10^4	4.20×10^4	3.0	LM-22	6.47×10^3	6.25×10^3	3.5

续上表

吊杆编号	仅考虑轴力（年）	考虑轴力及弯矩(年)	相对偏差（%）	吊杆编号	仅考虑轴力（年）	考虑轴力及弯矩(年)	相对偏差（%）
				LM-23	9.06×10^3	8.85×10^3	2.3
				LM-24	2.08×10^3	2.02×10^3	3.1
				LM-25	1.85×10^3	1.79×10^3	3.6
				LM-26	1.29×10^3	1.29×10^3	0.2
				LM-27	1.35×10^3	1.32×10^3	2.3
				LM-28	9.98×10^2	9.66×10^2	3.3
				LM-29	1.11×10^3	1.09×10^3	1.5
				LM-30	2.45×10^3	2.36×10^3	3.9
				M-31	1.33×10^3	1.27×10^3	4.9

8.3.4 轨道交通荷载作用下吊杆锚箱疲劳寿命分析

本章首先以同济大学博士学位论文《大跨径桥梁钢锚箱式拉索锚固结构受力机理与设计方法》中的简化公式为依据，进行基于剪应力幅的计算分析；其次用有限元进行基于正应力幅的疲劳分析。

1) 基于简化公式的疲劳寿命分析

钢锚箱支撑板与承压板连接处焊缝为疲劳最不利细节，如图 8.3-12 所示。因此计算该连接处焊缝应力，得出疲劳寿命，作为钢锚箱疲劳寿命。

支撑板与承压板连接处焊缝剪应力计算图示如图 8.3-13 所示，支撑板与梁体焊接位置剪应力分布相对均匀，锚下位置应力较高，从锚下到锚箱尾部均匀减小，锚箱尾部存在应力集中，剪应力有局部峰值。计算剪应力时，可近似地将锚箱视为由承压板和支撑板构成的 π 形深梁，承压板构成 π 形梁翼缘，支撑板构成 π 形梁腹板。

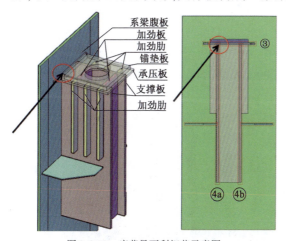

图 8.3-12 疲劳最不利细节示意图

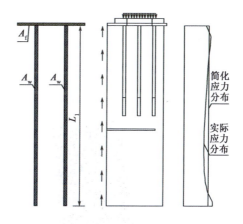

图 8.3-13 焊缝剪应力简化计算简图

深梁的剪应力的计算比较复杂，且受到锚头局部效应和与梁体腹板连接位置边界条件的影响，计算所得的结果需要修正。为方便计算，可忽略 π 形梁翼缘即承压板的抗剪作用，近似认为剪力由 π 形梁腹板即支撑板承担，将支撑板与梁体焊接位置剪应力分布简化为均匀分

布。π形梁截面腹板面积,即支撑板的承剪面积 A_{web} 可由下式计算:

$$A_{web} = nL_1t_3 = 2 \times 2128 \times 40 = 170240(\text{mm}^2) \quad (8.3\text{-}1)$$

式中:n——支撑板的数量;

L_1——支撑板的与腹板的焊缝长度;

t_3——支撑板的厚度。

支撑板与承压板连接处焊缝剪应力 τ 可表达为:

$$\tau = \lambda_2 \cdot \frac{F}{A_{web}} = 1.1 \times \frac{F}{170240}(\text{MPa}) \quad (8.3\text{-}2)$$

式中:λ_2——支撑板锚下剪应力修正系数,偏安全地取为1.1。

在已知吊杆应力幅值 $\Delta\sigma_{吊杆}$ 后,支撑板与承压板连接处焊缝剪应力幅值 $\Delta\tau_{焊缝}$ 可表达为:

$$\Delta\tau_{焊缝} = 1.1 \cdot \frac{\Delta\sigma_{吊杆} \cdot A_{吊杆}}{170240} = 6.46 \times 10^{-6} \times (\Delta\sigma_{吊杆} \times A_{吊杆}) \quad (8.3\text{-}3)$$

式中:$A_{吊杆}$——吊杆的横截面积。

钢锚箱支撑板与承压板连接处焊接属于承载焊接接头中的全熔透对接焊缝,$l = 75\text{mm}$,$t = 35\text{mm}$,根据《公路钢结构桥梁设计规范》(JTG D64—2015),细节类别为70。

《公路钢结构桥梁设计规范》(JTG D64—2015)中的剪应力幅 $S\text{-}N$ 曲线是单斜率有疲劳截止限的形式。细节类别为70的剪应力幅截至疲劳极限为32.0MPa。

根据式(8.3-3)中计算公式以及吊杆面积与吊杆应力幅值,可以计算出荷载工况一、二下,LS-1 ~ M-31 吊杆的钢锚箱中支撑板与承压板连接处焊缝剪应力幅值,最大应力幅值为:

$$\Delta\tau_{焊缝\max} = 2.01\text{MPa} < 32.0\text{MPa} \quad (8.3\text{-}4)$$

因此可认为钢锚箱支撑板与承压板连接处焊缝疲劳寿命满足要求,钢锚箱疲劳寿命满足要求。

2)基于有限元模型的疲劳寿命分析

本书研究采用有限元软件 ANSYS 建立模型,如图 8.3-14 所示。钢锚箱采用空间实体单元 solid185 模拟,分别建立锚垫板、承压板、支撑板、加劲肋以及边腹板,模型共361866个单元。模型的边界条件采用将边腹板不与锚箱连接的面固结,与实际相对应,加载时在锚垫板处施加均匀面荷载。

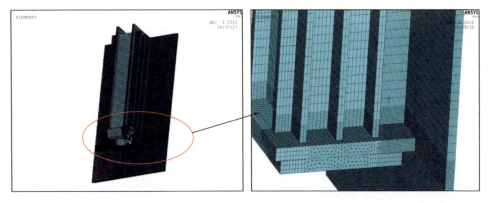

图 8.3-14　钢锚箱有限元模型

模型在承压板、支撑板、边腹板交界处,即关心位置采用 5mm 的网格进行加密,该位置上下 100mm 内采用 20mm 的网格进行加密,其余位置采用 40mm 的网格进行加密。钢锚箱采用 Q345D 钢材,弹性模量 $E = 2.06 \times 10^{11}$ Pa,泊松比取 0.3。

根据吊杆应力幅值计算出,荷载工况一、二下,LS-1～M-31 吊杆拉力最大变化值为 58kN,因此在锚垫板处施加均匀面荷载为:

$$P = \frac{58}{645 \times 575 - \frac{\pi}{4} \times 284^2} = 0.188(\text{MPa}) \tag{8.3-5}$$

采用有限元方法求得支撑板与承压板连接处焊缝最大正应力 $\sigma = 3.48$ MPa。

《公路钢结构桥梁设计规范》(JTG D64—2015)中的正应力幅 S-N 曲线是双斜率有疲劳截止限的形式。其中构造细节的疲劳等级是根据 S-N 曲线中的 200 万次循环对应的应力幅命名,常幅疲劳极限指应力循环 500 万次对应的应力幅值,而截止疲劳极限即 10000 万次相应的应力幅循环的幅值。

细节类别为 70 的常幅疲劳极限为 52.3 MPa,截至疲劳极限为 28.7MPa。

因此最大正应力幅值为:

$$\Delta\sigma_{\max} = 3.48\text{MPa} < 28.7\text{MPa} \tag{8.3-6}$$

因此可认为钢锚箱支撑板与承压板连接处焊缝疲劳寿命满足要求,钢锚箱疲劳寿命满足要求。

8.4 结 论

8.4.1 钢桥面板疲劳

在国内外正交异性钢桥面板疲劳破坏现象调查的基础上,总结了钢桥面板常见的疲劳破坏形式。采用有限元分析软件 ANSYS 建立整桥杆系与局部板壳子结构模型,对钢桥面板疲劳荷载效应进行分析,得到该疲劳细节的应力影响线。参考欧洲规范,基于线性累积损伤准则,对钢桥面板规定的五种疲劳细节损伤度进行分析。其主要结论如下:

(1)将钢桥面板典型的疲劳病害按闭口加劲肋和开口加劲肋分为以下几种形式。闭口加劲肋中的裂纹有:顶板与闭口肋焊缝处的纵向裂缝,闭口肋与顶板焊缝的纵向裂缝,闭口肋下端过焊孔处横隔板裂缝,闭口肋对接焊缝处裂缝,闭口肋上端过焊孔处闭口肋的裂缝,腹板竖向加劲肋与顶板焊接处的顶板裂缝。开口加劲肋的裂纹形式有:顶板与开口加劲肋相交位置的裂缝,开口加劲肋下端过焊孔处横隔板裂缝,开口加劲肋横隔板开孔边缘裂纹。

(2)道床板与钢桥面间设置橡胶垫层以及道床板与钢桥面形成组合结构两种结构形式对钢桥面板疲劳细节最大应力幅影响不大,最大应力幅均小于疲劳强度的截止疲劳极限,结构满足疲劳极限状态要求。

(3)开口加劲肋过焊孔形状对开孔边缘处的最大应力幅影响最大,其他疲劳细节影响不明显。计算得到苹果形过焊孔边缘处的应力幅较小,但是,钥匙形过焊孔制作安装较为简单,最大应力幅均小于疲劳强度的截止疲劳极限,结构满足疲劳极限状态要求,钥匙形开孔是可行的。

8.4.2 吊杆疲劳

在国内外吊杆破坏现象调查的基础上,总结了吊杆常见的疲劳破坏形式。采用有限元分析软件 ANSYS 建立整桥杆系,对吊杆疲劳荷载效应进行分析,得到该吊杆疲劳应力影响线。参考我国规范,基于线性累积损伤准则,对吊杆疲劳寿命进行分析。其主要结论如下：

(1)利用 ANSYS 计算得到鹅公岩轨道大桥吊杆的应力影响线,且得出吊杆影响线同号范围在 400~900m 之间。且跨中区域为单峰形式影响线,并逐渐向边跨双峰形式影响线过渡。

(2)由于自锚式悬索桥主缆的刚度相对加劲梁的刚度很小,因此能够使得列车荷载可以比较均匀地分配到吊杆上。

(3)利用鹅公岩轨道大桥轻轨设计荷载进行疲劳加载,得到各吊杆的应力幅值谱及疲劳损伤度,并据此进行吊杆疲劳安全性能评价,结果满足规范要求,最短的吊杆疲劳寿命达到 965 年。

(4)吊索的弯曲效应对吊杆疲劳损伤度约为 5.2%,可以忽略弯曲效应的影响。

8.4.3 吊杆锚箱疲劳

利用简化公式与有限元模型,计算了钢锚箱与钢箱梁外侧面板连接焊缝的剪应力幅与正应力幅,均低于疲劳细节的截止疲劳极限,钢锚箱的疲劳寿命满足规范要求。

第9章 主桥抗震性能研究

9.1 研究背景

最近的30余年,全球发生了许多次大地震,造成了非常惨重的生命财产损失,如1971年美国San Fernando 地震(M6.6)、1976年中国唐山大地震(M7.8)、1989年美国Loma Prieta 地震(M7.0)、1994年美国Northridge 地震(M6.7)、1995年日本阪神大地震(M7.2)、1999年中国台湾集集地震,2008年中国汶川大地震以及2011年日本的3.11大地震。在这几次大地震中,由于桥梁工程遭到严重破坏,切断了震区交通生命线,造成救灾工作的巨大困难,使次生灾害加重,导致了巨大的经济损失。这几次大地震一再显示了桥梁工程破坏的严重后果,反映出桥梁结构地震的易损性,因此,各国政府越来越关注桥梁的抗震性能。

多次震害表明:桥梁结构的各部件在地震作用下的易损性是不相同的,地震引起桥梁结构的主要破坏和损伤现象主要包括:①因支承连接件失效、破坏引起上部结构坠毁(图9.1-1、图9.1-2);②支承连接件破坏:桥梁支座、伸缩缝和剪力键等支承连接件历来被认为是桥梁结构体系中抗震性能比较薄弱的一个环节;③桥塔(图9.1-3)、桥台、桥墩破坏,严重的破坏现象包括墩台的倒塌、断裂和严重倾斜;④基础破坏。

图9.1-1 Northridge 地震奥克兰海湾大桥一跨落梁

图9.1-2 圣费南多地震中立交桥梁跨坠毁

图9.1-3 中国台湾集集地震集鹿大桥桥面以上桥塔局部破坏

鹅公岩轨道大桥位于重庆轨道环线南环段，海峡路站和谢家湾站区间，桥位紧邻1997年建成通车的鹅公岩长江东路大桥上游，是轨道环线的关键控制性工程。鹅公岩轨道大桥全桥长约1630m，其中主桥为自锚式悬索，跨径布置为20m+210m+600m+210m+50m；由于本桥结构主跨达到600m，现行桥梁抗震设计规范主要适用于主跨跨径150m及以下的桥梁。重庆轨道交通环线作为重要的民生工程，促进了城市立体交通体系的快速建成，有效缓解了城市交通拥堵，为市民提供了高效优质的出行服务。鹅公岩长江大桥是重庆轨道交通环线重点工程，对整个交通环线正常运行具有关键性作用，对其进行抗震性能研究，保证地震作用下的结构安全，具有重大意义。

9.2　国内外研究现状

早期结构抗震计算采用的是静力理论，即忽略了地面运动特性与结构的动力特性因素，简单地把结构在地震时的动力反应视作静力作用于结构物上进行抗震计算。随后的地震震害资料分析和对地震作用的深入研究，抗震计算的静力理论越来越暴露出它的不合理程度。20世纪40年代，对地震作用提出了反应谱理论，50年代后已被各国的抗震规范所应用。反应谱法仅适用于线弹性结构，但在计算最大地震力时，同时考虑了地面运动和结构的动力特性，比静力法有很大的进步，但由于反应谱仅能给出结构各振型反应的最大值，而丢失了与最大值有关且对振型组合又非常重要的信息，如最大值发生的时间及其正负号，使得各振型最大值的组合陷入困境。因此，对大跨径桥梁，即使结构是处于线弹性状态，反应谱方法仍不能完全代替时程分析方法。

进入20世纪80年代后，随着计算机技术的广泛应用和强震记录的增多，动态时程非线性分析方法得到了很好的应用。动态时程分析法采用多节点多自由度的结构有限元动力计算图式，把地震强迫振动的激振——地震加速度时程直接输入，应用专门计算程序对结构进行地震时程动力反应分析。动态时程分析法可以考虑各种不同的因素，诸如结构的各种复杂非线性因素、结构-地基-土的相互作用、地震波相位差及不同地震波多分量多点输入，以及分块阻尼等问题，使桥梁抗震计算分析结果更加符合实际震害现象。我国同济大学从20世纪70年代末开始，率先对桥梁地震动态时程分析法和大跨径桥梁的抗震理论进行了系统研究，开发了桥梁抗震分析综合程序IPSABS，可以根据用户的选择进行桥梁结构的动力特性分析、反应谱分析以及线性和非线性时程反应分析。其中，非线性时程反应分析可以考虑影响大跨径桥梁结构地震反应的各种因素，包括多点激振、非比例阻尼问题、各种非线性因素以及桩-土-结构相互作用等。该程序被应用于上海南浦大桥、杨浦大桥、江阴长江公路大桥、润扬长江公路大桥、上海市卢浦大桥、苏通长江大桥、南京长江二桥、南京长江三桥、广州市丫髻沙特大拱桥、杭州湾通道等我国50余座大型桥梁的抗震分析和研究。

大跨桥梁结构不同于一般结构，结构周期长、空间性强、构件种类多，高阶振型对结构地震反应影响很大且复杂。由于缺乏对大跨径桥梁基于性能设计理论和方法的研究，对大跨径桥梁工程的抗震设计主要是在结构整体层次来控制各组成构件的地震力和变形。在20世纪90年代，国内范立础院士结合南浦大桥、杨浦大桥等一批国家重大工程的建设，建立了两水平设防、两阶段设计的大跨径桥梁抗震设计方法；近年来，在总结了50多座大跨径桥梁抗震研究成果的基础上,进一步提出基于寿命期与性能的大跨径桥梁抗震设计方法,完善了大跨径桥梁抗震设计理论与方法。基于性能的大跨径桥梁抗震设计方法是基于工程寿命期内结构各构件的重要性、可修性、可换性和地震破坏后的修复(抢修)难易程度而对不同构件采取不同抗震设防水平和性能要求的抗震设计方法与技术。基于性能的大跨径桥梁抗震设计方法已应用于苏通长江大桥、马鞍山长江大桥、上海长江大桥等多座重大桥梁的抗震设计中。如同济大学在对苏通长江大桥和马鞍山长江大桥等进行抗震研究时,基于对结构各部分的重要性、可检性、可修性分析,针对不同概率地震设防水准、不同的结构组成部件,制定相应的性能目标,要求:主塔、基础、主梁等结构重要受力构件在地震水平Ⅰ(950年重现期)作用下基本不发生损伤,结构保持在弹性范围工作;在地震水平Ⅱ(2500年重现期)作用下虽然局部可发生可修复的损伤;而边墩,桥梁结构中比较容易修复的构件在地震水平Ⅰ可发生局部可发生可修复的损伤;在地震水平Ⅱ(2500年重现期)作用下,利用延性抗震,震后可以修复,可供紧急救援车辆通过。

自锚式悬索桥由于结构造型优美、对地形和地质状况适应性强,在城市桥梁建设中得到较多的应用。这类结构的特点是主缆直接锚固至加劲梁的两端,主缆的水平拉力由加劲梁来承受,加劲梁的变形又对主缆的水平拉力产生影响。通过对自锚式悬索桥的动力特性进行分析,研究得出自锚式悬索桥基频较高、振型特征与传统悬索桥差异较大的结论。

由于自锚式悬索桥大部分质量集中在桥面系,所以塔-梁连接方式对全桥的振动特性和地震响应具有重要影响。在纵桥向,与斜拉桥类似,自锚式悬索桥多采用滑动体系,结构基频较长,塔柱受力较小,在桥塔和主梁间设置黏滞阻尼器能有效减小梁体位移,且不增加塔柱受力,因而纵向抗震性能一般较好。在横桥向,自锚式悬索桥多采用固定体系,结构刚度较大,在强震作用下桥塔横向地震响应相对较大,南京长江隧道工程独柱塔自锚式悬索桥采用弹塑性阻尼支座减小独塔自锚式悬索桥的横向减震设计,减震效果明显。

美国设计和建造的新奥克兰海湾桥是一座主跨为385m独塔自锚式悬索桥,其主塔由4根立柱组成,立柱间采用剪切耗能装置连接(图9.2-1)。由于这座桥位于强地震区,美国Caltrans、T. Y. Lin国际公司及Nevada Reno大学对该桥的抗震性能进行了一系列深入研究,采用二阶段抗震设计,要求桥梁结构在功能评估地震(Functional evaluation earthquake,地震重现期100年)作用下基本不发生损伤,结构保持弹性;在安全评估地震(Safety Evaluation Earthquake,地震重现期2500年)作用下,主塔立柱仅发生最小损伤(Minimum Damage),主要通过剪切耗能装置发生弹塑性变形来耗散地震能量,地震后对于已发生损伤的剪切耗能装置则可以很容易地更换。新奥克兰海湾桥具体的抗震设防目标见表9.2-1。

图9.2-1 新奥克兰海湾桥及其主塔剪切耗能装置连接

新奥克兰海湾桥的抗震性能目标 表9.2-1

概率水平	功能性评价	性能目标
P1:100年重现期	震后不经修复保持完全通行能力	结构总体在弹性范围工作,基本无损伤
P2:2500年重现期	震后简单修复后保持通行能力	局部发生可修复损伤

为了减小大跨径缆索承重桥梁结构主塔的地震反应,国内外对于桥梁结构体系(塔、梁、墩的合理连接方式)进行了大量研究,目前研究较多的塔、梁连接方式主要有:弹性连接、动力锁紧装置(Lock-Up)连接和液压阻尼器(黏滞阻尼器)连接等。我国许多大跨径斜拉桥,如苏通长江大桥、武汉天兴洲公铁两用大桥、望东长江大桥等主梁与桥塔间均采用了液压阻尼器连接,取得了良好的减震效果。

9.3 研 究 内 容

9.3.1 抗震设防标准、性能目标与地震动输入

1)抗震设防标准、性能目标

目前,多级设防的抗震设计思想已被广泛接受。其中,两水准设防、两阶段设计的抗震设计方法(两水平的抗震设计方法)较为成熟。我国绝大部分特大跨径桥梁的抗震设计都是采用两水准设防两阶段设计的抗震设计方法进行的,用结构是否满足强度和延性要求来判断结构的抗震安全性。确定工程的抗震设防标准是一项经济性和政策性很强的工作,既要保证大桥的抗震安全性,又不致使造价增加太多,所以,需要在经济与安全之间进行合理平衡,这是桥梁抗震设防的合理原则。

根据重庆市地震工程研究所提供的《重庆轨道交通环线鹅公岩轨道大桥场地地震安全性评价报告》中的地震动参数,对鹅公岩轨道大桥按《城市桥梁抗震设计规范》(CJJ 166—2011)中甲类桥梁,E1地震作用采用50年超越概率10%地震动,E2地震作用采用50年超越概率2%地震动。参考《城市桥梁抗震设计规范》(CJJ 166—2011)相关条款以及类似桥梁的研究成果,桥梁相应的性能目标确定为具体抗震设防标准可参见表9.3-1。

抗震设防标准及性能目标 表9.3-1

设防地震概率水平	结构性能要求
E1地震作用(50年10%)	不发生损坏
E2地震作用(50年2%)	可发生局部轻微损伤,经修复后可继续使用

2)地震动输入

(1)反应谱

根据重庆市地震工程研究所提供的《重庆轨道交通环线鹅公岩轨道大桥场地地震安全性评价报告》,在抗震分析中,取地表50年10%(E1地震作用)和50年2%(E2地震作用)超越

概率下的加速度反应谱作为水平地震荷载,竖向地震荷载取水平地震荷载的0.65。水平加速度反应谱计算见式(9.3-1)、式(9.3-2),表9.3-2给出了相关计算参数,图9.3-1给出了反应谱形状,其中反应谱的阻尼比为0.02。

$$S_a(T) = \begin{cases} A_{\max} \times \left[1 + \dfrac{\beta_m - 1}{T_0 - 0.04}(T - 0.04)\right] & 0.04s < T \leq T_0 \\ A_{\max} \times \beta_m & T_0 < T \leq T_g \\ A_{\max} \times \beta_m \left(\dfrac{T_g}{T}\right)^C & T_g < T \leq 6s \end{cases} \quad (9.3\text{-}1)$$

式中:T——反应谱周期;

$A_{\max}$——峰值加速度;

T_0、T_g——反应谱拐点周期;

$S_a(T)$——周期为T时的反应谱值;

β_m——相对反应谱最大值;

C——衰减指数。

由于自锚式悬索桥的阻尼比取为0.02,还需要乘以阻尼调整系数。根据《城市桥梁抗震设计规范》(CJJ 166—2011),阻尼修正系数的计算公式为:

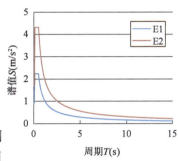

图9.3-1 地震动加速度反应谱

$$C_d = 1 + \frac{0.05 - \xi}{0.06 + 1.7\xi} = 1 + \frac{0.05 - 0.02}{0.06 + 1.7 \times 0.02} = 1.32 \quad (9.3\text{-}2)$$

反应谱参数取值　　　　表9.3-2

超越概率	参数					
	β_m	C_d	$A_{\max}$(m/s²)	T_0(s)	T_g(s)	C
E1(50年10%)	2.5	1.32	0.675	0.10	0.50	0.9
E2(50年2%)	2.5	1.32	1.301	0.10	0.50	0.9

(2)加速度时程

根据提供的桥址地表处人工合成的工程场地抗震设计地震动时程,典型的50年超越概率10%和50年超越概率2%加速度时程波如图9.3-2和图9.3-3所示。进行时程分析时,选择其中的3条地震动进行时程分析,最终反应结果取3条波结果的最大值。

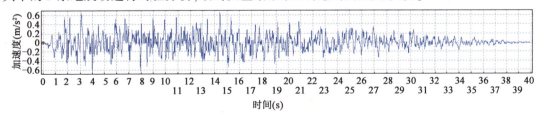

图9.3-2 水平向加速度时程曲线(50年超越概率10%)

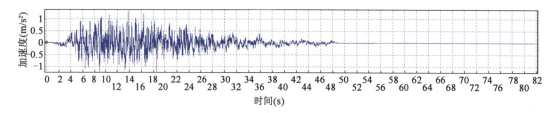

图 9.3-3 水平向加速度时程曲线(50 年超越概率 2%)

9.3.2 结构动力模型及动力特性

1)结构动力模型

(1)主梁、主塔、桥墩、主缆和吊索模拟

在模型中,主梁、主塔、桥墩和主缆均采用梁单元模拟,吊索采用杆单元模拟。其中主梁采用单主梁式力学模型,并通过刚臂和吊索相连接;承台近似按刚体模拟,其质量堆聚在承台质心;墩底与承台中心及桩顶中心节点用主从相连。主梁的一期恒载和二期恒载以线质量的形式加在梁单元上。

(2)支承连接条件的模拟

纵桥向左右支座均为纵向滑动支座,并在主梁与桥塔相接处设置纵向阻尼器;在正常使用情况下辅助墩和过渡墩处均保证主梁横向固定,而在主塔处主梁可以横向滑动,各桥墩上支座的布置如图 9.3-4 所示。

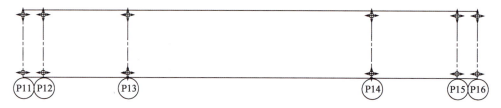

图 9.3-4 鹅公岩轨道大桥支座布置平面图

(3)桩基础的模拟

在桥梁地震反应分析中,桩基础的常用处理方法是在承台底加六个方向的弹簧来模拟桩基础的作用(图 9.3-5),并由承台底部内力按静力方法(m 法)反推单桩最不利受力。弹簧刚

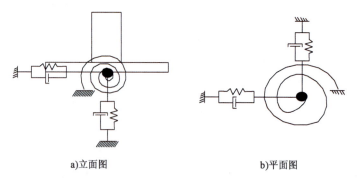

a)立面图　　　　　　b)平面图

图 9.3-5 桩基础的六弹簧模型

度根据土层状况和桩的布置形式按静力等效原则确定,由土性资料确定 m 值,这种处理方法在低桩承台桩基础中广泛采用。本书研究采用六弹簧模型模拟各群桩基础的影响,各桩基础的弹簧刚度见表9.3-3。

全桥各群桩基础的弹簧刚度　　　　　　表9.3-3

墩　号	U_x(kN/m)	U_y(kN/m)	U_z(kN/m)	θ_x(kN·m/rad)	θ_y(kN·m/rad)	θ_z(kN·m/rad)
PM11(过渡墩)	1.81×10^6	1.82×10^6	2.67×10^7	2.554×10^8	2.554×10^8	3.556×10^7
PM12(辅助墩)	1.86×10^6	1.86×10^6	2.67×10^7	8.237×10^8	8.237×10^8	1.156×10^8
PM13(主塔)	1.67×10^7	1.67×10^7	1.99×10^8	5.115×10^9	5.115×10^9	8.672×10^8
PM14(主塔)	1.48×10^7	1.48×10^7	1.99×10^8	5.105×10^9	5.105×10^9	7.750×10^8
PM15(辅助墩)	1.86×10^6	1.86×10^6	2.67×10^7	8.237×10^8	8.237×10^8	1.156×10^8
PM16(过渡墩)	1.81×10^6	1.81×10^6	2.67×10^7	2.554×10^8	2.554×10^9	3.556×10^7

注:1. x 为纵桥向,y 为横桥向,z 为竖向;
　2. U_x、U_y、U_z、θ_x、θ_y 和 θ_z 分别代表沿 x、y 和 z 轴的平动刚度和转动刚度。

(4)阻尼器模拟

非线性动力模型需要考虑黏滞性阻尼器的非线性特性。鹅公岩轨道大桥在纵桥向设置了阻尼器,因此需要对鹅公岩轨道大桥进行非线性时程分析来评价阻尼器对桥梁的影响。对结构进行非线性时程分析时,所采用的模型是在反应谱弹性模型的基础上在每个桥塔和主梁之间加两个非线性阻尼器。阻尼器恢复力特性可用下式表示:

$$F = CV^\alpha \tag{9.3-3}$$

式中:F——阻尼力(kN);
　C——阻尼系数[kN/(m/s)$^\alpha$],主要与阻尼孔开孔面积有关;
　V——阻尼器相对速度(m/s);
　α——速度指数(其取值范围为0.1~2.0,土木工程实际中常用值一般在0.3~1.0范围内),主要与硅油物理力学性质有关。

本书研究中,在每塔采用2个黏滞阻尼器,单个阻尼器参数见表9.3-4。

阻尼器设计参数　　　　　　表9.3-4

名　称	阻尼限位装置	名　称	阻尼限位装置
力与速度函数	$F = CV^\alpha$	阻尼系数 C[kN/(m/s)$^{0.3}$]	5000
速度指数 α	0.3		

对鹅公岩轨道大桥悬索桥设计方案进行线性动力反应分析的有限元模型如图9.3-6所示,主桥东西侧考虑一联引桥的耦联作用,东侧引桥为 2×35m 预应力混凝土连续小箱梁桥,西侧引桥为 35.53m + 41m + 41m 变跨径预应力混凝土连续小箱梁桥。总体坐标系以顺桥向为 x 轴,横桥向为 y 轴,竖向为 z 轴;各单元局部坐标系以单元轴向为1轴(从I节点指向J节点),3轴保持水平且垂直于1轴,2轴按右手螺旋准则确定。

2)动力特性

分析和认识桥梁结构的动力特性是进行桥梁结构抗震性能分析的基础和重要环节,为此,采用前述结构计算模型,对结构进行了动力特性分析。

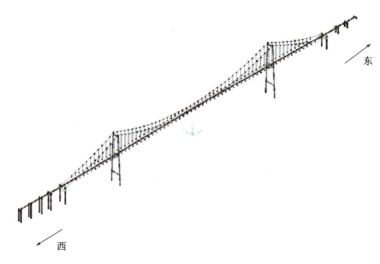

图 9.3-6　结构有限元模型

表 9.3-5 列出了鹅公岩轨道大桥主要振型及对应的周期和频率。由表 9.3-5 可见,桥梁结构的基本周期为 12.41s,而设计反应谱的最长周期为 15s,已包含了所需的长周期成分。

鹅公岩轨道大桥动力特性　　　　　　　　　　表 9.3-5

振型阶数	周期(s)	频率(Hz)	振型特征
1	12.41	0.08	主梁纵向振动
2	6.48	0.15	主梁竖向振动
3	6.15	0.16	主梁横向振动
4	5.41	0.18	主梁竖向振动
5	3.55	0.28	主梁竖向振动
6	2.54	0.39	桥塔横向振动
7	2.33	0.43	主梁竖向振动
8	2.13	0.47	主塔横向振动
9	1.88	0.53	主梁竖向振动
10	1.83	0.55	主缆横向振动
25	1.227	0.815	桥塔纵向振动

9.3.3　反应谱分析

在主桥动力特性分析所采用的有限元模型中,按照两阶段设防,分别输入超越概率为 50 年 10%(地震作用 E1)和 50 年 2%(地震作用 E2),阻尼比为 2% 的场地加速度反应谱,对结构进行反应谱分析,取前 500 阶振型,按 CQC 方法进行组合。地震输入采用两种方式:①纵向+竖向;②横向+竖向,竖向地震荷载取水平方向的 0.65,方向组合采用 SRSS 方法。对于该结构,在纵桥向结构除了纵坡的稍微变化外基本是对称的,在横桥向结构是对称的,左右两侧的地震反应差别很小。因此,下述地震反应分析结果中仅给出单侧结构构件的地震反应分析结果。

1) 桥塔弯矩及剪力包络图

由于 E1、E2 两概率水平地震在相同的输入方式下,桥塔弯矩包络图形状相似,故只给出了 E1 概率水平地震沿纵向 + 竖向、横向 + 竖向输入下的桥塔弯矩包络图,以便确定桥塔抗震性能验算的控制截面位置。

E1 地震作用纵向 + 竖向输入情况下桥塔弯矩及剪力包络图如图 9.3-7 和图 9.3-8 所示,E1 地震作用横向 + 竖向输入情况下桥塔弯矩及剪力包络图如图 9.3-9 和图 9.3-10 所示。

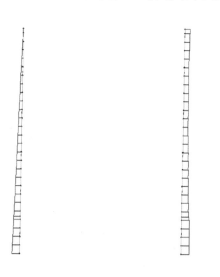

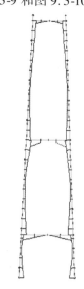

图 9.3-7　桥塔弯矩包络图　　　图 9.3-8　桥塔剪力包络图　　　图 9.3-9　桥塔弯矩包络图

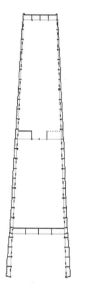
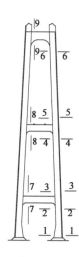

图 9.3-10　桥塔剪力包络图　　　图 9.3-11　索塔控制截面示意图

根据弯矩和剪力包络图,桥梁主塔控制截面编号以及各桥墩、桥塔编号如图9.3-11和图9.3-12所示。

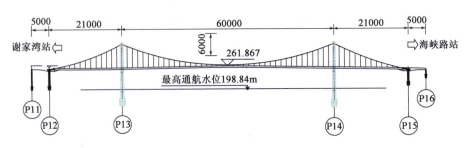

图9.3-12　鹅公岩轨道大桥桥墩、桥塔编号(尺寸单位:mm)

2) E1 地震作用下结构反应谱分析结果

(1) 纵桥向 + 竖向输入

在超越概率为50年10%的地震"纵桥向 + 竖向"输入下,采用反应谱方法计算出的主桥关键节点和支座的地震位移反应最大值如表9.3-6、表9.3-7所示。

E1 地震作用下主桥关键节点的位移反应最大值(纵向 + 竖向输入)　　　表9.3-6

地震动方向	位　　置	位移(m)
纵桥向 + 竖向	主梁-PM11 过渡墩处	0.515
	主梁-PM12 辅助墩处	0.515
	主梁-PM13 西塔处	0.516
	主梁-PM14 东塔处	0.516
	主梁-PM15 辅助墩处	0.515
	主梁-PM16 过渡墩处	0.515
	塔顶-PM13 西塔处	0.496
	塔顶-PM14 东塔处	0.503

E1 地震作用下支座位移反应最大值(纵向 + 竖向输入)　　　表9.3-7

地震动方向	支 座 位 置	位移(m)
纵桥向 + 竖向	PM11 过渡墩	0.523
	PM12 辅助墩	0.515
	PM13 西塔	0.339
	PM14 东塔	0.327
	PM15 辅助墩	0.515
	PM16 过渡墩	0.516

在超越概率为50年10%的地震"纵桥向 + 竖向"输入下,采用反应谱方法计算出的主桥各桥墩和索塔控制截面内力反应最大值如表9.3-8所示。

E1 地震作用下桥墩控制截面内力最大值(纵向+竖向输入)　　　　表 9.3-8

地震动方向	墩　号	截　面　位　置	最不利桥墩地震内力		
			轴力(kN)	剪力(kN)	弯矩(kN·m)
纵桥向+竖向	PM11 过渡墩	墩底	2452	1279	30213
	PM12 辅助墩	墩底	7538	1670	39038
	PM13 西塔	1-1 截面	10493	5587	523855
	PM14 东塔	1-1 截面	10749	5482	466406
	PM15 辅助墩	墩底	8072	1397	26596
	PM16 过渡墩	墩底	2172	1034	8750

在超越概率为 50 年 10% 的地震"纵桥向+竖向"输入下,采用反应谱方法计算出的主桥各桥墩和索塔处桩基的单桩最不利反应如表 9.3-9 所示。

E1 地震作用下桩基的单桩最不利反应(纵向+竖向输入)　　　　表 9.3-9

地震动方向	墩　号	最不利单桩地震内力		
		轴力(kN)	剪力(kN)	弯矩(kN·m)
纵桥向+竖向	PM11 过渡墩	3536	377	642
	PM12 辅助墩	4077	424	858
	PM13 西塔	17060	1089	1958
	PM14 东塔	15520	1083	2302
	PM15 辅助墩	3585	356	731.2
	PM16 过渡墩	1724	359	723

(2)横桥向+竖向输入

在超越概率为 50 年 10% 的地震"横桥向+竖向"输入下,采用反应谱方法计算出的主桥关键节点的地震位移反应最大值如表 9.3-10 所示。

E1 地震作用下主桥关键节点的位移反应最大值(横向+竖向输入)　　　　表 9.3-10

地震动方向	位　　置	位移(m)
横桥向+竖向	主梁-PM11 过渡墩处	0.042
	主梁-PM12 辅助墩处	0.031
	左边跨跨中	0.0541
	主梁-PM13 西塔处	0.059
	中跨跨中	0.323
	主梁-PM14 东塔处	0.055
	主梁-PM15 辅助墩处	0.014
	右边跨跨中	0.0463
	主梁-PM16 过渡墩处	0.004
	塔顶-PM13 西塔处	0.099
	塔顶-PM14 东塔处	0.091

在超越概率为50年10%的地震"横桥向＋竖向"输入下,采用反应谱方法计算出的主桥各桥墩和索塔控制截面内力反应最大值如表9.3-11所示。

E1 地震作用下桥墩控制截面内力最大值(横向＋竖向输入) 表9.3-11

地震动方向	墩 号	截面位置	最不利桥墩地震内力		
			轴力(kN)	剪力(kN)	弯矩(kN·m)
横桥向＋竖向	PM11 过渡墩	墩底	8495	1973	42553
	PM12 辅助墩	墩底	16780	4895	89019
	PM13 西塔	1-1 截面	35305	6549	122118
		2-2 截面	35175	5793	39305
		3-3 截面	25489	5621	146675
		4-4 截面	24583	4873	123512
		5-5 截面	9569	3358	80765
		6-6 截面	7617	966	67973
		7-7 截面	1450	10618	82823
		8-8 截面	2889	16512	66988
		9-9 截面	514	7163	35358
	PM14 东塔	1-1 截面	32096	4892	107865
		2-2 截面	31796	4809	44125
		3-3 截面	22902	4771	123406
		4-4 截面	21801	4152	104972
		5-5 截面	9324	3147	79814
		6-6 截面	7109	895	64403
		7-7 截面	1332	10058	78426
		8-8 截面	3050	14186	59563
		9-9 截面	504	6777	33472
	PM15 辅助墩	墩底	11341	3818	55157
	PM16 过渡墩	墩底	4527	2105	11456

在超越概率为50年10%的地震"横桥向＋竖向"输入下,采用反应谱方法计算出的主桥各桥墩和索塔处桩基的单桩最不利反应如表9.3-12所示。

E1 地震作用下单桩最不利反应(横向＋竖向输入) 表9.3-12

地震动方向	墩 号	最不利单桩地震内力		
		轴力(kN)	剪力(kN)	弯矩(kN·m)
横桥向＋竖向	PM11 过渡墩	6288	521.1	877.3
	PM12 辅助墩	9483	1225	2520
	PM13 西塔	9759	1229	3534
	PM14 东塔	8824	1204	3698

续上表

地震动方向	墩 号	最不利单桩地震内力		
		轴力(kN)	剪力(kN)	弯矩(kN·m)
横桥向+竖向	PM15 辅助墩	6317	956.2	1992
	PM16 过渡墩	2827	556.1	1129

3)E2 地震作用下结构的反应谱分析结果

(1)纵桥向+竖向输入

在超越概率为 50 年 2%的地震"纵桥向+竖向"输入下,采用反应谱方法计算出的主桥关键节点和支座的地震位移反应最大值如表 9.3-13 和表 9.3-14 所示。

E2 地震作用下主桥关键节点的位移反应最大值(纵向+竖向输入)   表 9.3-13

地震动方向	位 置	位移(m)
纵桥向+竖向	主梁-PM11 过渡墩处	0.992
	主梁-M12 辅助墩处	0.992
	主梁-PM13 西塔处	0.993
	主梁-PM14 东塔处	0.994
	主梁-PM15 辅助墩处	0.993
	主梁-PM16 过渡墩处	0.993
	塔顶-PM13 西塔处	0.956
	塔顶-PM14 东塔处	0.970

E2 地震作用下支座位移反应最大值(纵向+竖向输入)   表 9.3-14

地震动方向	支座位置	位移(m)
纵桥向+竖向	PM11 过渡墩	1.007
	PM12 辅助墩	0.993
	PM13 西塔	0.654
	PM14 东塔	0.629
	PM15 辅助墩	0.993
	PM16 过渡墩	0.993

在超越概率为 50 年 2%的地震"纵桥向+竖向"输入下,采用反应谱方法计算出的主桥各桥墩和索塔控制截面内力反应最大值如表 9.3-15 所示。

E2 地震作用下桥墩控制截面内力最大值(纵向+竖向输入)   表 9.3-15

地震动方向	墩 号	截面位置	最不利桥墩地震内力		
			轴力(kN)	剪力(kN)	弯矩(kN·m)
纵桥向+竖向	PM11 过渡墩	墩底	4726	2466	58231
	PM12 辅助墩	墩底	14529	3218	75242
	PM13 西塔	1-1 截面	20225	10769	1009475
	PM14 东塔	1-1 截面	20718	10566	898767

续上表

地震动方向	墩 号	截面位置	最不利桥墩地震内力		
			轴力(kN)	剪力(kN)	弯矩(kN·m)
纵桥向+竖向	PM15 辅助墩	墩底	15557	2693	51261
	PM16 过渡墩	墩底	4186	1993	16865

在超越概率为50年2%的地震"纵桥向+竖向"输入下,采用反应谱方法计算出的主桥各桥墩和索塔处桩基的单桩最不利反应如表9.3-16所示。

E2 地震作用下桩基的单桩最不利反应(纵向+竖向输入)　　　表9.3-16

地震动方向	墩 号	最不利单桩地震内力		
		轴力(kN)	剪力(kN)	弯矩(kN·m)
纵桥向+竖向	PM11 过渡墩	6815	726.5	1236
	PM12 辅助墩	7858	817	1654
	PM13 西塔	32880	2098	3774
	PM14 东塔	29920	2088	4437
	PM15 辅助墩	6910	686	1410
	PM16 过渡墩	3323	692	1394

(2)横桥向+竖向输入

在超越概率为50年2%的地震"纵桥向+竖向"输入下,采用反应谱方法计算出的主桥关键节点的地震位移反应最大值如表9.3-17所示。

E2 地震作用下主桥关键节点的位移反应最大值(横向+竖向输入)　　　表9.3-17

地震动方向	位 置	位移(m)
横桥向+竖向	主梁-PM11 过渡墩处	0.081
	主梁-PM12 辅助墩处	0.060
	左边跨跨中	0.104
	主梁-PM13 西塔处	0.113
	中跨跨中	0.626
	主梁-PM14 东塔处	0.106
	右边跨跨中	0.089
	主梁-PM15 辅助墩处	0.028
	主梁-PM16 过渡墩处	0.007
	塔顶-PM13 西塔处	0.190
	塔顶-PM14 东塔处	0.176

(3)主桥各桥墩和索塔控制截面内力反应最大值

在超越概率为50年2%的地震"纵桥向+竖向"输入下,采用反应谱方法计算出的主桥各桥墩和索塔控制截面内力反应最大值如表9.3-18所示。

E2 地震作用下桥墩控制截面内力最大值(横向+竖向输入)　　　表 9.3-18

地震动方向	墩 号	截面位置	最不利桥墩地震内力		
			轴力(kN)	剪力(kN)	弯矩(kN·m)
横桥向+竖向	PM11 过渡墩	墩底	16373	3803	82016
	PM12 辅助墩	墩底	32342	9434	171571
	PM13 西塔	1-1 截面	68043	12623	235361
		2-2 截面	67794	11165	75755
		3-3 截面	49126	10834	282688
		4-4 截面	47378	9392	238045
		5-5 截面	18442	6472	155659
		6-6 截面	14680	1861	131004
		7-7 截面	2794	20465	159626
		8-8 截面	5569	31823	129106
		9-9 截面	991	13806	68145
	PM14 东塔	1-1 截面	61859	9429	207891
		2-2 截面	61280	9269	85046
		3-3 截面	44139	9196	237842
		4-4 截面	42018	8002	202315
		5-5 截面	17970	6065	153828
		6-6 截面	13701	1726	124126
		7-7 截面	2567	19384	151152
		8-8 截面	5879	27342	114796
		9-9 截面	971	13061	64512
	PM15 辅助墩	墩底	21858	7359	106310
	PM16 过渡墩	墩底	8726	4057	22081

在超越概率为 50 年 2% 的地震"纵桥向+竖向"输入下,采用反应谱方法计算出的主桥各桥墩和索塔处桩基的单桩最不利反应如表 9.3-19 所示。

E2 地震作用下桩基的单桩最不利反应(横向+竖向输入)　　　表 9.3-19

地震动方向	墩 号	最不利单桩地震内力		
		轴力(kN)	剪力(kN)	弯矩(kN·m)
横桥向+竖向	PM11 过渡墩	12120	1004	1691
	PM12 辅助墩	18280	2361	4857
	PM13 西塔	18810	2369	6812
	PM14 东塔	17010	2321	7128
	PM15 辅助墩	12180	1843	3839
	PM16 过渡墩	5450	1072	2176

9.3.4 时程分析

在对主桥进行非线性时程地震反应分析时,分析模型考虑了索塔处纵向非线性阻尼器的影响,地震波输入方式为纵向+竖向,竖向地震输入取水平方向地震动输入值的0.65。由于该桥模型中横桥向没有非线性单元,因此横桥向没有对其进行非线性时程分析。

在纵桥向地震输入下,结构的地震反应控制截面与反应谱相同。以下表中所给出的各控制截面内力均为地震作用引起的内力反应。

1)作用下结构的时程分析结果

在超越概率为50年10%的地震"纵桥向+竖向"输入下,采用非线性时程方法计算出的主桥关键节点和支座的地震位移反应最大值分别如表9.3-20和表9.3-21所示。

E1 地震作用下主桥关键节点的位移反应最大值(纵向+竖向输入) 表9.3-20

地震动方向	位 置	位移(m)
纵桥向+竖向	主梁-PM11 过渡墩处	0.083
	主梁 PM12 辅助墩处	0.083
	主梁-PM13 西塔处	0.084
	主梁-PM14 东塔处	0.086
	主梁-PM15 辅助墩处	0.087
	主梁-PM16 过渡墩处	0.087
	塔顶-PM13 西塔处	0.090
	塔顶-PM14 东塔处	0.102

E1 地震作用下支座位移反应最大值(纵向+竖向输入) 表9.3-21

地震动方向	支座位置	位移(m)
纵桥向+竖向	PM11 过渡墩	0.049
	PM12 辅助墩	0.037
	PM13 西塔	0.045
	PM14 东塔	0.037
	PM15 辅助墩	0.064
	PM16 过渡墩	0.085

在超越概率为50年10%的地震"纵桥向+竖向"输入下,采用非线性时程方法计算出的主桥各桥墩和索塔控制截面内力反应最大值如表9.3-22所示。

E1 地震作用下桥墩控制截面内力最大值(纵向+竖向输入) 表9.3-22

地震动方向	墩 号	截面位置	最不利桥墩地震内力		
			轴力(kN)	剪力(kN)	弯矩(kN·m)
纵桥向+竖向	PM11 过渡墩	墩底	2890	911	26039
	PM12 辅助墩	墩底	7643	1752	71371
	PM13 西塔	1-1 截面	11151	5303	208469

续上表

地震动方向	墩 号	截面位置	最不利桥墩地震内力		
			轴力(kN)	剪力(kN)	弯矩(kN·m)
纵桥向+竖向	PM14 东塔	1-1 截面	12157	5077	217523
	PM15 辅助墩	墩底	8482	1823	57524
	PM16 过渡墩	墩底	2713	986	10716

在超越概率为50年10%的地震"纵桥向+竖向"输入下,采用非线性时程方法计算出的主桥各桥墩和索塔处单桩最不利反应如表9.3-23所示。

E1 地震作用下桩基的单桩最不利反应(纵向+竖向输入)　　表9.3-23

地震动方向	墩 号	最不利单桩地震内力		
		轴力(kN)	剪力(kN)	弯矩(kN·m)
纵桥向+竖向	PM11 过渡墩	3204	283	463
	PM12 辅助墩	5573	447	853
	PM13 西塔	8954	1001	2584
	PM14 东塔	9391	1050	2883
	PM15 辅助墩	5184	464.8	915.2
	PM16 过渡墩	1996	319.2	625.7

在超越概率为50年10%的地震"纵桥向+竖向"输入下,采用非线性时程方法计算出的单个阻尼地震响应如表9.3-24所示。

单个阻尼器地震响应　　表9.3-24

地震输入	位 置	最大反应速度(m/s)	阻尼力(kN)	最大行程(m)
纵桥向+竖向	西塔阻尼器	0.090	2427	0.045
	东塔阻尼器	0.086	2395	0.037

2）E2 作用下结构的时程分析结果

在超越概率为50年2%的地震"纵桥向+竖向"输入下,采用非线性时程方法计算出的主桥关键节点和支座的地震位移反应最大值如表9.3-25和表9.3-26所示。

E2 地震作用下主桥关键节点的位移反应最大值(纵向+竖向输入)　　表9.3-25

地震动方向	位 置	位移(m)
纵桥向+竖向	主梁-PM11 过渡墩处	0.230
	主梁 PM12 辅助墩处	0.230
	主梁-PM13 西塔处	0.231
	主梁-PM14 东塔处	0.231
	主梁-PM15 辅助墩处	0.231
	主梁-PM16 过渡墩处	0.231
	塔顶-PM13 西塔处	0.222
	塔顶-PM14 东塔处	0.258

E2 地震作用下支座位移反应最大值（纵向+竖向输入）　　　表 9.3-26

地震动方向	支座位置	位移(m)
纵桥向+竖向	PM11 过渡墩	0.218
	PM12 辅助墩	0.185
	PM13 西塔	0.146
	PM14 东塔	0.125
	PM15 辅助墩	0.209
	PM16 过渡墩	0.231

在超越概率为 50 年 2% 的地震"纵桥向+竖向"输入下,采用非线性时程方法计算出的各桥墩和索塔控制截面内力反应最大值如表 9.3-27 所示。

E2 地震作用下桥墩控制截面内力最大值（纵向+竖向输入）　　　表 9.3-27

地震动方向	墩号	截面位置	最不利桥墩地震内力		
			轴力(kN)	剪力(kN)	弯矩(kN·m)
纵桥向+竖向	PM11 过渡墩	墩底	5408	1571	36716
	PM12 辅助墩	墩底	16396	2416	90255
	PM13 西塔	1-1 截面	20187	9204	362201
	PM14 东塔	1-1 截面	21514	9589	353829
	PM15 辅助墩	墩底	16921	2400	71988
	PM16 过渡墩	墩底	4826	1485	16261

在超越概率为 50 年 2% 的地震"纵桥向+竖向"输入下,采用非线性时程方法计算出的主桥各桥墩和索塔处单桩最不利反应如表 9.3-28 所示。

E2 地震作用下桩基的单桩最不利反应（纵向+竖向输入）　　　表 9.3-28

地震动方向	墩号	最不利单桩地震内力		
		轴力(kN)	剪力(kN)	弯矩(kN·m)
纵桥向+竖向	PM11 过渡墩	4974	505.7	882.7
	PM12 辅助墩	8747	612.8	1183
	PM13 西塔	14660	1750	4623
	PM14 东塔	15650	2252	6596
	PM15 辅助墩	8106	613	1214
	PM16 过渡墩	3190	486.3	953.5

在超越概率为 50 年 2% 的地震"纵桥向+竖向"输入下,采用非线性时程方法计算出的单个阻尼地震响应如表 9.3-29 所示。

单个阻尼器地震响应　　　表 9.3-29

地震输入	位置	最大反应速度(m/s)	阻尼力(kN)	最大行程(m)
纵桥向+竖向	北塔阻尼器	0.232	3227	0.146
	南塔阻尼器	0.203	3100	0.125

9.3.5 抗震验算

1）验算方法

参照《城市桥梁抗震设计规范》（CJJ 166—2011）中第 1.0.3 条规定，A 类桥梁抗震设防目标为：当桥梁遭受 E1 地震作用时，桥梁不受损坏或不需修复可继续使用；当桥梁遭受 E2 地震作用时，桥梁可发生局部轻微损伤，不需修复或经简单修复可继续使用。

对各桥墩、索塔关键截面与最不利单桩截面进行了抗震验算。E1 地震作用下，结构校核目标是桩基和桥墩在弹性范围里工作，其地震反应小于初始屈服弯矩；E2 地震作用下，可发生局部轻微损伤，不需修复或经简单修复可继续使用，其地震反应小于等效屈服弯矩。

桥墩、桩基的初始屈服弯矩为截面最外层钢筋首次屈服（考虑相应轴力）时对应的弯矩，而等效屈服弯矩为根据截面 M-ϕ 分析（考虑相应轴力），把截面 M-ϕ 分曲线等效为双线性所得到得等效屈服弯矩，如图 9.3-13 所示。

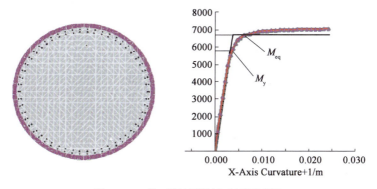

图 9.3-13　截面等效屈服弯矩计算示意图

在进行截面抗震验算时，首先根据桥墩、索塔和桩基截面配筋图，建立相应的纤维模型。图 9.3-14 ~ 图 9.3-17 分别为桥墩以及相应桩基础单桩截面的纤维模型。然后利用所建立的截面纤维模型，利用 Ucfyber 软件进行截面 M-ϕ 关系数值分析，得到验算截面的初始屈服弯矩和等效屈服弯矩。

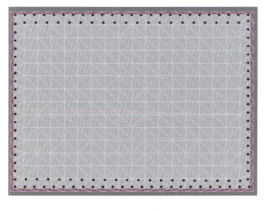

图 9.3-14　过渡墩墩底截面纤维模型

图 9.3-15　辅助墩墩底截面纤维模型

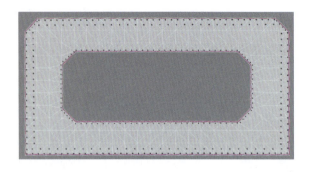

图 9.3-16　主塔墩底截面(1-1 截面)纤维单元

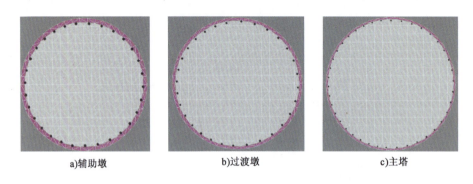

a)辅助墩　　　　　　　b)过渡墩　　　　　　　c)主塔

图 9.3-17　桩基截面纤维单元

具体验算过程如下：

(1)地震水平Ⅰ作用下，桥塔、墩柱截面和桩基截面要求其在地震作用下的截面弯矩应小于截面初始屈服弯矩(考虑轴力)M_y。由于 M_y 为截面最外层钢筋首次屈服时对应的初始屈服弯矩，因此当地震反应弯矩小于初始屈服弯矩时，整个截面保持弹性，结构基本无损伤。

(2)地震水平Ⅱ作用下，桥塔、墩柱截面和桩基截面要求其在地震作用下的截面弯矩应小于截面等效抗弯屈服弯矩 M_{eq}(考虑轴力)。M_{eq} 是把实际弯矩-曲率曲线等效为理想弹塑性双线性模型时得到等效抗弯屈服弯矩。从理想弹塑性双线性模型看，当地震反应小于等效抗弯屈服弯矩 M_{eq}，结构整体反应还在弹性范围。实际上，在地震过程中，对应于等效抗弯屈服弯矩 M_{eq}，截面上还是有部分钢筋进入了屈服，研究表明：截面的裂缝宽度可能会超过容许值，但混凝土保护层还是完好(对应保护层损伤的弯矩为截面极限弯矩 M_u，$M_{eq} \leqslant M_u$)。由于地震过程的持续时间比较短，地震后，由于结构自重，地震过程开展的裂缝一般可以闭合，不影响使用，满足地震水平Ⅱ作用下局部可发生可修复的损伤，地震发生后，基本不影响车辆通行的性能要求。

2)验算结果

抗震验算时，由于没有提供截面配筋情况和桥塔横梁预应力布置，下文根据《城市桥梁抗震设计规范》(CJJ 166—2011)相关内容给出了截面建议配筋率。桥塔横梁偏于安全，只考虑了恒载轴力和地震轴力，没有考虑预应力的作用。

(1) E1 地震作用下的截面抗震验算

在验算中模型纵桥向地震响应值取采用非线性时程方法得出的地震响应值,由于模型横桥向没有非线性单元,因此模型横桥向地震响应值取采用反应谱方法得出的地震响应值。

取"最不利轴力 = 恒载轴力 – 地震轴力"。根据前述性能目标,在超越概率为 50 年 10%的地震作用下,截面的抗弯能力取初始屈服弯矩。

各关键截面,在 E1 地震作用下的验算结果如表 9.3-30 ~ 表 9.3-33 所示。

E1 地震作用下桥墩各关键截面抗震验算结果(纵桥向 + 竖向)　　　表 9.3-30

地震动方向	墩号	截面位置	验算轴力 (kN)	弯矩需求 (kN·m)	首次屈服弯矩 (kN·m)	能力需求比	验算结果	建议配筋率 (%)
纵桥向 + 竖向	PM11 过渡墩	墩底	29248	26039	96240	3.70	通过	1.10
	PM12 辅助墩	墩底	62257	71371	176600	2.47	通过	1.02
	PM13 西塔	1-1 截面	214712	208469	1028000	4.93	通过	0.93
	PM14 东塔	1-1 截面	219574	217523	1042000	4.79	通过	0.93
	PM15 辅助墩	墩底	60457	57524	173500	3.02	通过	1.02
	PM16 过渡墩	墩底	12417	10716	74100	6.91	通过	1.10

E1 地震作用下桩基截面抗震验算结果(纵桥向 + 竖向)　　　表 9.3-31

地震动方向	墩号	验算轴力 (kN)	弯矩需求 (kN·m)	首次屈服弯矩 (kN·m)	能力需求比	验算结果	建议配筋率 (%)
纵桥向 + 竖向	PM11 过渡墩	5486	463	4802	10.37	通过	1.04
	PM12 辅助墩	12604	853	10420	12.22	通过	0.60
	PM13 西塔	22821	2584	28020	10.84	通过	0.60
	PM14 东塔	23036	2883	28180	9.77	通过	0.60
	PM15 辅助墩	12753	915	10480	11.45	通过	0.60
	PM16 过渡墩	2489	626	3688	5.89	通过	1.04

E1 地震作用下桥墩关键截面抗震验算结果(横桥向 + 竖向)　　　表 9.3-32

地震动方向	墩号	截面位置	验算轴力 (kN)	弯矩需求 (kN·m)	首次屈服弯矩 (kN·m)	能力需求比	验算结果	建议配筋率 (%)
横桥向 + 竖向	PM11 过渡墩	墩底	23643	42553	75410	1.77	通过	1.10
	PM12 辅助墩	墩底	53120	89019	160800	1.81	通过	1.02
	PM13 西塔	1-1 截面	190558	122118	505900	4.14	通过	0.93
	PM13 西塔	2-2 截面	177377	39305	497500	12.66	通过	0.86
	PM13 西塔	3-3 截面	179545	146675	501200	3.42	通过	0.86
	PM13 西塔	4-4 截面	151803	123512	454500	3.68	通过	0.86
	PM13 西塔	5-5 截面	154552	80565	380600	4.71	通过	0.81
	PM13 西塔	6-6 截面	120587	67973	398400	5.86	通过	0.81

续上表

地震动方向	墩号	截面位置	验算轴力(kN)	弯矩需求(kN·m)	首次屈服弯矩(kN·m)	能力需求比	验算结果	建议配筋率(%)
横桥向+竖向	PM13 西塔	7-7 截面	305	82823	119400	1.44	通过	0.88
		8-8 截面	-639	66988	117500	1.75	通过	0.88
		9-9 截面	6451	35358	165100	4.67	通过	0.88
	PM14 东塔	1-1 截面	199635	107865	520700	4.83	通过	0.93
		2-2 截面	180781	44125	503200	11.40	通过	0.86
		3-3 截面	181340	123406	504200	4.09	通过	0.86
		4-4 截面	154538	104972	459100	4.37	通过	0.86
		5-5 截面	154416	79814	390400	4.89	通过	0.81
		6-6 截面	121246	64403	327200	5.08	通过	0.81
		7-7 截面	423	78426	119600	1.53	通过	0.88
		8-8 截面	-728	59563	117300	1.97	通过	0.88
		9-9 截面	6443	33472	131700	3.93	通过	0.88
	PM15 辅助墩	墩底	57598	55157	168600	3.06	通过	1.02
	PM16 过渡墩	墩底	10603	11456	61780	5.39	通过	1.10

E1 地震作用下桩基截面抗震验算结果(横桥向+竖向)　　表 9.3-33

地震动方向	墩号	验算轴力(kN)	弯矩需求(kN·m)	首次屈服弯矩(kN·m)	能力需求比	验算结果	建议配筋率(%)
横桥向+竖向	PM11 过渡墩	2402	877	3655	4.17	通过	1.04
	PM12 辅助墩	8694	2520	8640	3.43	通过	0.60
	PM13 西塔	22016	3534	27410	7.76	通过	0.60
	PM14 东塔	23603	3698	28560	7.72	通过	0.60
	PM15 辅助墩	11620	1992	10100	5.07	通过	0.60
	PM16 过渡墩	1658	1129	3340	2.96	通过	1.04

(2) E2 地震作用下的截面抗震验算

根据前述性能目标,在 E2 地震作用下的验算结果如表 9.3-34～表 9.3-38 所示。

E2 地震作用下桥墩各关键截面抗震验算结果(纵桥向+竖向)　　表 9.3-34

地震动方向	墩号	截面位置	验算轴力(kN)	弯矩需求(kN·m)	等效屈服弯矩(kN·m)	能力需求比	验算结果	建议配筋率(%)
纵桥向+竖向	PM11 过渡墩	墩底	26730	36716	135300	3.69	通过	1.10
	PM12 辅助墩	墩底	53504	90255	206000	2.28	通过	1.02
	PM13 西塔	1-1 截面	205676	362201	1344000	3.71	通过	0.93
	PM14 东塔	1-1 截面	210217	353829	1361000	3.85	通过	0.93
	PM15 辅助墩	墩底	52018	71988	203000	2.82	通过	1.02
	PM16 过渡墩	墩底	10304	16261	107100	6.59	通过	1.10

E2 地震作用下桩基截面抗震验算结果(纵桥向＋竖向) 表 9.3-35

地震动方向	墩号	验算轴力 (kN)	弯矩需求 (kN·m)	等效屈服弯矩 (kN·m)	能力需求比	验算结果	建议配筋率 (%)
纵桥向＋竖向	PM11 过渡墩	3716	883	6240	7.07	通过	1.04
	PM12 辅助墩	9430	1183	12630	10.68	通过	0.60
	PM13 西塔	17115	4623	31820	6.88	通过	0.60
	PM14 东塔	16777	6596	31470	4.77	通过	0.60
	PM15 辅助墩	9831	1214	12860	10.59	通过	0.60
	PM16 过渡墩	1295	954	4993	5.24	通过	1.04

E2 地震作用下桥墩关键截面抗震验算结果(横桥向＋竖向) 表 9.3-36

地震动方向	墩号	截面位置	验算轴力 (kN)	弯矩需求 (kN·m)	等效屈服弯矩 (kN·m)	能力需求比	验算结果	建议配筋率 (%)
横桥向＋竖向	PM11 过渡墩	墩底	15765	82016	88580	1.08	通过	1.10
	PM12 辅助墩	墩底	37558	171571	173200	1.01	通过	1.02
	PM13 西塔	1-1 截面	157820	235361	583900	2.48	通过	0.93
		2-2 截面	144758	75755	521000	6.88	通过	0.86
		3-3 截面	155908	282688	542500	1.92	通过	0.86
		4-4 截面	129008	238045	488900	2.05	通过	0.86
		5-5 截面	145679	155659	464500	2.98	通过	0.81
		6-6 截面	113524	131004	401700	3.07	通过	0.81
		7-7 截面	－1039	159626	182900	1.15	通过	0.88
		8-8 截面	－3319	129106	177000	1.37	通过	0.88
		9-9 截面	5974	68145	198700	2.92	通过	0.88
	PM14 东塔	1-1 截面	169872	207891	607700	2.92	通过	0.93
		2-2 截面	151297	85046	533600	6.27	通过	0.86
		3-3 截面	160103	237842	550600	2.31	通过	0.86
		4-4 截面	134321	202315	499800	2.47	通过	0.86
		5-5 截面	145770	153828	464700	3.02	通过	0.81
		6-6 截面	114654	124126	403900	3.25	通过	0.81
		7-7 截面	－812	151152	183400	1.21	通过	0.88
		8-8 截面	－3557	114796	177100	1.54	通过	0.88
		9-9 截面	5976	64512	198700	3.08	通过	0.88
	PM15 辅助墩	墩底	47081	106310	192800	1.81	通过	1.02
	PM16 过渡墩	墩底	6404	22081	78020	3.53	通过	1.10

E2 地震作用下桩基截面抗震验算结果(横桥向+竖向)　　表 9.3-37

地震动方向	墩号	验算轴力(kN)	弯矩需求(kN·m)	等效屈服弯矩(kN·m)	能力需求比	验算结果	建议配筋率(%)
横桥向+竖向	PM11 过渡墩	-3431	1691	2255	1.33	通过	1.04
	PM12 辅助墩	-103	4857	5690	1.17	通过	0.60
	PM13 西塔	12965	6812	27400	4.02	通过	0.60
	PM14 东塔	15417	7128	30030	4.21	通过	0.60
	PM15 辅助墩	5757	3839	10180	2.65	通过	0.60
	PM16 过渡墩	-966	2176	3690	1.70	通过	1.04

根据以上"关键截面抗震验算结果"可知,各截面在建议的纵筋配筋率下,各截面均保持在弹性范围内。同时根据《城市桥梁抗震设计规范》(CJJ 166—2011),墩柱的建议配筋率为 0.006~0.04。上面的建议配筋均满足要求,建议配筋率汇总如表 9.3-38 所示。图 9.3-18 给出了桥塔关键截面对应的位置,在配筋时,应注意横桥向多布置钢筋。

建议配筋率汇总　　表 9.3-38

截面位置	截面说明	建议配筋率(%)
上部结构	过渡墩墩底	1.10
	辅助墩墩底	1.02
	桥塔 A-A 截面	0.93
	桥塔 B-B 截面	0.86
	桥塔 C-C 截面	0.81
下部结构(桩基)	过渡墩	1.04
	辅助墩	0.60
	主塔	0.60

图 9.3-18　桥塔关键截面定义

9.4　研究结论

根据鹅公岩轨道大桥相关资料,建立了鹅公岩轨道大桥主桥及相邻引桥的空间弹性动力计算模型,分析结构动力特性;采用反应谱方法进行地震反应分析,研究了结构在两种设防水准地震输入下[E1 地震作用(50 年 10%)、E2 地震作用(50 年 2%)]的地震反应,并对主桥采用非线性时程方法研究了阻尼器的纵桥向减震效果。

按照已给的配筋率进行了两种(E1 地震和 E2 地震)设防水准地震输入的抗震验算,得出如下结论:

(1)E1 地震作用:在纵桥向+竖向、横桥向+竖向地震输入下,主桥所有墩柱、桥塔截面及桩基础最不利单桩截面地震弯矩小于其初始屈服弯矩,截面保持为弹性工作状态。

（2）E2 地震作用：在纵桥向+竖向、横桥向+竖向地震输入下，主桥所有墩柱、桥塔截面及桩基础最不利单桩截面地震弯矩小于其等效屈服弯矩，截面保持为弹性工作状态。

（3）E2 地震作用下梁端位移达到 0.994m，但在塔梁连接处添加非线性阻尼器，对结构进行非线性时程分析后，得到梁端最大位移为 0.231m，使梁端位移得到很好的控制。

（4）本次研究中，每塔采用 2 个黏滞阻尼器，建议的阻尼器参数如表 9.4-1 所示。

单个阻尼器设计参数　　　　　　表 9.4-1

分　类	名　称	阻尼限位装置
动力阻尼参数	力与速度函数	$F = CV\alpha$
	速度指数	0.3
	阻尼系数 $C[\text{kN}/(\text{m/s})^{0.3}]$	5000
	最大反应速度（m/s）	0.232
	阻尼力（kN）	3227
静力行程	额定最大行程（mm）	146

第 10 章　船舶撞击专题研究

10.1　研究背景

近年来,随着我国国民经济水平的不断提高,陆运和水运也快速发展。据不完全统计,我国跨 Ⅰ~Ⅶ 级航道桥梁共约 1.72 万座,跨越等级航道 8.54 万 km,其中沿海航道约 1.09 万 km。跨越 Ⅴ 级及以上内河航道的桥梁共计 4715 座,跨越沿海航道的桥梁共计 94 座。

同时,今后我国内河水运发展速度将全面加快,长江黄金水道等内河航道通航能力将得到显著提升,通行船舶吨位不断加大,通航密度不断提高。上述因素都造成桥梁与通航船舶之间的矛盾更加突出,频繁的船撞桥事故使得各种跨越航道的桥梁岌岌可危,而在这之中所引发的"船毁桥塌"的灾难性事故也更加频繁。

重庆市内长江嘉陵江交汇,内河航运发达。由于处于三峡库区,重庆市境内的河流兼具库区及山区河流的双重特征,重庆内河受三峡水位变化的影响显著,水位落差大,流速急,桥梁的船撞问题尤为突出。许多沿江桥梁桥墩在全年间不同时间段涉水水位变化较大。这造成了重庆市桥梁涉水桥墩遭受内河船舶撞击的风险在一年中不断变化,使得重庆内河运输行业的管理困难重重。近年来,重庆地区也已发生了多次内河航运船舶撞击桥梁的事故,如:2007 年黄花园大桥船撞事件、2011 年渝澳大桥船撞事件、2011 年石门大桥船撞事件、2013 年牛角沱大桥船撞事件以及 2018 年朝天门大桥船撞事件,部分事故照片如图 10.1-1~图 10.1-2 所示。

图 10.1-1　渝澳大桥船撞事故　　　　图 10.1-2　石门大桥船撞事故

鉴于桥梁作为一种具有特殊意义的构筑物,对城市的发展、区域之间的经济联动、居民的日常生活等方面有着不可或缺的作用,因而一旦出现严重的撞击事故,不但会造成十分巨大的经济损失,同时还极易引起民众恐慌,带来极为恶劣的社会影响。

当前我国在桥梁的船撞设计方面，往往借用国外的标准、规范或指南，但国外规范毕竟有许多不符合我国实际情况的因素，这在很大程度上制约了我国的桥梁船撞设计。为了保障鹅公岩轨道大桥的运用安全，本书通过对大桥进行船撞风险分析，明确大桥的船撞风险水平，并由此确定船撞设计代表船型，进而通过精细化数值仿真计算得到桥梁的设防船撞力，最后通过风险分析结果确定是否需要采取防撞措施。

10.2 国内外研究现状

10.2.1 国外研究现状

国际上关于船桥碰撞问题的研究始于20世纪60年代末，但最初进展缓慢，直到1978年，美国发生了多起船舶撞毁桥梁的恶性事故，随后美国政府和马里兰大学土木工程系签订了一项研究合同，专门研究桥梁的防撞保护系统，这是世界上首次对此课题的系统研究。且从20世纪70年代末，尤其是80年代后期开始，一些技术咨询公司和研究机构针对某些跨海大桥进行了船桥碰撞问题的专项研究，并取得了一些重要研究成果，如开普公司(Cap-Consult)、茂盛公司(Maunsell & Artners)、科威公司(Cowi-Consult)、摩基斯基公司(Modjeski & Masters)等先后对丹麦大带桥、澳大利亚塔斯曼桥、美国阳光大桥、直布罗陀海峡大桥和路易斯安那州水道桥墩进行的船桥碰撞专题研究。

1980年发生的阳光大桥被撞塌事件被视为桥梁船撞领域一个重要的转折性事件，阳光大桥撞塌事件唤醒了各界对横跨通航水域桥梁安全的再次重视，并由此次惨剧引发了一个由美国11个州和美国联邦公路局共同投资开展的研究项目。IABSE(International Association of Bridge and Structural Engineering)于1983年在哥本哈根召开了一次国际会议讨论此问题，这是关于这个课题的第一次研讨会，会上进行了船舶碰撞桥梁和近海建筑物的事故报告，并提议建立一个船舶碰撞桥梁事故的国际数据库，主要内容是自1960年以来世界范围发生的船撞桥事故。美国Moffat and Nichlo工程师事务所的诺特(Knott. M. A)等人参加了研究工作，并陆续有成果发表。这项研究工作最显著的成果就是在此基础上，于1991年形成了美国第一部《公路桥梁船撞设计指南》。这是第一部受到普遍认可并具有指导意义的桥梁船撞设计指南。此指南的核心条款分别于1991年和1994年被写入了美国的《公路桥梁设计规范》(1991&1994)，成为桥梁工程师进行桥梁船撞设计的实用性规范。后该指南于2009年进行了进一步修订。

同样是在1991年，IABSE在彼得格勒召开了一次年会。在会上，IABSE接受了由拉森(O. D. Larsen)主笔撰写的"Ship Collision with Bridge"，即"船舶碰撞桥梁-船舶交通与桥梁结构间的相互影响(综述与指南)"，文中对船撞桥研究的已有成果进行了系统的归纳和总结。该文作为IABSE的文件于1993年正式发表，系统地论述了在桥梁初步规划及具体设计时船舶撞击风险及防撞设计问题，从而进一步推动了对船撞桥问题的研究工作。

1995年，国际航海协会常务会议PIANC成立了一个第19工作小组，专门从事船桥碰撞事故的研究工作，这也是航运界第一次组织国际性的船桥碰撞问题专题研究。成员来自9个国家：比利时、法国、德国、日本、西班牙、瑞典、英国、美国和荷兰，该小组经过5年的工作，建立了包括151起船撞桥事故的国际数据库，并对相关问题进行了研究。

1996年，美国铁路工程师协会(AREA)出版了《铁路桥梁防撞保护系统设计规范》。在欧洲，1997年欧洲统一规范(Eurocode)第一卷(Eurocode 1)第2.7分册开始试用，试用期为3年，此分册规定了冲击与爆炸事故设计荷载的确定方法。之后，欧洲一些国家也相继对桥梁的船撞问题制定了一些标准或规范。

1998年，国际桥梁界在丹麦再次召开会议，全面讨论了船撞桥问题，指出它是个多学科的问题，涉及水利水文学、桥梁工程、碰撞力学(冲击动力学)、船舶结构与材料以及驾驶、导航、通信等多个方面，并发表了论文20余篇，有力地推动了船桥碰撞问题的研究。

2001年9月16日，美国得克萨斯州的跨海大桥Queen Isabella Causeway被一艘拖轮撞击倒塌，2002年5月26日，美国俄克拉荷马州东部马斯科吉县附近的阿肯色河公路桥被拖轮撞击倒塌，美国得克萨斯大学和佛罗里达大学开展了比较系统的桥梁船撞计算方法和碰撞试验研究工作，研究成果从2004年起逐步发表。这期间桥梁船撞安全问题得到了国际桥梁工程界的充分重视，研究文献大量涌现。

从目前国际上的应用情况来看，美国AASHTO的《公路桥梁船撞设计指南》(2009版)所提供的桥梁船撞风险评估方法最为实用，该方法是通过将桥梁的失效概率与可接受风险水平的比较来合理确定桥梁的设防船撞力，有效指导了桥梁基于风险-效益理念的船撞设计。但该方法是基于美国内河航道事故的统计资料提出的经验系数方法，对于我国内河航道并不完全适用，因此，发展基于我国航道特点的桥梁船撞风险评估方法，用以指导我国跨航道桥梁的船撞设计就具有重要的工程应用价值。

10.2.2 国内研究现状

在我国，船桥碰撞问题的研究主要是从20世纪80年代末期开始的，部分专家学者结合湛江海湾大桥、平潭海峡大桥、青岛海湾大桥、南京长江四桥等进行了桥梁设防船撞力的专题研究工作，结合湖北黄石长江大桥、上海奉浦大桥、广州洛溪大桥和解放桥、香港青马大桥和汀九桥、澳门澳凼大桥、汕头海湾跨海大桥、珠海伶仃洋大桥、江苏苏通长江大桥等项目进行了桥梁船撞设施的试验研究和实践。结合崇明越江通道工程、南京长江四桥、哈尔滨松花江斜拉桥等进行了桥梁船撞的风险评估工作。此外，桥墩水域流场对船舶航行安全的影响也进行了研究，海事和航运部门的专家对局部水域的船撞桥事故及影响因素也进行了相关的研究工作。

虽然进行了多项专题研究，但我国桥梁船撞设计规范的发展却远远没有跟上桥梁设计的要求。为了指导在承受船舶撞击荷载下跨航道桥梁的设计工作，我国交通运输部曾先后1989年和2015年颁布实行了《公路桥涵设计通用规范》(JTJ 021—1989)、《公路桥涵设计通用规范》(JTG D60—2015)，原铁道部于2005年和2017年颁布实行了《铁路桥涵设计基本规范》(TB 10002.1—2005)和《铁路桥涵设计规范》(TB 10002—2017)。1989版《公路桥涵设计通用规范》(JTG D60)规定了根据内河航道撞击力在0.7~1.5MN范围内取值；2004版《公路桥涵设计通用规范》(JTG D60)将通航河流根据通行船舶种类分为内河河流及通行海轮的河流或者海湾，分别根据内河航道等级(一~七级)和通航海轮情况给出了桥梁设计代表船舶和设计船撞力；2015版《公路桥涵设计通用规范》(JTG D60—2015)在04版的基础之上作了修订，仅对四~七级内河航道和通航海轮情况给出了桥梁设计代表船舶和设计船撞力，并规定"船舶的撞击作用设计值宜按专题研究确定"；铁路桥涵设计规范在考虑撞击船舶及被撞结构弹性系数和撞击角度的基础上,给出了桥墩承受船舶撞击力的计算公式。从设计实践看,这两部规范都难以满足桥梁建设中复杂的通航安全需求。

此后,为了应对我国大量跨江跨海大桥船撞设计的需求,我国交通运输部分别于2006年、2007年编列了两项西部交通建设科技项目"三峡库区船桥碰撞规律、防撞措施设计与预警系统研究(项目编号:200631800047)"和"西部地区内河桥梁船撞标准与设计指南研究(项目编号:2007ZB06)"。2007年广东九江大桥由于船舶撞击而致撞塌事件,使桥梁工作者将船舶撞击对于桥梁设计和运营的重要性提升到一个新的高度。在国内,围绕着诸多跨江跨海大桥工程的规划与实施,同济大学、武汉理工大学、哈尔滨工程大学、南京工业大学等单位结合相关工程及专项研究,对船舶撞击力、船舶撞击风险评估等进行了诸多研究。海事和航运部门的专家对桥墩水域流场对船舶航行安全也进行了相关研究。

2020年,公路工程行业标准《公路桥梁抗撞设计规范》(JTG/T 3360-02—2020)颁布实施,作为推荐性标准与《公路桥涵设计通用规范》(JTG D60—2015)一起规定了公路桥梁抗船撞设计要求。《公路桥梁抗撞设计规范》(JTG/T 3360-02—2020)贯彻了"综合防控、分级设防"的思想,提升了抗船撞设计的科学性,形成了一套系统的解决方案,引导公路抗船撞设计的标准化与精细化,对进一步提升综合交通和基础设施的安全保障工作具有较强的指导作用。

通过十余年的研究工作,我国的桥梁防撞技术已取得了一定的研究成果,研究的热点主要围绕桥梁防撞安全评估、船撞设防标准确定、基于性能的桥梁静动力设计方法、桥梁主动防撞预警技术、桥梁被动防撞系统等内容进行,研究成果为我国跨江跨海工程的兴建提供了有力的技术支撑。

10.3 研究内容及过程

10.3.1 研究内容

在重庆西南水运工程科学研究所《重庆市轨道交通环线鹅公岩轨道大桥通航安全影响论证报告》和《重庆市轨道交通环线鹅公岩轨道大桥工程防洪评价报告》的基础上,进一步开展了如下研究工作:

(1)研究了桥梁遭受船舶撞击后的年倒塌频率,明确了现有桥型方案的实际船撞风险水平,为后续的防撞措施奠定了基础。

(2)对现有桥型方案进行了抗力计算,得到了不同水位下桥梁结构的实际抗船撞能力。

(3)通过建立桥、船精细化的三维有限元模型,采用动力数值模拟方法,计算了桥墩在各种不利撞击工况下的船撞力,确定了各墩的船撞设防标准,供设计取用。

(4)对大桥在船撞力作用下的动力特性及车桥耦合振动进行分析,根据分析结果对列车在主桥典型位置时大桥在撞击条件下的安全性和舒适性作出评价。

(5)根据前述工作,分别从主动防撞和被动防撞两方面,提出了全桥进一步降低风险的建议,并提出了两个被动防撞方案。

本书在研究过程中,首先基于风险的思想,分别采用美国AASHTO规范模型和《重庆市三峡库区跨江桥梁船撞设计指南》(DBJ/T 50-106—2010)方法对大桥进行了船撞倒塌概率分析,根据可接受风险的水平确定大桥的船撞设计的船型吨位以及起控制作用的典型撞击工况,然后利用精细化动力数值模拟方法对典型撞击工况进行模拟分析,从而确定大桥的船撞设防标准,随后再对大桥在船撞力作用下的动力特性及车桥耦合振动进行分析,根据分析结果对列车在主桥典型位置时大桥在撞击条件下的安全性和舒适性作出评价,并提出降低桥梁船撞风险的建议和措施。研究采用的流程如图10.3-1所示。

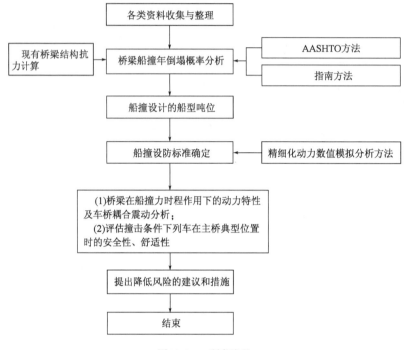

图10.3-1 研究流程

10.3.2 桥塔极限抗船撞能力计算

根据《公路桥涵设计通用规范》(JTG D60—2015)4.4.1条的规定,内河船舶的撞击作用点,假定为计算通航水位线以上2m的桥墩宽度或长度的中点,内河船舶对桥梁墩台的撞击作用可以按"静力法"来计算。进行桥梁空间有限元静力计算时,将横桥向的水平船撞力施加到水位线以上2m的地方,计算桥墩或桩基的最不利内力,确定出控制截面;然后采用纤维单元,对桥墩或桩基的控制截面进行 M-ϕ 分析(图10.3-2),进而得到控制截面等效屈服弯矩;接着调整水平船撞力大小,比较控制截面最大弯矩和等效屈服弯矩,当控制截面最大弯矩达到等效屈服弯矩时,对应的水平船撞力,即桥墩在该水位下的极限船撞抗力。

鹅公岩轨道大桥基础抗力计算时,按照结构实际情况建立了全桥有限元模型,并且考虑了恒载、轻轨的影响,即抗力计算的荷载组合为:恒载+轻轨+温度+风荷载+船撞力。计算模型如图10.3-3所示。

施加水平力的作用点位置不同,基础自身的极限船撞力也不相同。计算结构抗力时选取组合中最不利的工况。墩底截面和桩基截面如图10.3-4~图10.3-7所示。根据桥墩截面的配筋和桩基截面的配筋情况,在同一个水位上施加不同的水平力,直到P13(P14)号桥墩不满足强度要求时,则所施加的水平力即P13(P14)号桥墩在此水位下的自身极限船撞力。

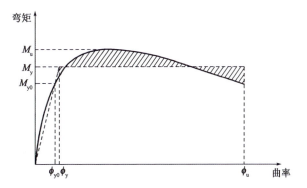

图 10.3-2　截面等效弯矩计算示意图

图 10.3-3　主墩抗力计算模型图

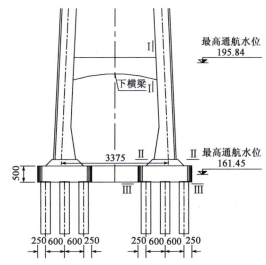

图 10.3-4　鹅公岩轨道大桥桥塔基础立面图(尺寸单位:mm)

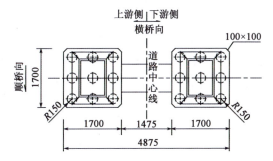

图 10.3-5　鹅公岩轨道大桥桥塔基础平面图(尺寸单位:mm)

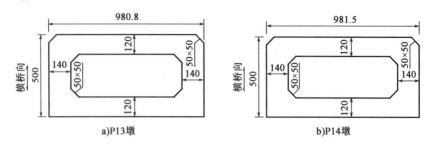

图 10.3-6　桥塔塔底截面图(尺寸单位:mm)

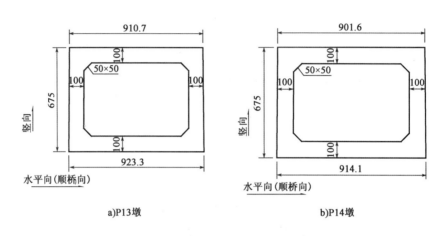

图 10.3-7　桥塔下横梁根部截面图(尺寸单位:cm)

根据重庆近年长江水位统计情况和项目组选取的 5 个典型水位计算大桥桥塔的自身极限船撞力,计算结果如表 10.3-1 所示。

不同水位下基础自身极限抗船撞能力表(横桥向)　　表 10.3-1

水位 (m)	桥墩	内力			抗力 (kN)	备注
		轴力 (kN)	剪力 (kN)	弯矩 (kN·m)		
202.12	P13	21305	7185	259316	38500	桥塔下横梁
	P14	15606	25095	242962	28500	桥塔下横梁
195.84	P13	30459	26226	276885	58500	桥塔下横梁
	P14	20208	25163	253588	37000	桥塔下横梁
185	P13	-3125	5299	18029	100000	桩基控制
	P14	27414	23240	268237	67000	桥塔下横梁
173	P13	1062	6187	21858	110000	桩基控制
	P14	-3874	5198	17450	98000	桩基控制
169	P14	-805	5791	20053	105000	桩基控制

注:1. 表中轴力受压为正,受拉为负。
　　2. 桥塔 P13 处底面高程为 168.4m;桥塔 P14 处地面高程为 159.7m,均为 85 国家高程。
　　3. P13 为谢家湾站侧桥塔,P14 为海峡路站侧桥塔。

10.3.3 桥梁船撞概率安全评估

1）风险分析方法

（1）指南方法

已颁布的《重庆市三峡库区跨江桥梁船撞设计指南》(DBJ/T50-106—2010)根据船撞桥事故发生前船与桥墩的相互位置为基础，提出了一个具有三概率参数的计算船桥碰撞概率的积分路径方法，如图10.3-8所示，船舶自原点航行到桥墩处的距离为 D，也即积分路径长度为 D，D 可取 $\geq \mu_s + 3\sigma_s$，μ_s 为停船距离均值，σ_s 为停船距离标准差。(x,y) 为船舶在航行过程中的积分坐标。

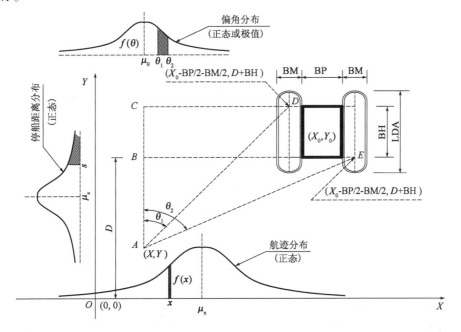

图10.3-8 三概率参数积分路径法计算图示

某一计算水位下的碰撞频率由式(10.3-1)计算，在考虑水位变化频率的影响后，桥梁的年碰撞概率按照式(10.3-2)计算。

$$P_{wi} = \sum_{j=1}^{n} N_j \int_{\mu_x - 3\sigma_x}^{\mu_x + 3\sigma_x} f(x) \int_0^D \lambda(s)[1 - F(s)] \int_{\theta_1}^{\theta_2} f(\theta) \mathrm{d}\theta \mathrm{d}y \mathrm{d}x \qquad (10.3\text{-}1)$$

$$P_c = \sum_{i=1}^{n} \alpha_i P_{wi} \qquad (10.3\text{-}2)$$

式中：P_{wi}——第 i 种水位下的年碰撞频率；

P_c——总年碰撞频率；

N_j——按船舶分类方法第 i 种船舶的年通航量，艘次；

$f(x)$——航迹横向分布（几何分布）密度函数；

$\lambda(s)$——船舶单位航行距离的失误概率；

$F(s)$——停住船的概率;

$f(\theta)$——船舶偏航角分布密度函数;

$W_1(s)$—— 一条撞击航迹的概率,$W_1(s) = F_\varphi(\varphi_1) - F_\varphi(\varphi_2)$;

$W_2(s)$——撞击前事故未得到制止的概率,$W_2(s) = 1 - F_x(s)$;

μ_x——船舶的航迹横向分布(几何分布)均值;

σ_x——船舶的航迹横向分布(几何分布)标准差。

(2) AASHTO 方法

参照美国 AASHTO 的《公路桥梁船舶撞击设计规范2009》,大桥各桥墩年撞损频率按以下公式计算:

$$A_F = (N)(PA)(PG)(PC)(PF) \tag{10.3-3}$$

式中:A_F——桥梁的年倒塌频率;

N——根据船舶类型、尺度和装载情况分类的船舶年通航量;

PA——船舶的偏航概率;

PC——碰撞的几何概率,用正态分布进行模拟;

PG——桥梁倒塌概率;

PF——由于上游或下游存在大陆块或其他保护结构而避免桥墩与船舶发生碰撞的桥墩保护调整系数。

2) 保护系数

既有鹅公岩长江大桥位于在建的鹅公岩轨道大桥下游约45m(边缘),如图10.3-9所示,既有桥梁桥塔可保护新桥桥塔免受上水船舶沿一定方向的撞击。本书引入美国 AASHTO《公路桥梁船舶撞击设计规范2009》中的保护系数 PF 来考虑既有桥梁引起的新桥年碰撞频率的折减。PF 应按下式计算:

$$PF = 1 - (\%\text{所提供的保护值}/100) \tag{10.3-4}$$

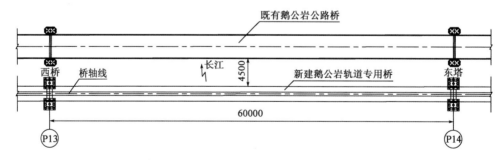

图 10.3-9 鹅公岩轨道大桥平面布置图(尺寸单位:cm)

图10.3-10 和图10.3-11 给出了估算 PF 值的建议方法。如图10.3-10 所示,由防护桩等既有构筑物的直径 D 和船舶宽度 B 可以得出既有构筑物的有效直径 D_E,再根据有效直径以及桥墩与既有构筑物之间的间距可以得出防护桩对桥墩的保护范围,即图中的 $-\theta \sim +\theta$。图中既有构筑物的有效直径 D_E 和保护角 θ 可按下式计算:

$$D_E = D + 0.75B \tag{10.3-5}$$

$$\theta = \arcsin(D_E/2L) \tag{10.3-6}$$

采用正态分布来模拟桥墩周围船舶碰撞轨迹,如图 10.3-11 所示,本次研究中以 0°为正态曲线的均值位置,以 30°作为正态分布的标准差,对应的防护范围$[-\theta,+\theta]$区以下的面积即防护桩所提供的保护值,$(-\infty,-\theta]$和$[+\theta,+\infty)$区以下曲线所围面积即 PF。

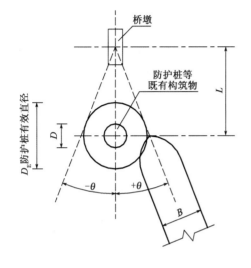
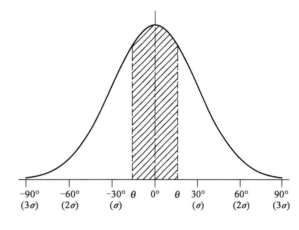

图 10.3-10　防撞保护平面图　　　图 10.3-11　桥墩周围船舶碰撞轨迹的正态分布(假设$\sigma=30°$)

利用如图 10.3-10 和图 10.3-11 所示模型可计算出不同吨位船舶对应的 PF_j 值,再对上水船舶的碰撞频率进行折减。将 PF_j 引入《重庆市三峡库区跨江桥梁船撞设计指南》中的三参数概率积分模型进行修正,可得到该桥各桥塔年碰撞频率计算公式。

由于既有鹅公岩长江大桥位于在建鹅公岩轨道大桥下游,仅需对上行船舶对新桥的碰撞频率进行折减。

3)概率安全评估结果

采用前文所述的船撞风险计算方法,对鹅公岩轨道大桥在评估时(2018 年)、近期(2030 年)和远期(2050 年)通航密度下 P13、P14 桥塔及全桥的船撞风险进行了分析,并考虑了既有桥梁对新建桥梁的保护作用,计算结果列于表 10.3-2。

鹅公岩轨道大桥全桥船撞风险　　　表 10.3-2

年份(年)	AASHTO 方法		指 南 方 法	
	年碰撞频率	年倒塌频率	年碰撞频率	年倒塌频率
2018	5.98×10^{-1}	5.28×10^{-5}	3.28×10^{-1}	4.55×10^{-5}
2030	9.10×10^{-1}	1.44×10^{-4}	5.35×10^{-1}	1.27×10^{-4}
2050	1.50	4.77×10^{-4}	9.58×10^{-1}	4.09×10^{-4}

根据指南方法评估的结果,鹅公岩轨道大桥在 2018 的通航密度下,其船撞风险为 4.55×10^{-5},略低于 AASHTO 规范中重要桥梁的可接受风险 10^{-4};但随着年份的增加(通航密度不断增长),其船撞风险逐渐增大,在 2030 年和 2050 年的通航密度下,其船撞风险分别为 1.27×10^{-4} 和 4.09×10^{-4},已高于重要桥梁的可接受风险 10^{-4}。

风险评估矩阵是常用的多风险事态综合评价方法,其基本思路是将风险事态发生的概率和相应的后果置于一个矩阵中,并矩阵各个元素位置的风险概率和后果的意义进行细化和明确,形成风险事态严重度和概率水平分级,然后就可以根据经验或是业主要求制定基本风险对策。

以相关研究为基础,结合鹅公岩轨道大桥船撞风险自身特点,同时,根据结构的损伤程度、经济损失和社会影响,从而确定本课题采用的风险评估矩阵,见表10.3-3。

鹅公岩轨道大桥船撞风险评估矩阵　　　　　　　　　　　　　表10.3-3

风险概率	风险后果				
	1 可忽略	2 较小	3 中等	4 严重	5 灾难性
$A(x<10^{-6})$	1A 可忽略风险	2A 可忽略风险	3A 低风险区	4A 低风险区	5A 中风险区
$B(10^{-6}<x<10^{-4})$	1B 可忽略风险	2B 低风险区	3B 低风险区	4B 中风险区	5B 高风险区
$C(10^{-4}<x<10^{-3})$	1C 低风险区	2C 低风险区	3C 中风险区	4C 高风险区	5C 高风险区
$D(10^{-3}<x<10^{-2})$	1D 低风险区	2D 中风险区	3D 高风险区	4D 高风险区	5D 极高风险区
$E(10^{-2}<x<10^{-1})$	1E 中风险区	2E 高风险区	3E 高风险区	4E 极高风险区	5E 极高风险区
$F(x>10^{-1})$	1F 中风险区	2F 高风险区	3F 极高风险区	4F 极高风险区	5F 极高风险区

注:上述分类参考了美国国防部《系统安全纲要规定》(Mil-Std-882C)1993。

根据前述的风险分析结果和等级评价方法,确定的鹅公岩轨道大桥各墩的风险等级见表10.3-4和表10.3-5。

鹅公岩轨道大桥的船撞风险等级(按AASHTO方法评估结果)　　　　表10.3-4

墩 号	2018年		2030年		2050年	
	年倒塌频率	风险等级	年倒塌频率	风险等级	年倒塌频率	风险等级
P13主墩	0.00	4A (低风险)	0.00	4A (低风险)	0.00	4A (低风险)
P14主墩	5.28×10^{-5}	4B (中风险)	1.44×10^{-4}	4C (高风险)	4.77×10^{-4}	4C (高风险)

鹅公岩轨道大桥的船撞风险等级（按指南方法评估结果）　　表 10.3-5

墩　号	2018 年		2030 年		2050 年	
	年倒塌频率	风险等级	年倒塌频率	风险等级	年倒塌频率	风险等级
P13 主墩	0.00	4A（低风险）	0.00	4A（低风险）	0.00	4A（低风险）
P14 主墩	4.55×10^{-5}	4B（中风险）	1.27×10^{-4}	4C（高风险）	4.09×10^{-4}	4C（高风险）

从上述两表可知，虽然 ASSHTO 方法和指南方法计算得到的桥梁年倒塌频率在数值上有所差别，但其等级评价结果基本上保持一致。

根据 AASHTO 方法和指南方法评估的结果，鹅公岩轨道大桥 P13 墩从 2018 年到 2050 年船舶撞击风险均为 4A 级，属于低风险；P14 墩在 2018 年船舶撞击风险是 4B 级，属于中等风险，2030 年和 2050 年时为 4C 级，属于高风险。

为得到鹅公岩轨道大桥中主墩满足可接受风险的临界抗力水平，选取了在不同抗力下对主墩进行计算，得到桥梁在远期（2050 年）通航密度下船撞风险随主墩和过渡墩抗力变化的曲线，如图 10.3-12 所示。从图中可以看出，随着主墩抗力的增加，主墩的船撞风险呈逐步下降趋势，当 P14 抗力提高到 47.4MN（对应于最高通航水位 195.84m）时，全桥在远期即 2050 年船撞风险基本满足重要可接受风险水平。

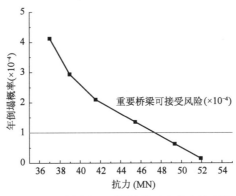

图 10.3-12　鹅公岩轨道大桥 P14 号墩船撞风险-抗力关系图（2050 年）

根据《重庆市三峡库区跨江桥梁船撞设计指南》，船舶产生的撞击力与船舶的行驶速度和吨位有关。在 2050 年，当 P14 墩横向抗力取 47.4MN 时，全桥的年倒塌频率降到可接受风险 10^{-4}/年范围内。由此可反推出鹅公岩轨道大桥在 2050 年通航船舶密度下进行数值模拟所采用的代表船舶吨位，详见表 10.3-6。

鹅公岩轨道大桥船撞设计代表船舶　　表 10.3-6

年份（年）	计算撞击速度（m/s）	数值模拟采用的代表船舶（DWT）
2050	4.9	5000

10.3.4 桥梁船撞数值模拟

1）建模思路及船桥碰撞工况

本书中，船舶对桥梁的撞击作用采用动力数值模拟法进行计算，分析软件采用基于显式算法的 LS-DYNA。相撞结构物之间的碰撞作用采用接触算法来完成。在两个相撞物体上，分别定义主从接触面，在计算过程中的每一时间步内，根据从属节点是否穿透主面来决定是否在主面上施加一作用力来阻止从属节点继续穿透，这个力即接触力。接触力的大小取决于穿透量和接触面两侧的单元特性。

对于计算结果精确度有多种因素起作用，如材料之间的摩擦、计算单元的选取、沙漏控制等。单从有限元方面来说，单元的类型和网格精细程度起着主要的作用。经计算研究证明，为了得到高精度的计算结果必须采用细致的网格，从而单元的数目非常庞大。另外，材料的应变速率也有很大的影响作用。碰撞局部区域经历高应变率，应变速率的效应的重要性取决于具体材料应变速率的水平。船只相互碰撞的研究表明，在通常的碰撞速率范围以内，应变速率的影响显著，因此必须将这一材料特性的变化反映到船桥碰撞区域的材料的本构关系中。船桥碰撞仿真模拟计算中混凝土材料偏于保守的采用弹性材料，混凝土材料采用弹性本构关系，密度 2500kg/m³，泊松比 0.17。结合桥梁船撞设计代表船舶及撞击速度，船撞数值仿真模拟计算工况安排见表 10.3-7。

鹅公岩轨道大桥船撞数值模拟汇总工况表 表 10.3-7

工况编号	撞击水位(m)	撞击位置	撞击角度	撞击速度(m/s)	撞击船舶吨位(t)
1	195.84	主塔	与桥轴法线夹角0°	4.9	（5000t 满载）6700
2	195.84	主塔	与桥轴法线夹角30°	4.9	（5000t 满载）6700
3	195.84	主塔	与桥轴法线夹角0°	4.9	（5000t 空载）4000
4	195.84	主塔	与桥轴法线夹角30°	4.9	（5000t 空载）4000

2）计算模型

通过水位分析以及船舶的吃水深度分析，船舶撞击主要发生在承台部位。本次数值模拟建立全桥模型，模拟碰撞点主要分布于最高通航水位以下的部分。桥塔、承台部分采用实体单元，主梁、桩基用梁单元，主缆、吊杆用杆单元。为了缩短计算时间，其他不与船舶发生直接接触的部分采用尺寸较大的实体单元进行划分。有限元模型见图 10.3-13。

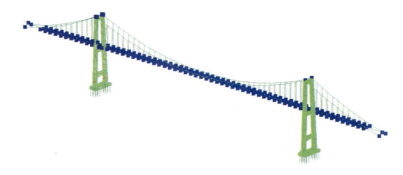

图 10.3-13　鹅公岩轨道大桥全桥模型

船撞数值模拟采用5000DWT散货船,船舶模型见图10.3-14。

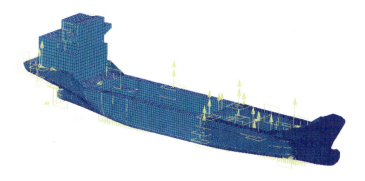

图10.3-14　5000t船舶有限元计算模型

3) 计算结果

各种工况的计算结果汇总见表10.3-8。

各种工况主要计算结果表　　　　　　　表10.3-8

工况编号	撞击水位（m）	撞击部位	撞击角度	撞击速度（m/s）	撞击力（MN）	塔顶位移（m）	撞深（m）
1	195.84	主塔	与桥轴线夹角0°	4.9	42.2	0.064	3.17
2	195.84	主塔	与桥轴法线夹角30°	4.9	35.3	0.06	1.99
3	195.84	主塔	与桥轴线夹角0°	4.9	39.2	0.053	2.93
4	195.84	主塔	与桥轴法线夹角30°	4.9	32.5	0.044	1.79

由表10.3-8可知,船头撞击主塔,桥塔承受的最大船撞力为42.2MN,对应工况一: 195.84m(最高通航水位)、计算吨位为5000t满载(6700t)、船头正撞。此时,桥梁结构塔顶横桥向位移的最大值为0.064m。

工况一对应的船舶撞击力变化情况如图10.3-15所示,船舶撞击力最大值为42.2MN,出现在撞击发生后0.57s。图10.3-16、图10.3-17分别为船与主桥发生碰撞的图片,图10.3-18为船头变形的图片。

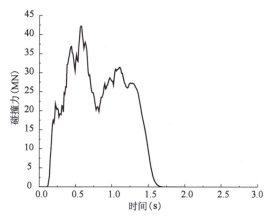

图10.3-15　船舶撞击力时程

图 10.3-16　船头正撞主桥模型

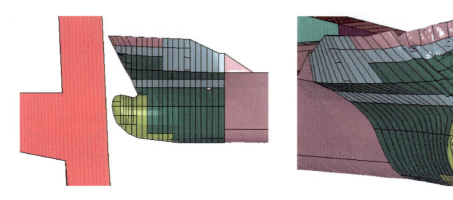

图 10.3-17　船桥碰撞局部视图　　　　　图 10.3-18　船头变形图

10.3.5　桥梁在船撞力作用下行车安全性和舒适性分析

当高速行驶的重载车辆通过桥梁结构时,在车辆荷载的动力冲击下,将引起桥梁的振动,而且由于车辆荷载的反复作用特征,桥梁易产生疲劳损伤与破坏,进而直接影响桥梁的工作状态与使用寿命。另一方面,桥梁结构的振动又会反作用于车辆,进一步加剧车辆的振动,影响车辆运行的安全性与平稳性。在一定条件下,会导致车辆构件疲劳损伤,载重物品受到损害,乘客的舒适性降低。因此,桥梁结构的振动状态成为评价结构动力设计参数合理与否的重要参考指标。而桥梁受到船舶撞击时,将发生一定的振动和位移,从而影响桥上线路的平顺性和稳定性,进而影响列车的运行安全和适度度。本书对鹅公岩轨道大桥在船舶撞击作用下的结构动力响应及列车运营的安全性和舒适性进行了研究。

1）车辆和桥梁的评判标准

在轨道不平顺及外在激励(如风荷载等)作用下,轨道车辆通过桥梁时,车辆和桥梁都会发生振动,过大的振动会影响行车安全性及乘坐舒适度。因此,需通过相应的指标来评判车辆和桥梁的振动性能。

综合《机车车辆动力学性能评定及试验鉴定规范》(GB/T 5599—2019)、《铁道机车动力学性能试验鉴定方法及评定标准》(TB/T 2360—1993)和《高速铁路设计规范》(TB 10621)、《地铁设计规范》(GB 50157—2013)、《铁路桥梁检定规范》(铁运函〔2004〕120号)、《客运专线无砟轨道铁路设计指南》(铁建设754号)及《京沪高速铁路设计暂行规定》的规定以及秦沈客运专线采用的评定标准,考虑已建斜拉桥和悬索桥及相关规范规定,本书中车辆及桥梁评定标准见表10.3-9。

本研究中车辆及桥梁的评定标准　　　　　表10.3-9

桥梁及车辆的评价指标			限定标准
桥梁	横向挠跨比		L/4000
	竖向挠跨比		L/600 ~ L/400
	横向加速度(m/s²)		1.4
	竖向加速度(m/s²)		3.5
	单侧竖向梁端折角(rad,1/1000)		2
	单侧横向梁端折角(rad,1/1000)		1.5
动车	安全性	脱轨系数	0.8
		轮重减载率	0.6
		轮轴横向力(kN)	47.0(AW0),66.6(AW3)
	舒适度	横向加速度(m/s²)	1.5
		竖向加速度(m/s²)	2.0
		横向 Sperling 指数	≤2.5(优秀),≤2.75(良好),≤3.0(合格)
		竖向 Sperling 指数	≤2.5(优秀),≤2.75(良好),≤3.0(合格)
拖车	安全性	脱轨系数	0.8
		轮重减载率	0.6
		轮轴横向力(kN)	46.8(AW0),66.4(AW3)
	舒适度	横向加速度(m/s²)	1.5
		竖向加速度(m/s²)	2.0
		横向 Sperling 指数	≤2.5(优秀),≤2.75(良好),≤3.0(合格)
		竖向 Sperling 指数	≤2.5(优秀),≤2.75(良好),≤3.0(合格)

2)建模思路

本书采用 BANSYS(Bridge Analysis SYStem)软件对鹅公岩轨道大桥进行车-桥耦合振动分析,并将第5章中得出的船舶撞击力时程作为荷载施加在桥塔上,桥梁有限元分析模型见图10.3-19。

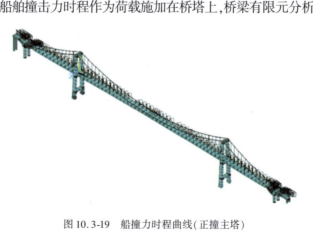

图10.3-19　船撞力时程曲线(正撞主塔)

船舶撞击力时程考虑通航水位195.84m,船舶吨位5000DWT满载和空载以4.9m/s的速度正撞主塔两种情况,如图10.3-20所示。

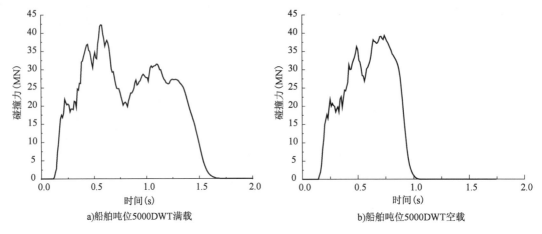

a)船舶吨位5000DWT满载　　　　b)船舶吨位5000DWT空载

图10.3-20　船撞力时程曲线(正撞主塔)

本书研究采用美国6级线路谱模拟轨道不平顺记录,将模拟的轨道不平顺作为激励输入。考虑双车对开时,通常认为两条轨道的不平顺是相互独立的随机过程,因此对下下行侧轨道,可忽略两轨道间的相关性,采用相同的方法独立地进行模拟。

3)分析工况

车-桥耦合振动分析中考虑了2种船载状态(满载、空载)、2种车载状态(空载AW0、超员AW3)、3种车速列车、在全桥典型位置(9个点位)船刚好正撞上P14主塔时进行车桥耦合振动计算,共计108种工况;不考虑船撞力时2种车载状态(空载AW0、超员AW3)以设计车速过桥的车桥耦合振动计算,共2种工况;总共110种工况。轨道不平顺为美国六级谱,结构阻尼比取为0.5%。分析车辆情况具体如下：

车载状态:空载车辆(AW0)、超员车辆(AW3);

列车编组为:拖＋动＋动＋动＋动＋拖,共6节;

速度等级为:60km/h、70km/h、80km/h。

全桥典型位置(9个点位)情况具体如下(图10.3-21):

点位1:第一节车头行驶至桥头(P11)船刚好撞上主塔;

点位2:第一节车头行驶至桥墩(P12)处船刚好撞上主塔;

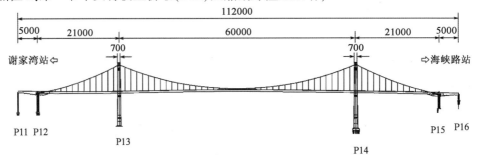

图10.3-21　鹅公岩轨道大桥总体布置图(尺寸单位:mm)

点位3:第一节车头行驶至边跨跨中船刚好撞上主塔;
点位4:第一节车头行驶至桥塔(P13)船刚好撞上主塔;
点位5:第一节车头行驶中跨跨中船刚好撞上主塔;
点位6:第一节车头行驶至桥塔(P14)船刚好撞上主塔;
点位7:第一节车头行驶至边跨跨中船刚好撞上主塔;
点位8:第一节车头行驶至桥墩(P15)处船刚好撞上主塔;
点位9:第一节车头行驶至桥头(P16)船刚好撞上主塔。

4) 桥梁响应及评定

图 10.3-22～图 10.3-26 分别为超员车辆(AW3)以 80km/h 通过桥梁过程中有无船撞力作用的桥梁响应时程对比,包括主跨跨中横桥向位移、主跨跨中竖向位移、主跨跨中的扭转角、梁端竖向折角、桥塔塔顶横桥向位移。无船撞力作用的情况对应工况110,有船撞力作用的情况对应工况78,该工况对应点位6,即第一节车头行驶至桥塔(P14)船刚好撞上P14主塔,此时列车的前进距离为860m。

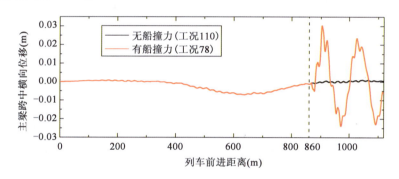

图 10.3-22 主梁跨中横向位移时程(横坐标为列车前进距离)

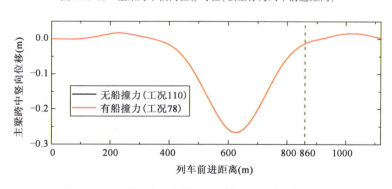

图 10.3-23 主梁跨中竖向位移时程(横坐标为列车前进距离)

由图 10.3-22～图 10.3-26 可知,船舶撞击桥塔后(列车行驶至860m),主梁跨中横向位移、跨中扭转角以及撞击侧塔顶横向位移时程曲线振动幅度显著增加,且出现了较大的震荡。而主梁跨中竖向位移和梁端竖向折角则变化不大。无撞击作用时桥梁的位移主要是列车运行时由于轨道不平顺激励所产生的,墩顶和梁跨中的横向位移最大值分别在 0.702cm 和 6.1782×10^{-2}cm 左右;而在船舶撞击作用下,墩顶和跨中横向位移最大值分别达到 3.035cm 和 3.928cm,分别为无撞击作用时的 4.32 倍和 63.6 倍。

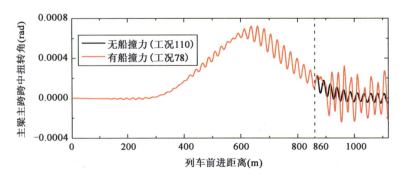

图 10.3-24 主梁主跨跨中扭转角时程(横坐标为列车前进距离)

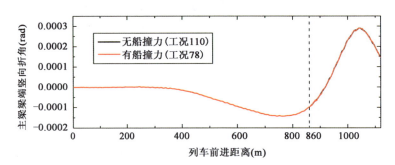

图 10.3-25 主梁梁端竖向折角时程(横坐标为列车前进距离)

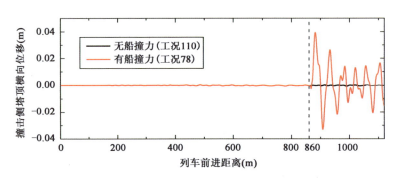

图 10.3-26 撞击侧塔顶横向位移(横坐标为列车前进距离)

由此可见,船撞力的作用大幅增加了桥梁在横向的振动响应,而对主梁竖向振动的影响很小。

不同工况下的桥梁位移及加速度响应计算结果及评定详见图 30。每个工况中均计算锚跨跨中、边跨跨中、主跨跨中对应的竖向及横向最大位移、扭转角及加速度,然后取各工况中对应的最不利位移、扭转角及加速度与限值进行校核。最大梁端转角则为进桥侧和出桥侧梁端转角中最大值,再将其与单侧梁端折角限值进行比较。

如图 10.3-27 所示,各工况主梁的最小横向挠跨比、最小竖向挠跨比、最大横向加速度、最大竖向加速度、最大梁端竖向折角以及最大梁端水平折角均小于相应的限值。其中,由图 30a)、c)、f)可知,无船撞力作用时主梁横向挠跨比、横向加速度、梁端横向折角大幅降低。有无船撞力工况桥梁响应对比列于表 10.3-10。

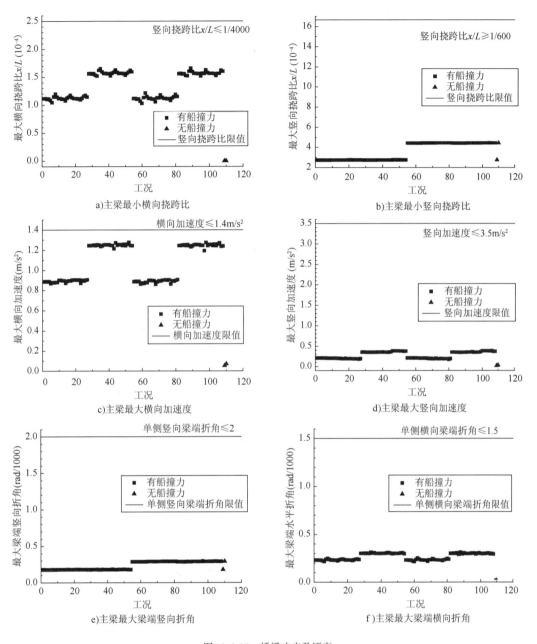

图 10.3-27 桥梁响应及评定

有无船撞力工况桥梁响应对比表 表 10.3-10

车载情况	工况	最大竖向加速度（m/s²）	最大横向加速度（m/s²）	最小竖向挠跨比	最小横向挠跨比	最大梁端竖向折角（rad/1000）	最大梁端水平折角（rad/1000）
车辆空载（AW0）	有船撞力	0.3849	1.2767	1/3659	1/9563	0.1844	0.3126
	无船撞力	0.0215	0.0542	1/3632	1/175177	0.1799	0.0132

续上表

车载情况	工况	最大竖向加速度（m/s²）	最大横向加速度（m/s²）	最小竖向挠跨比	最小横向挠跨比	最大梁端竖向折角（rad/1000）	最大梁端水平折角（rad/1000）
车辆超员（AW3）	有船撞力	0.3907	1.2745	1/3632	1/9700	0.2935	0.313
	无船撞力	0.0307	0.0706	1/2252	1/85431	0.2903	0.02

分析可知，车辆空载时，无撞击作用时主梁最大竖向加速度、最大横向加速度、最小横向挠跨比、最大梁端水平折角分别为 $0.0215 m/s^2$、$0.0542 m/s^2$、$1/175177$、$0.0132 \times 10^{-3} rad$；而在船舶撞击作用下，主梁最大竖向加速度、最大横向加速度、最小横向挠跨比、最大梁端水平折角分别达到 $0.3849 m/s^2$、$1.2767 m/s^2$、$1/9563$、$0.3126 \times 10^{-3} rad$，分别为无撞击作用时的 17.9 倍、23.6 倍、29.0 倍和 23.7 倍。

车辆超员时，无撞击作用时主梁最大竖向加速度、最大横向加速度、最小横向挠跨比、最大梁端水平折角分别为 $0.0307 m/s^2$、$0.0706 m/s^2$、$1/85431$、$0.02 \times 10^{-3} rad$；而在船舶撞击作用下，主梁最大竖向加速度、最大横向加速度、最小横向挠跨比、最大梁端水平折角分别达到 $0.3907 m/s^2$、$1.2745 m/s^2$、$1/9700$、$0.313 \times 10^{-3} rad$，分别为无撞击作用时的 12.7 倍、18.1 倍、14.2 倍和 15.7 倍。

综上，船撞力的作用大幅度增加了桥梁在横向的振动响应，而对主梁最大竖向挠跨比、最大梁端竖向折角的影响很小。

5）车辆响应及评定

图 10.3-28～图 10.3-32 分别为超员车辆（AW3）以 80km/h 通过桥梁过程中有无船撞力作用的动车响应时程对比，包括动车横向加速度、竖向加速度以及该车第 1 轮对的水平横向力、轮重减载率、脱轨系数时程曲线。无船撞力作用的情况对应工况 110，有船撞力作用的情况对应工况 77，该工况对应点位 5，即第一节车头桥梁主跨跨中满载船舶恰好撞上 P14 主塔，此时列车的前进距离为 560m，时间为 25.2s。

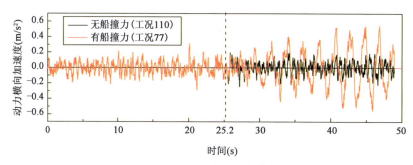

图 10.3-28 动车横向加速度时程

由图 10.3-28～图 10.3-32 可知，在船舶撞击 P14 桥塔之前（列车行驶至 560m，时间为 25.2s），工况 77 和工况 110 对应的动车响应基本相吻合。船舶撞击 P14 主塔后，动车横向加速度时程和轮轴减载率时程振动幅度显著增加，出现了较大幅度的震荡，动车的竖向加速度时程、轮轴横向力时程和脱轨系数时程的振动幅度也有一定程度的提高。表 10.3-11 列出了两个工况对应的动车横向加速度、竖向加速度、轮轴横向力、轮轴减载率以及脱轨系数的峰值绝对值对比。由表 10.3-11 可知，船撞力的作用不同程度地增大了动车的动力响应。

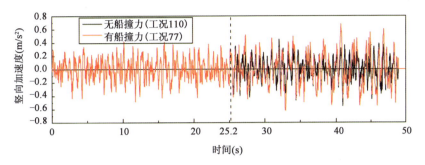

图 10.3-29　动车竖向加速度时程

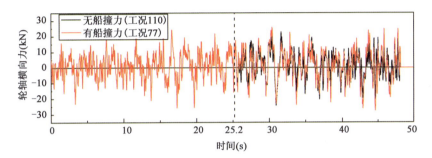

图 10.3-30　动车轮轴横向力时程

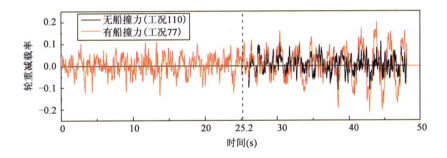

图 10.3-31　动车轮重减载率时程

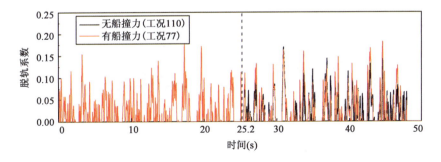

图 10.3-32　动车脱轨系数时程

有无船撞力工况动车响应对比表　　　　表 10.3-11

工况	横向加速度 （m/s²）	竖向加速度 （m/s²）	轮轴横向力 （kN）	轮轴减载率	脱轨系数
110（无船撞力）	0.3139	0.5528	25.88	0.1358	0.1777
77（有船撞力）	0.5552	0.6812	27.57	0.2108	0.1825

不同工况下的动车和拖车行车安全性和舒适性评定详见图 10.3-33～图 10.3-37。

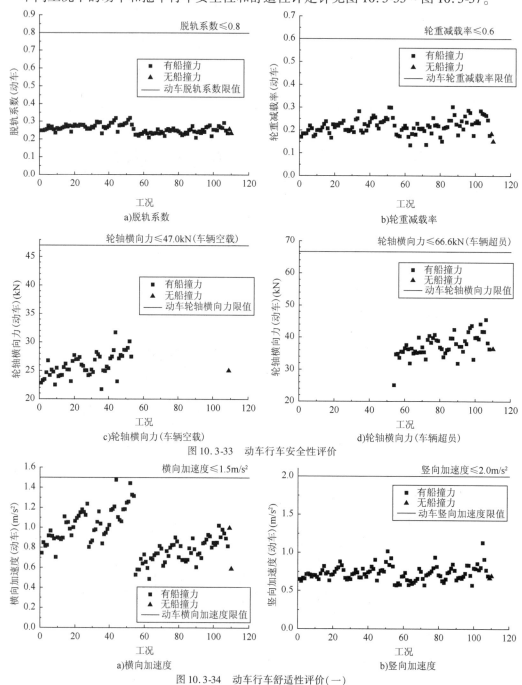

图 10.3-33　动车行车安全性评价

图 10.3-34　动车行车舒适性评价（一）

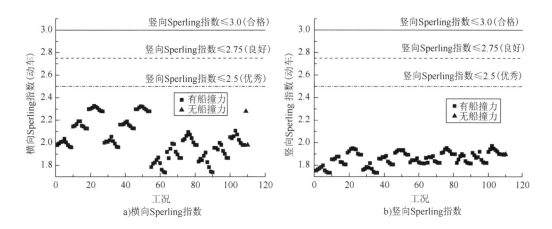

图 10.3-35　动车行车舒适性评价(二)

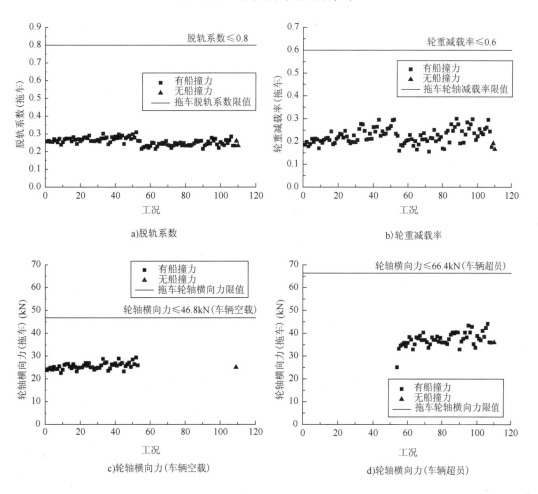

图 10.3-36　拖车行车安全性评价

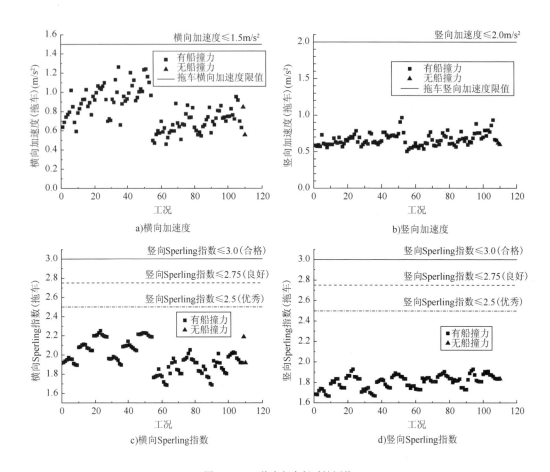

图 10.3-37 拖车行车舒适性评价

如图 10.3-33~图 10.3-37 所示,各工况动车和拖车的脱轨系数、轮重减载率、轮轴横向力、横竖向加速度以及横竖向 Sperling 指数最大梁端水平折角均小于相应的限值。其中动车和拖车的横竖向 Sperling 指数均满足优秀指标。

动车和拖车在有无船撞力工况下的响应对比分别列于表 10.3-12 和表 10.3-13。

有无船撞力工况动车响应对比表　　　　表 10.3-12

车载情况	工况	脱轨系数	轮重减载率	轮轴横向力（kN）	横向加速度（m/s²）	竖向加速度（m/s²）	横向 Sperling 指数	竖向 Sperling 指数
车辆空载（AW0）	有船撞力	0.319	0.3	31.71	1.477	1.016	2.328	1.951
	无船撞力	0.257	0.184	25.05	0.997	0.667	2.28	1.893
车辆超员（AW3）	有船撞力	0.293	0.302	45.51	1.316	1.128	2.28	1.972
	无船撞力	0.234	0.151	36.41	0.591	0.695	1.98	1.898

第10章 船舶撞击专题研究

有无船撞力工况拖车响应对比表　　　　　　　　　　　　　　表 10.3-13

车载情况	工况	脱轨系数	轮重减载率	轮轴横向力（kN）	横向加速度（m/s²）	竖向加速度（m/s²）	横向 Sperling 指数	横向 Sperling 指数
车辆空载（AW0）	有船撞力	0.309	0.296	29.32	1.262	0.966	2.251	1.929
	无船撞力	0.26	0.192	25.08	0.846	0.617	2.188	1.833
车辆超员（AW3）	有船撞力	0.285	0.3	44.19	0.967	0.931	2.188	1.928
	无船撞力	0.233	0.166	36	0.557	0.599	1.918	1.837

如表 10.3-12 和表 10.3-13 所示,船撞力使动车和拖车的响应增大,其中,动车的轮重减载率在空载和超员时分别增加 63% 和 100%,拖车的轮重减载率在空载和超员时分别增加 54% 和 80%;动车的横向加速度在空载和超员时分别增加 48% 和 123%,拖车的横向加速度在空载和超员时分别增加 49% 和 74%;动车和拖车的竖向加速度在空载和超员时增加 50% ~ 60%。动车和拖车的脱轨系数、轮重横向力以及横竖向 Sperling 指数的在船撞力作用下增大不到 25%

综上所述,船撞力的作用会增加车辆的响应,但是船撞力对车辆响应的影响远小于其对桥梁响应的影响。

10.4 研究结论

通过对鹅公岩轨道大桥进行概率船撞安全评估、动力数值模拟和行车安全性舒适性评估,主要得到以下结论:

（1）根据指南方法评估的结果,鹅公岩轨道大桥在 2018 的通航密度下,其船撞风险为 4.55×10^{-5},低于 AASHTO 规范中重要桥梁的可接受风险 10^{-4};但随着年份的增加(通航密度不断增长),其船撞风险逐渐增大,在 2030 年和 2050 年的通航密度下,其船撞风险分别为 1.27×10^{-4} 和 4.09×10^{-4},已高于重要桥梁的可接受风险 10^{-4}。

（2）根据 AASHTO 方法和三概率参数积分路径法评估的结果,鹅公岩轨道大桥 P13 墩从 2018 年到 2050 年船舶撞击风险均为 4A 级,属于低风险;P14 墩在 2018 年的船舶撞击风险为 4B 级,属于中等风险,在 2030 年和 2050 年时为 4C 级,属于高风险。

（3）根据概率安全评估结果,P14 主墩的船撞设计代表船舶均为 5000 吨级。

（4）桥塔的设防船撞力与自身抗力情况汇总见表 10.4-1。

数值模拟船舶最大撞击力与基础自身抗力比较表(对应水位 195.84m)　　表 10.4-1

桥墩位置	船型（DWT）	撞击吨位（DWT）	撞击速度（m/s）	设防船撞力（MN）	现有基础抗撞能力（MN）
主墩	5000	6700	4.9	42.2	37

（5）顺桥向设防船撞力,根据《重庆市三峡库区跨江桥梁船撞设计指南》第 6.2.1 条的要求,桥梁的顺桥向船舶撞击荷载取横桥向船舶撞击荷载的 50%,因此,鹅公岩轨道大桥主塔的顺桥向设防船撞力应不低于 21.1MN(对应水位 195.84m)。

（6）针对重庆鹅公岩轨道大桥,对不同车速、不同入桥距离、不同车载状态工况,进行了船

撞作用下的车-桥耦合振动分析,得到以下结论:

①船撞力的作用大幅度增加了桥梁在横向的振动响应,并一定程度地增大动车和拖车的响应。

②船舶满载与船舶空载撞击桥塔时,主梁的最大横向加速度、最大竖向加速度、最大横向挠跨比和最大梁端水平折角较小,最大梁端竖向折角和最大竖向挠跨比满足要求。

③空载车辆(AW0)及超载车辆(AW3)以3种车速(60km/h、70km/h、80km/h)通过桥梁时,针对船舶满载与船舶空载撞击力作用于9个不同车辆位置时,动车及拖车的轮重减载率、脱轨系数、轮轴横向力满足要求,动车和拖车的运行安全性满足要求;横向加速度、竖向加速度满足要求,横向Sperling指标和竖向Sperling指标评价均为"优秀",动车和拖车的运行平稳性满足要求。

第 11 章 大跨径自锚式悬索桥先斜拉后悬索施工技术研究

11.1 研究背景

重庆鹅公岩轨道大桥为五跨连续双塔双索面自锚式悬索桥,主桥跨径、主缆矢跨比与既有鹅公岩大桥保持一致,桥宽22.0m,桥跨布置50m+210m+600m+210m+50m=1120m。桥塔是由塔柱、上中下横梁及塔冠组成的门式框架结构。主梁采用混合梁:中跨及边跨采用钢箱梁,锚跨及锚固区采用混凝土梁,梁高4.5m,钢箱梁采用六腹板断面。两根主缆的中心间距为19.5m,吊索间距15m。如图11.1-1所示。

图 11.1-1 鹅公岩轨道大桥(右)修建完成图

600m的主跨从经济上来讲更适合建造斜拉桥,但是由于重庆主城区的城市建设现状,长江两岸高楼林立,轨道交通列车的线路设计无法采用从其他区域通过的方案,只能见缝插针设计线路,致使规划建设的鹅公岩轨道大桥与既有鹅公岩大桥净距仅45m,为了保持悬索桥风格,避免斜拉桥和悬索桥结构产生绳索混乱的视觉效果,确定了悬索桥的方案。从重庆轨道环线方案的整体经济性来讲,在既有鹅公岩大桥旁建造鹅公岩轨道大桥,是较为经济的选择。此外,地方政府考虑两座悬索桥可形成一对姊妹桥,也给重庆城市添加一道亮丽的风景线。

已通车的鹅公岩大桥将仅有的锚固区占用,为了确保既有鹅公岩大桥的安全运行,不允许松动鹅公岩大桥地锚周边的岩体环境,决定鹅公岩轨道大桥选用"自锚式悬索桥"结构。

自锚式悬索桥的施工方法与地锚式悬索桥"先缆后梁"的顺序有所不同。由于自锚式悬索桥的主缆锚固在主梁上,常规的施工顺序为"先梁后缆"。目前国内外自锚式悬索桥通常使用临时支墩法或支架法施工。比如长沙三汊矶大桥、佛山平胜大桥、郑州桃花峪大桥等,虽然采用的体系转换方法不同,但都是支架法或支墩法来先建好主梁,再进行体系转换成桥。

由于鹅公岩轨道大桥主跨为长江主航道,为确保长江正常通航,防止船只撞击桥梁支架,鹅公岩轨道大桥不能在长江航道里搭建支架或顶推成梁,只能先使用临时钢塔斜拉成桥,再采用"先斜拉、后悬索"的体系转换施工方案,即先建成斜拉桥,再将斜拉桥转换成悬索桥。这种世界首创的建设方式带来的也是世界级的施工难题。

国内外已建成的自锚式悬索桥跨径绝大多数都小于400m。跨径从400m增至600m,整个施工过程都将出现更加显著的几何非线性特征,这给施工过程的结构定位、结构体系的模拟计算增加巨大的难度。

本书研究目的在于对"先斜拉、后悬索"施工工序、技术措施、体系转换等进行分析研究,确保该桥安全、保质、如期顺利建成提供技术支撑。

11.2 研究方法、技术路线及研究内容

鹅公岩轨道大桥首次采用"先斜拉后悬索"总体施工方案,本研究贯穿上部结构施工方案研究的全过程。研究技术路线:技术方案拟定、施工过程分析等。主要研究技术内容包括:

1) 主梁架设施工关键技术研究

针对"先斜拉,后悬索"的总体施工方案,主缆锚固段采用现浇支架法施工,边跨钢箱梁采用高位顶推施工方法,中跨钢箱梁采用"斜拉扣挂法"单悬臂施工。

主缆锚固段的关键施工技术主要研究了锚固段大体积混凝土温控的问题以及可滑移的现浇支架设计。边跨加劲钢箱梁施工研究了钢箱梁步履式顶推施工关键技术。主跨加劲钢箱梁主要研究了临时斜拉桥结构布置形式、临时钢塔结构设计、主梁锚点设计和斜拉索设计四部分内容。临时斜拉桥布置形式考虑了19对斜拉索(密索)、8对斜拉索(稀索)和16对斜拉索三个方案,最终确定了以16对斜拉索作为临时桥的布置形式。临时钢塔结构设计主要考虑了临时钢塔的塔高分析、截面设计、塔底锚固构造等问题。主梁锚点主要分析了加劲梁端处的斜拉索锚固点问题,包括加劲钢箱梁内锚点和主缆锚固段内锚点。

2) 主梁架设全过程施工模拟计算的实桥验证

主梁架设的实桥验证,重点研究边跨钢箱梁高位顶推的线形控制和内力反应,并进行了有限元模拟和实桥监测获得数据的对比分析,研究差异原因。研究中跨钢箱梁"斜拉扣挂法"的单悬臂吊装,分析加劲梁的内力和线形、斜拉索的索力变化、桥塔的内力和偏位等,将实桥监测获得数据进行整理,与有限元计算提取的结果进行比较分析,进一步指导工程施工。

3) 主缆施工关键技术研究

主要研究了主缆架设中两个重要的临时结构设施——猫道和牵引系统的总体布置情况,并对猫道承重索拉力和牵引系统的牵引索拉力进行了计算。此外,通过利用分段悬链线方法,推导了成桥线形迭代计算方法,并获得了主缆空缆线形和索鞍预偏量的公式计算。

4) 悬索桥成桥分析

斜拉-悬索体系转换分析之前的自锚式悬索桥成桥分析环节,是建立斜拉-悬索耦合模型中悬索模型正确与否的判据。分析环节中首先研究了悬索模型的主要构件的材性和断面以及在体系转换的控制标准,随后将悬索模型中的有限元使用情况进行研究,重点研究了单元选

取、荷载和约束条件、主索鞍和散索鞍的有效模拟等研究内容。根据上述各方面的研究内容,建立了自锚式悬索桥的成桥模型。通过与设计资料的比对,分析了模型中主缆在成桥和空缆状态下的线形坐标、成桥吊索索力等参数,验证了自锚式悬索桥有限元可用。

5) 体系转换理论研究

首先确定了斜拉-悬索体系转换的模型耦合方法,利用无应力状态控制法的基本原理,将正装的斜拉桥与倒拆的悬索桥进行有效耦合。分析主缆垂度敏感性分析,分别对单吊点力、双吊点力、三吊点力作用下的主缆位移变化进行计算,分析出主缆对索力在不同作用区域的敏感性。进行体系转换过程中的敏感性分析,研究了体系转换前期和后期不同状态下的主缆垂度敏感性变化规律。对于吊索张拉工作,进行了方案比选原则的分析,并总结了斜拉-悬索体系转换吊索张拉施工过程中的控制因素,包括:主索鞍的偏位、吊索索力、加劲梁线形、吊索与锚固钢套管间距、接长杆的长度数量和张拉设备的数量,以及临时钢塔塔底弯矩的限值。最后,在某一可行的吊索张拉方案中,重点分析的体系转换过程中的全部吊索索力变化情况,绘制吊索索力的变化曲线,分析吊索索力对相邻吊索和非相邻吊索的影响,以及成桥索力的六大来源和比例。

6) 体系转换技术研究

首先讨论了临时斜拉桥的成桥线形问题,并确定了临时斜拉桥成桥目标线形为悬索桥成桥线形,待合龙后进行主梁线形调整,给出斜拉桥成桥索力与补张拉索力。确定先张拉吊索后拆除斜拉索施工方案和先将主梁进行线形调整后张拉吊索的总体方案。通过详细的研究、分析、计算,优化了体系转换过程,大大减少施工操作步骤、操作难度,体系转换设施设备数量减少约 75%,提高了施工安全性,降低了施工组织难度。此外,也给出选定体系转换方案实施过程中每一步骤各构件的内力与变形值,为制定具体实施方案提供全面、详细的参考数据。

11.3 施工关键技术

11.3.1 主缆锚固段混凝土梁带载自动可滑移支架研究与设计

主缆锚固段是现浇大体积钢筋混凝土箱形结构,构造复杂,混凝土量近 4200m^3,具有结构重量大、荷载集中施工技术特点。根据结构和受力特点,主缆锚固段从浇筑至悬索桥成桥的整个过程中,均需支撑在施工支架上,如图 11.3-1、图 11.3-2 所示,时间跨径达 1~2 年,安全风险远高于一般的支架现浇结构。在斜拉桥成桥、主缆安装、斜拉-悬索体系转换过程中,由于结构应力状态、温度的变化,主缆锚固段的位置顺桥向不断变化。

施工支架由钻孔桩基础、支撑立柱及纵横向联系系、纵向下滑道梁、横向上滑道梁、底模支撑系统等组成。如图 11.3-3 所示,下滑道梁与上滑道梁之间设置滑动面,支架系统与底模支撑系统之间可相对滑移,满足主缆锚固段位置变化的需要。主缆锚固段滑移时对支架产生巨大的纵向水平力(约 8000kN)。支架结构除考虑砼结构自重外,还应考虑主缆锚固段滑移产生的纵向水平力。

主缆锚固段从浇筑后至悬索桥成桥的整个过程中,随着桥梁结构受力状态的变化逐渐向中跨方向移动。因此,主缆锚固段浇筑时应向将边跨方向预偏,利用 ANSYS 建立模型进行计算,初始预偏量为 245mm。

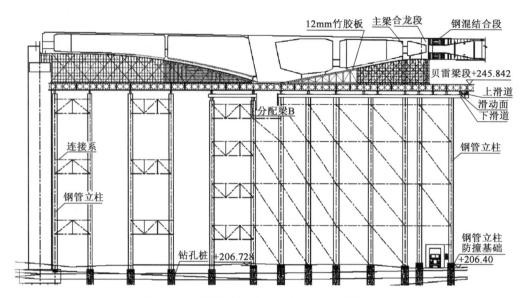

图11.3-1 西岸锚固段支架立面布置图(高程单位:m)

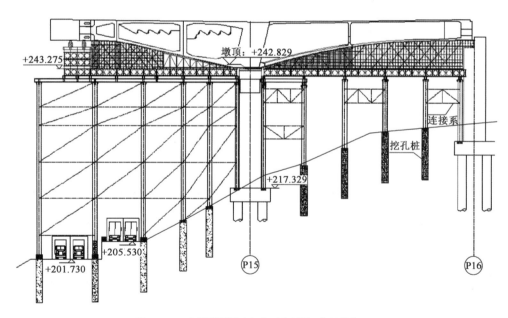

图11.3-2 东岸锚固段支架立面布置图(高程单位:m)

11.3.2 边跨钢箱梁加劲梁高位顶推滑移施工技术

综合考虑地形及交通等条件,边跨钢箱梁施工重点研究了两种方案:双悬臂吊装方案和高位顶推方案。通过分析施工环境和技术经济条件,边跨钢箱梁施工采用高位顶推方案,如图11.3-4所示。高位顶推是在桥塔旁搭设钢箱梁拼装支架兼作初始顶推平台,在边跨搭设顶推支架,将钢箱梁节段船运至桥塔旁,利用架梁吊机从主跨侧起吊、拼装,通过同步系统控制,采用步履式顶推器逐节段向边跨侧顶推。跨既有线施工时,一次顶推使钢导梁跨越既有铁路。

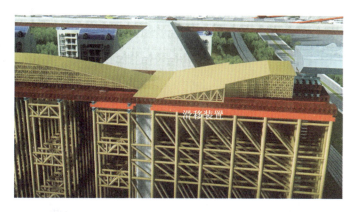

图 11.3-3　锚固段支架滑移装置

图 11.3-4　边跨高位顶推钢箱梁

在顶推过程中,主梁为多跨连续梁结构,各顶推点为连续梁支点,采用 Midas/Civil 建立钢导梁和主梁计算模型如图 11.3-5 所示。

图 11.3-5　高位顶推模拟

11.3.3　主跨钢箱加劲梁斜拉扣挂法施工技术

1)临时斜拉桥结构布置

由于航道的限制,主跨河道中不允许搭设支架,主跨钢箱梁采用"斜拉扣挂法"进行施工:在主塔顶部设置斜拉索锚固钢塔,结合悬索桥主梁布置斜拉索,组合成斜拉桥体系;边跨钢箱梁施工完成后,利用斜拉桥体系辅助安装加劲钢箱梁,形成斜拉桥。

如图 11.3-6 所示,斜拉桥的设计计算分为两个阶段:斜拉桥成桥阶段和斜拉-悬索体系转换阶段。利用建立模型,对斜拉桥两个阶段进行计算分析,计算出锚固钢塔、斜拉索的最大荷载,作为斜拉桥锚固钢塔、斜拉索及斜拉索锚固点的设计荷载。

图 11.3-6　过渡斜拉桥两阶段设计

通过分析比较钢塔高度对斜拉索索力及规格、钢梁应力的影响,确定锚固钢塔高度为 42.5m;通过建立模型对斜拉桥成桥过程和斜拉桥-悬索桥体系转换过程进行分析计算,确定斜拉索及其锚固结构由斜拉桥成桥过程中最大索力控制设计,锚固钢塔由斜拉桥-悬索桥体系转换过程控制设计,并以此为依据对过渡斜拉桥主要构件进行设计,如图 11.3-7 所示。

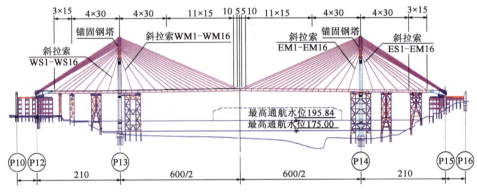

图 11.3-7　过渡斜拉桥结构布置(尺寸单位:m)

2)在锚固钢塔的边跨和中跨侧各需锚固 16 对斜拉索,选取 37.5m、42.5m、47.5m 三种不同的塔高进行比选,采用有限元软件建立计算模型,按正装法对斜拉桥成桥过程进行分析,综合考虑,选择钢塔高度为 42.5m。

锚固钢塔布置在主塔上横梁顶面,受力情况复杂、荷载大。钢塔采用双肢结构,底座通过精轧螺纹钢筋与上横梁固结。钢塔双肢横向中心距 11.7m,与钢箱梁上斜拉索锚固点横向间距相同,使得相应斜拉索构成平行索面。锚固钢塔如图 11.3-8 所示。

图 11.3-8　锚固钢塔示意图

3) 主跨钢箱梁合龙敏感性分析和措施研究

对钢箱梁合龙口两端高程、竖向转角、扭转、轴线偏差等应满足设计要求进行了敏感性分析。调整 M14～M16 斜拉索索力,合龙口两端的高程和转角比较敏感,施加纵向水平力可以有效地调整合龙口的纵向尺寸。在主塔处布置纵向调节装置,合龙前解除塔梁之间的临时锁定,利用纵向调节装置调整合龙口尺寸。主跨合龙状态如图 11.3-9 所示。

图 11.3-9 中跨合龙示意图

11.3.4 主缆施工技术

如图 11.3-10 所示,猫道承重索采用三跨分离式,在梁面及塔顶设置锚固结构;门架支承索与扶手索采用三跨连续式,在梁面设置锚固结构,塔顶设置转向鞍座。如图 11.3-11 所示为牵引系统采用大循环牵引系统。

图 11.3-10 三跨分离猫道图

图 11.3-11 大循环牵引系统图

11.3.5 斜拉-悬索耦合模型建立及数值模拟分析计算方法

1）斜拉-悬索耦合模型的建立

完整的体系转换数值分析模型需要考虑斜拉桥和自锚式悬索桥两种独立缆索支撑体系共存，采用无应力状态控制法将两种模型全部缆索单元以无应力长度为基础重新建模迭代计算，获得耦合状态分析模型，建模如图11.3-12所示。

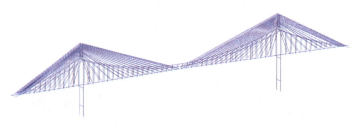

图11.3-12 斜拉悬索耦合计算模型的建立

2）数值模拟分析计算方法研究

针对体系转换中吊索张拉及主索鞍顶推在数值模拟中的实现，应用了与无应力状态控制法相通的降温法进行分析。提出表征吊索建模长度和无应力长度之间长度差值的降温法，如图11.3-13所示可用来计算吊索在张拉过程中无应力索长量与吊索张拉力对应关系，A和A'位置关系分别代表张拉前后，吊索与索夹连接节点的相对位置变化，B代表吊杆与主梁连接节点。也说明了降温法同样可用于主索鞍的顶推操作，如图11.3-14所示，图中①和②表示模拟状态下，主缆与主索鞍的交点。

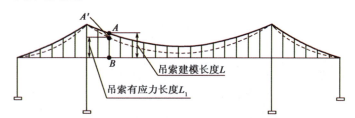

图11.3-13 降温法实现吊索张拉

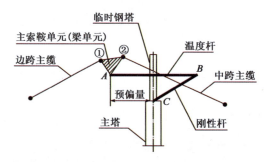

图11.3-14 降温法实现主索鞍顶推

11.3.6 中间斜拉桥合理线形确定

体系转换是通过吊索的张拉与安装逐步实现的，主梁初始线形的高低与张拉接长杆长度、张拉次数、张拉控制力等中间过程密切相关，这些中间过程又与设备的配备、调度、结构安全与组织管理直接关联,以致影响工期与经济成本,由此引出主梁线形调整的问题。分析了不同斜拉桥成桥线形对体系转换过程及难度的影响,确定了斜拉桥成桥合理线形,并且研究斜拉桥合龙后主梁线形调整技术措施。

在斜拉桥正装架设成桥后,选取在吊索张拉之前,主梁线形调整可以近似理解为落梁法和吊索张拉法的结合,斜拉索调索目的如同落梁法,均是提高主梁线形,如图 11.3-15 所示。与其他不调索的典型可行方案相比,虽然增加了一些斜拉索调索工作,但吊索张拉设备可由 32 套减少为 24 套,单根吊索最大张拉次数由 4 次减少为 3 次,主索鞍顶推次数由 12 次减少为 9 次,接长杆的最大长度由 3.2m 减少至 2.1m,可以大幅度降低体系转换施工技术和施工组织的难度。

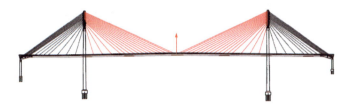

图 11.3-15　主梁线形调整

11.3.7　斜拉-悬索体系转换技术研究和实施方案确定

1)斜拉索的拆除时机和拆除顺序

斜拉索拆卸时机及拆卸顺序主要可以分为两种情况。第一种情况是吊索张拉由主塔向两侧逐对、对称安装张拉吊索,吊索安装推进到某对斜拉索位置时,拆除该斜拉索;如此逐步推进直至体系转换完成。第二种情况是从主塔开始,向两侧逐对、对称安装张拉吊索,逐步推进直至吊索全部安装张拉到位后,再从上向下逐对拆除斜拉索。综合比较,斜拉索拆除应在吊索张拉全部完成后进行,斜拉索拆除顺序应自上而下,如图 11.3-16 所示。

图 11.3-16　斜拉索拆除

2)主索鞍的顶推时机和顶推量

主索鞍顶推时机分别两种情况,如图 11.3-17 所示,一是降低主缆两侧不平衡的水平力,二是这种"先斜拉,后悬索"体系转换方案所独有的情况——降低临时钢塔的塔底弯矩,顶推索鞍期间保证主缆。

在鞍槽内抗滑安全系数满足 $K \geq 2.0$,且顶推主要在前期吊索张拉较少的情况下进行,以免出现后期主索鞍顶推不动的情况。

图 11.3-17　主索鞍顶推

3) 吊索张拉方案研究

经过对斜拉-悬索共存体系力学特性的研究、吊杆张拉对主缆垂度变化的敏感性以及体系转换过程中主缆垂度敏感性变化规律的分析计算,提出斜拉桥-悬索桥体系转换优化施工方案:如图 11.3-18 所示,斜拉桥成桥主梁线形为悬索桥成桥主梁线形,斜拉桥成桥后,调整跨中斜拉索索力,使主梁跨中部分线形接近体系转换目标线形(即二期恒载加载前的悬索桥主梁线形);在此基础上,再安装张拉吊杆,完成斜拉桥-悬索桥的体系转换;在吊杆安装、张拉的过程中,不调整斜拉索,不拆除斜拉索,吊杆安装张拉完毕,按从上向下(16号→1号)的顺序逐对拆除斜拉索。

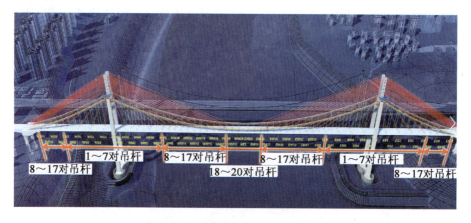

图 11.3-18　吊索张拉

4) 吊索张拉索力变化规律研究

研究吊索张拉顺序、张拉批次、接长长度以及吊索张拉对主缆主梁线形和内力以及斜拉索索力的影响规律;验证了张拉吊索与已张拉吊索的索力之间具有强相干性,包括"相邻吊索索力的卸载性"和"非相邻吊索索力的累加性"两个部分。

如图 11.3-19 所示,分析了成桥吊索索力来源的,除了拆除斜拉索、施加二期恒载、顶推主索鞍对成桥索力有贡献外,其他重要因素有如下影响:前期张拉的大部分吊索的成桥索力主要来源于除相邻吊索外其他吊索张拉产生的索力累加,中期张拉的吊索的成桥索力主要来源于自身吊索张拉、相邻吊索张拉和非相邻吊索的张拉三者索力累加,后期张拉的吊索成桥索力主要来源于因自身吊索张拉获得的索力。

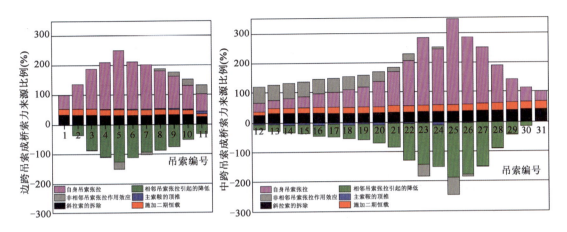

图 11.3-19　各因素引起的索力占成桥索力百分比分布图

5）结构构件受力和变形分析

吊索张拉过程中,梁、塔、墩的内力与变形,吊索索力、斜拉索索力及主缆线形、主梁线形将会发生多次变化。分析与掌握选定方案各实施过程中各构件的内力、变形分布规律,有利于施工过程中的安全与质量控制。重点分析了主塔、钢塔内力位移,主缆、吊索、斜拉索的索力,主缆和主梁线形等。

以主梁和主缆的线形位移变化进行列举分析。在吊索张拉阶段,如图 11.3-20 所示,加劲梁线形变化情况复杂,施工控制过程中需要不断监测加劲梁的线形与应力变化情况,检验实际受力是否安全与合理。

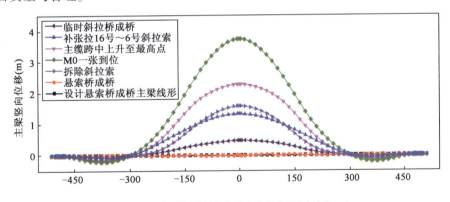

图 11.3-20　加劲梁的竖向位移变化曲线(尺寸单位:m)

如图 11.3-21 所示,设计成桥主缆线形为多段悬链线,从空缆到成桥,主缆线形将会发生多次变化,施工过程中实测主缆线形与目标线形越吻合,成桥吊索力就越均匀,加劲梁的受力就越合理。

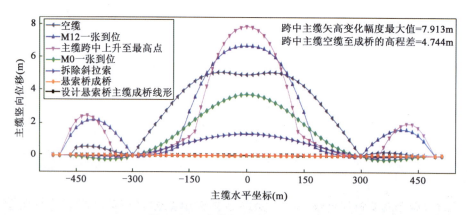

图 11.3-21 主缆的竖向位移变化曲线

11.4 小　　结

通过研究与实践，取得了系列创新成果。

(1)鹅公岩轨道大桥首次成功采用大跨径自锚式悬索桥先斜拉后悬索施工技术。自锚式悬索桥施工顺序为"先梁后缆"，主梁施工一般采用顶推、滑移等方案，需在主跨设置支架、临时墩等设施，使自锚式悬索桥的跨径和适用范围受到很大限制。采用先斜拉后悬索施工方案，主跨钢梁采用无支架悬拼施工工艺，使自锚式悬索桥的跨径由400m增加到600m；悬索桥体系转换利用临时斜拉索调整主梁线形，减少体系转换的步骤和工序。

(2)首次成功采用大跨径无支架自锚式悬索桥体系转换整套方法；应用无应力状态控制理论，先以悬索桥成桥线形建造临时斜拉桥，再通过主梁的线形调整后进行体系转换，既保证了体系转换的安全度，又大幅度优化体系转换方案。

(3)首次成功采用大跨无支架自锚式悬索桥斜拉-悬索数值仿真方法；实现斜拉-悬索两种独立系统共存体系数值模拟，实现吊索张拉过程力学特性快速模拟分析。

(4)获得一种自锚式悬索桥猫道承重索转向结构、一种自锚式悬索桥安装方法、一种自锚式悬索桥加劲梁合龙方法、一种自锚式悬索桥猫道承重索转向结构、一种悬索桥主跨无吊索梁段安装方法等发明专利，形成了相关施工工法。

第12章 平曲线区段大位移梁端伸缩装置与钢轨伸缩调节器一体化研究

12.1 研究背景

重庆鹅公岩轨道大桥主桥采用双塔五跨钢-混凝土混合梁自锚式悬索桥结构形式,跨径组合为 50m + 210m + 600m + 210m + 50m = 1120m,矢跨比 1/10,为世界首座轨道交通专用的自锚式悬索桥。主桥立面布置图如图 12.1-1 所示。受桥位处空间限制,主桥小里程端在海峡路站侧大桥端部与引桥处位于竖曲线 $R = 5000$m 和曲线半径 $R = 2000$m 重叠处。

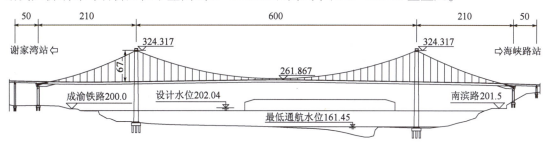

图 12.1-1 鹅公岩轨道大桥主桥立面布置图(尺寸单位:m)

主桥桥面宽 22m,具体布置为:$B = 2.5$m(索区、风嘴) + 2.35m(人行道) + 0.9m(防撞隔离带) + 10.5m(轨道限界) + 0.9m(防撞隔离带) + 2.35m(人行道) + 2.5m(索区、风嘴) = 22.0m。主桥加劲梁横断面布置如图 12.1-2 所示。

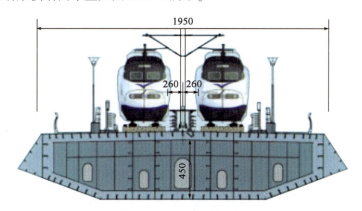

图 12.1-2 鹅公岩轨道大桥主桥加劲梁横断面布置(尺寸单位:cm)

引桥采用预应力混凝土箱梁,单箱三室,梁高 2.5~2.8m,梁宽 17m。西引桥共 4 联,桥跨布置为:$(3 \times 39\text{m}) + (3 \times 32\text{m}) + (45\text{m} + 45\text{m} + 45.85\text{m}) + (41.15\text{m} + 38.5\text{m} + 38\text{m}) =$

466.5m。东引桥共一联,桥跨布置为 40m + 6.5m + 6.5m + 6m。如图 12.1-3 所示。

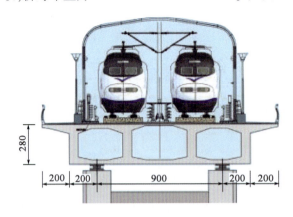

图 12.1-3　鹅公岩轨道大桥引桥主梁横断面布置(尺寸单位:cm)

桥上轨道交通采用双线 As 型车,7 节编组,线间距 5.2m,最高设计运行速度 80km/h。轨道结构设计在钢箱梁区段采用隔离式减振垫浮置板整体道床;在混凝土箱梁区段采用短枕承轨台式整体道床。

大跨径桥梁在温度、活载、风荷载、制动力等作用下将产生明显的梁端纵向位移,同时也会产生竖向转角、横向位移与横向折角等空间变位。与大跨径公路桥梁不同,轨道交通大跨径桥梁作为轨道结构的支撑,桥上钢轨在温度作用下也会产生明显的纵向伸缩,为降低钢轨纵向力,同时为列车通过梁缝时提供可靠的竖向支承,轨道交通大跨径桥梁需要设置钢轨伸缩调节器与梁端伸缩装置。铁科院在高速铁路大跨径桥梁钢轨伸缩调节器与梁端伸缩装置的研究和应用实践已十余年,其中,针对钢轨伸缩调节器编制了《客运专线钢轨伸缩调节器》(TB/T 3401—2015),其技术已较为成熟;近年来针对铁路桥梁梁端伸缩装置开展了大量研究,重点在与钢轨伸缩调节器的一体化协同工作方面,提出了国产上承式梁端伸缩装置,根据研究成果编制了《高速铁路抬枕式梁端伸缩装置》(征求意见稿)。研发的不同类型梁端伸缩装置先后应用于武广高铁武汉天兴洲长江大桥(伸缩量 ±500mm,下承式)、西安北至机场城际铁路渭河特大桥(伸缩量 ±300mm,上承式)等工程,积累了较为丰富的工程实践经验,为在鹅公岩轨道大桥应用国产梁端伸缩装置与钢轨伸缩调节器奠定了一定基础。由于鹅公岩轨道大桥小里程侧为竖曲线与平曲线重叠区域,而调节器一般不允许设置在此类区域,这给大桥伸缩装置与调节器的设计带来一定困难,需要开展专项研究工作。

另一方面,鹅公岩轨道大桥为首座轨道交通自锚式悬索桥,悬索桥这一结构形式在铁路大跨径桥梁中应用很少,近年来国内仅有连镇铁路五峰山长江大桥(主跨 1092m 的高速铁路公铁两用地锚式悬索桥,设计速度 250km/h)、丽香铁路金沙江特大桥(主跨 660m 的双线铁路地锚式悬索桥,设计速度 120km/h)两座桥梁建设,到目前为止,两座大桥尚未正式开通。因此,在自锚式轨道交通悬索桥上应用大位移梁端伸缩装置与钢轨伸缩调节器,还面临安装和养修经验不足的挑战。研究适用于轨道交通自锚式悬索桥曲线段的大位移、一体化的梁端伸缩装置与钢轨伸缩调节器,开展设计、施工和养护维修关键技术研究,对于保证轨道列车通过该区域的行车安全和平稳性具有重要意义。

12.2 国内外研究现状

日本、德国等铁路技术发达国家在20世纪70年代开展了梁端伸缩装置的研究,提出了多种伸缩结构形式,包括插入梁式、过渡板式及滑动轨枕式。国内有关这方面的研究开始于20世纪90年代,在借鉴国外经验基础上,结合工程实践进行了梁端伸缩构造的相关研究和应用,积累了较为丰富的经验,主要研究的伸缩装置形式为过渡板式和滑动轨枕式两类。下面简要介绍以上几类伸缩装置的发展和研究现状。

12.2.1 插入梁式轨道伸缩装置

插入梁式轨道伸缩装置在日本普速铁路(160km/h)悬索桥中有应用,最大位移量1500mm,结构构造如图12.2-1所示。图中,插入梁式轨道伸缩装置由插入梁、转角缓冲梁、侧梁、托梁、支承护轨梁、支座、辅助纵梁等组成,其工作原理为:

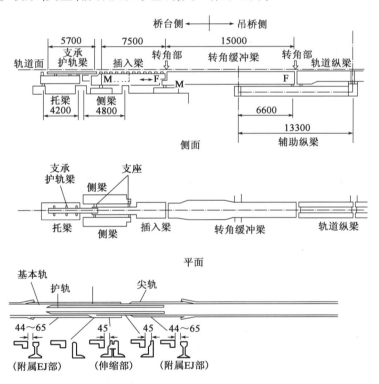

图 12.2-1　日本用于大跨径铁路悬索桥的插入梁式轨道伸缩装置(1500型,尺寸单位:mm)

(1)加劲梁(图中轨道纵梁处)、转角缓冲梁、插入梁和支承护轨梁分别连接,随加劲梁端伸缩移动,这些梁往返移动。

(2)通过15m长的转角缓冲梁分散梁端转角、防止车辆蛇行。

(3)通过在插入梁与侧梁的侧面之间设4个滚轴支承防止插入梁横向位移。

(4)支承护轨梁设于托梁上可沿轨道中心线移动,各梁底下设活动支座。

(5)尖轨设置于插入梁和转角缓冲梁范围,在侧梁和托梁范围内设基本轨,在伸缩部钢轨组成一截面,并有 2mm 移动间隔。

(6)为防止伸缩部钢轨受长钢轨纵向力和爬行阻力作用,同时防止伸缩部钢轨因转角发生转动,伸缩部前后设两个附属 EJ。

(7)在伸缩部位轨距线有害空间(无尖轨部分),为了车轮导向和限制轮缘作用于尖轨 L 形断面横向力,插入梁与支承护轨梁范围设 14m 护轨。

该装置的应用案例:日本南、北备赞濑户大桥,主跨分别为 1100m、990m 的公铁两用悬索桥,4 车道公路,2 线铁路,列车设计速度 160km/h,梁端位移分别为 ±600mm、±510mm,梁端竖向转角分别为 9.1‰、4.66‰。伸缩装置采用插入梁式,设计伸缩量 ±750mm。为验证该新结构构造,开展了实尺模型移动加载试验、山阳新干线速度达 180km/h 的运行试验、新干线博多车辆基地 50 万轴的耐久试验。与国内大跨径铁路钢桥比较,日本这两座大桥的梁端竖向转角明显偏大很多,已远超国内铁路桥梁竖向转角限值,因而插入梁式轨道伸缩装置设计了长达 15m 的转角缓冲梁。梁端竖向转角过大、结构部件多而复杂,增加了设计和日常养护维修难度。根据我国大跨径铁路钢桥的设计实践,一般通过优化结构体系(如增设辅助墩等)来保证梁端竖向转角满足规范要求,因而这类伸缩构造在国内没有类似的应用案例。

12.2.2 过渡板式梁端伸缩装置

过渡板式梁端伸缩装置主要适用于梁端伸缩位移较小的情况,在国内外大跨径铁路钢桥中均有应用,其基本构造如图 12.2-2 所示,由过渡板梁(又称垫梁)、梁底支座、导向拉杆及挡块、缓冲垫等部件组成,其工作原理为:

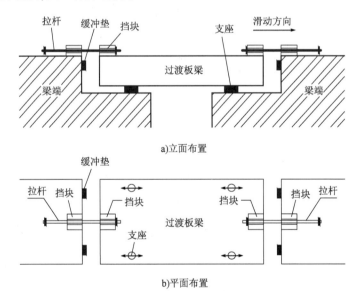

图 12.2-2 过渡板式梁端伸缩装置构造示意图

(1)在梁缝处设置过渡板,将主桥梁端纵向位移和转角分布在板梁两端间隙处。

(2)通过拉杆系统使过渡板两侧间距相等。

(3)通过设置水平支座限位,限制过渡板横向位移在 ±1mm 以内。

(4)过渡板下支座在 250kN 荷载作用下的压缩变形不大于 1mm,并考虑上拔力;支座安装时在纵横向具有一定的调整量,并可以更换。

过渡板式梁端伸缩装置应用案例:钱江二桥主桥为18跨一联的公铁平层预应力混凝土连续箱梁,总伸缩量506mm,采用过渡板式梁端伸缩装置,过渡梁支承在牛腿上,可纵向移动;同时设置钢轨伸缩调节器,如图12.2-3a)所示。武广高铁汀泗河大桥为主跨140m的简支钢拱桥,是国内首座采用无砟轨道结构的大跨径高速铁路钢桥,设计速度350km/h,梁端纵向伸缩量103mm,最大竖向转角为1.87‰,梁缝区域设计由转角控制,支座中心距梁端1.5m。为降低竖向转角对轨道附加上拔力影响,在梁缝区采用过渡板式梁端伸缩装置,钢梁与32m砼简支梁间采用限位板、过渡板,如图12.2-3b)所示。为满足相邻梁梁端两侧的钢轨支点横向相对位移值不大于1mm的要求,大桥在端横梁下设置了横向限位装置——剪力榫,实现支座功能的分离。荷兰高铁HSL Zuid Diep桥为70m+10×105m+70m=1190m钢混组合连续梁,设计速度300km/h,梁端伸缩装置采用过渡板式结构,如图12.2-3c)所示,设计伸缩位移量-300~360mm,4个钢轨支承点固结于板梁。同时,为使桥上轨道线形满足平顺性要求,基于列车在桥最长工况,采用单线满载实际运营列车活载作用下的挠度值作为轨道预拱设置的依据。德国埃尔福特至莱比锡高速铁路Saale-Elster-Valley桥为跨径110m的高速铁路简支钢拱桥,也采用过渡板结构,如图12.2-3d)所示。该桥过渡板式梁端伸缩装置设计较为精细。德国汉诺威大学对该桥梁端伸缩装置的支座变形、动力响应进行了现场实测,结果表明其可以满足高速行车要求。由于受到梁缝处钢轨支点最大间距的限制,单个过渡板式梁端伸缩装置的伸缩量一般在±400mm以内。

a)钱江二桥(18孔一联预应力混凝土连续梁,普速铁路,1992年通车)

图 12.2-3

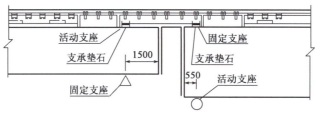

b) 武广高铁汀泗河桥及其过渡板结构(简支钢拱桥,设计速度350km/h,2009年通车)

c) 荷兰高铁HSL Zuid Diep桥(钢混组合连续梁,设计速度300km/h,2009年通车)

d) 德国Saale-Elster-Valley桥(简支钢拱桥,设计速度300km/h,2015年通车)

图12.2-3　过渡板式梁端伸缩装置在大跨径铁路桥梁中的应用(尺寸单位:mm)

12.2.3　滑动轨枕式梁端伸缩装置

国内外在大跨径铁路钢桥中普遍采用滑动轨枕式梁端伸缩装置。日本在修建本四联络线时,为解决大跨径铁路桥梁的列车走行安全性,持续开展了20多年的试验研究,提出了多种缓冲梁伸缩装置的结构形式,并研究开发了缓冲梁轨道伸缩装置。除了之前提及的插入梁式轨道伸缩装置,还研发了滑动轨枕式梁端伸缩装置,其伸缩量可达400mm、600mm、800~1500mm,主要用于大跨径铁路斜拉桥和桁梁桥,岩黑岛桥为主跨420m的钢桁斜拉桥,采用800特型滑动轨枕式梁端伸缩装置(平时±400mm,地震时±550mm),如图12.2-4所示。该装置由纵梁、伸缩梁、滑动轨枕、导向结构、支点滑动面等部件组成,其中伸缩梁设置在纵梁梁端支点上部,伸缩梁与梁底支座固结,支座底面可在纵梁的滑动面上自由伸缩,该处伸缩梁的作用相当于一个缓冲梁,可分散梁端转角;滑动枕木下设支点支座,支撑在纵梁梁端,支座与轨枕固结,支座在导向拉杆约束下,底面可沿纵梁滑动面纵向滑动,本结构通过滑动轨枕的滑动从而改变钢轨支点间距来适应梁端的位移,滑动枕木上的钢轨扣件与钢轨表面间可相对滑动,减小梁端伸缩时对钢轨的影响。该构造仅设置一根滑动枕木,无枕距均匀性控制装置,滑动轨

第12章 平曲线区段大位移梁端伸缩装置与钢轨伸缩调节器一体化研究

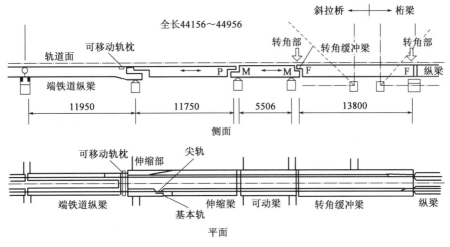

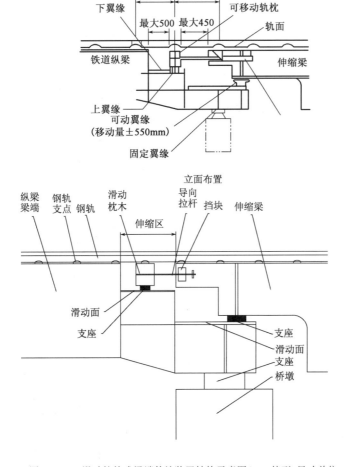

图 12.2-4 滑动轨枕式梁端伸缩装置结构示意图（800 特型，尺寸单位：mm）

枕中心与相邻钢轨支点的最大间距可达到750mm。由于增大支点间距会给钢轨带来附加应力,且扣件受力状态也会比正常间距(600~650mm)不利,因此当钢枕支点间距达到750mm时应进行钢轨受力检算。受钢轨支点最大间距和滑动轨枕数量的限制,该种滑动轨枕+缓冲梁的梁端构造仅适用于正常情况下伸缩量小于800mm的桥梁结构,超过该值则需研究其他的结构形式。与岛桁梁桥跨径布置为175m+245m+165m,设计伸缩量±300mm,采用600型伸缩装置,其构造与800特型基本相同,因伸缩量小,未设可移动轨枕和润滑装置。

如图12.2-5所示为伸缩量1500mm的多根滑动轨枕式缓冲梁梁端伸缩装置构造的布置图。从立面和平面布置图可知,该构造由多根固定轨枕、两根滑动轨枕、托梁、导轨、调节枕间距的铰接连杆等部件组成,由于设置了2根轨枕,因此形成了3个可变枕间距,通过铰接连杆

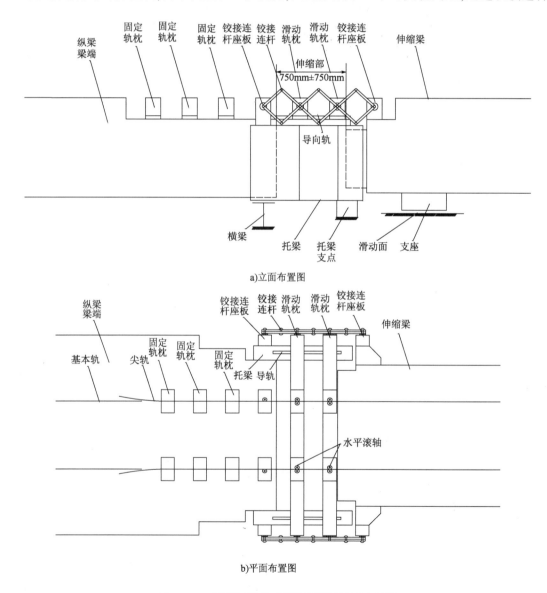

图12.2-5 多根滑动轨枕式梁端伸缩装置构造布置图

可使各根滑动轨枕同步移动,从而保证可变枕距的均匀性,提高轨道的行车性能。滑动轨枕由托梁支承,托梁布置在纵梁的两侧,一端支承在梁端横梁,另一端支点独立于伸缩梁,使得伸缩梁可在两根托梁中间的空间中纵向伸缩,伸缩量0~1500mm。托梁与轨枕间设导向轨,保证轨枕的纵向滑动方向。多根滑动轨枕构造可适应大于800mm的梁端伸缩量,当伸缩量大于1500mm时,可增加滑动轨枕的数量至3根或4根,且托梁可分散一部分梁端转角,降低大转角引起的轨道上拔力。铰接连杆提升了梁缝处的枕距均匀性,降低了钢轨的附加应力,因此结构更合理,适应性更广。但该构造也存在自身的弱点,即部件较多,对主桥钢梁梁端的结构布置有一定要求,且伸缩梁的导向和横向限位也较困难。

德国在滑动轨枕式梁端伸缩装置方面也开展了大量研究工作。德国将支承滑动轨枕的托梁(或称"支承梁")置于线路上方,通过对滑动轨枕的悬吊实现竖向支承,从而实现了梁端伸缩装置与钢轨伸缩调节器的一体化设计,该结构又称之为上承式梁端伸缩装置,主要部件包括支承梁、滑动轨枕、剪刀叉装置、钢板条及相关连接扣件,如图12.2-6、图12.2-7所示。由于支承梁与轨道结构均位于线路上方,实现了梁端伸缩装置与钢轨伸缩调节器的一体化,使得结构构造相对简单。但位于上部的支承梁因受轨道限界的影响(高速铁路轨道建筑限界25mm),使得梁高受限,限制了竖向刚度的进一步提高,难以适用于更大伸缩量的情况。德国先后研发了SA系列、SAV系列钢轨伸缩调节器,伸缩调节器动程分为±150mm、±300mm和±600mm。早期研制的SA60-830钢轨伸缩调节器平面示意图如图12.2-6所示。SAV系列钢轨伸缩调节器构造图及现场铺设图分别如图12.2-8、图12.2-9所示。图12.2-8中,300型、600型和1200型对应滑动轨枕根数分别为0、1、2。

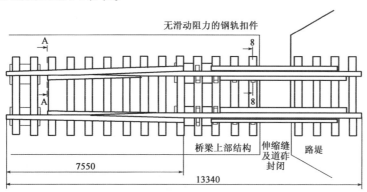

图12.2-6 德铁SA60-830钢轨伸缩调节器平面布置图(尺寸单位:mm)

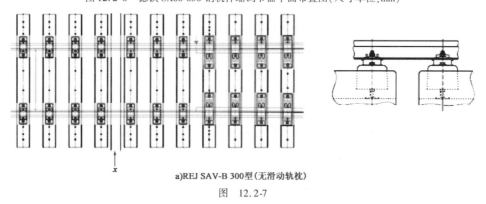

a)REJ SAV-B 300型(无滑动轨枕)

图 12.2-7

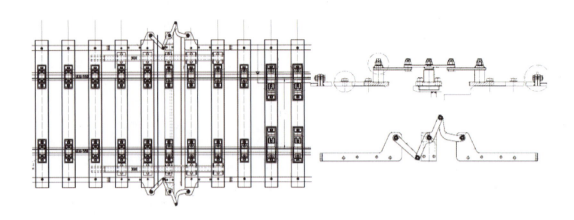

b) REJ SAV-B 600型(单根滑动轨枕)

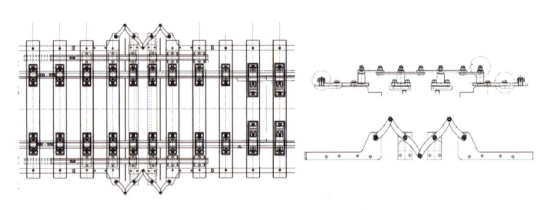

c) REJ SAV-B 1200型(2根滑动轨枕)

图 12.2-7　德国 BWG 公司研发的 REJ SAV-B 型梁端伸缩装置(与钢轨伸缩调节器一体化)

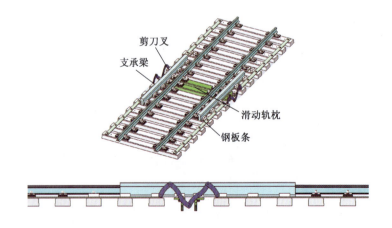

图 12.2-8　德国 BWG 上承式梁端伸缩装置 3D 示意图(以 2 根滑动轨枕为例)

a) 铺设在科隆-法兰克福高速铁路的REJ SAV-B 600型梁端伸缩装置（长枕埋入式无砟轨道）

b) 铺设在科隆-法兰克福高速铁路的REJ SAV-B 1200型梁端伸缩装置（板式无砟轨道）

c) 南京大胜关长江大桥REJ SAV-B 1200型（两根滑动轨枕，设计伸缩量±600mm，2011年建成通车）

d) 沪昆客专北盘江长江大桥REJ SAV-B 600型（单根滑动轨枕，设计伸缩量±300mm，2016年建成通车）

图 12.2-9　德国 BWG 公司研发的 REJ SAV-B 型梁端伸缩装置现场铺设图

除应用于德国高速铁路桥梁,奥钢联 BWG 公司的 SAV 系列钢轨伸缩调节器在我国高速铁路客运专线、城际铁路等的大跨径钢桥上也应用较多,代表性案例为京沪高铁南京大胜关长江大桥、黄冈长江大桥、铜陵长江大桥、安庆铁路长江大桥等。

我国在 2009 年研发了适用于铁路大跨径桥梁的下承式梁端伸缩装置,其结构如图 12.2-10 所示。下承式梁端伸缩装置主要由固定钢枕、滑动轨枕、位移箱、支承梁、吊架、枕下垫板、承压支座、压紧支座、侧向导轨、连杆及扣件等组成。其工作原理为:位移箱与主、引桥连接,通过位移箱内支承梁以及梁缝处支承梁上部的滑动轨枕实现纵向伸缩;通过设置固定钢枕,使刚度平稳过渡;列车荷载通过钢枕、支承梁传递到位移箱,再由位移箱传递给主、引桥;通过侧向导轨、位移箱内横向限位部件等限制装置横向位移;通过位移箱内支座和弹性元件调节装置刚度、适应梁端转角;通过连杆保证纵向伸缩均匀性。根据以上工作原理,可将各部件按功能分为承重部件、位移部件(含纵向伸缩部件和横向限位部件)、弹性部件和位移同步控制部件。从图中可见,支承梁位于线路下方,其高度不受轨道建筑限界影响,调整较为灵活。通过设置不同根数的滑动轨枕,可满足不同的伸缩位移量需求,支承梁同时具有竖向支承和位移箱内纵向伸缩的功能。该类装置在国内已应用的最大伸缩位移量为 1000mm(±500mm),首次应用于武广高铁武汉天兴洲长江大桥,如图 12.2-11 所示,采用 3 根滑动轨枕,双向钢轨伸缩调节器,双向尖轨长 20m,梁缝伸缩区域钢轨与轨枕之间连接采用弹条扣件。

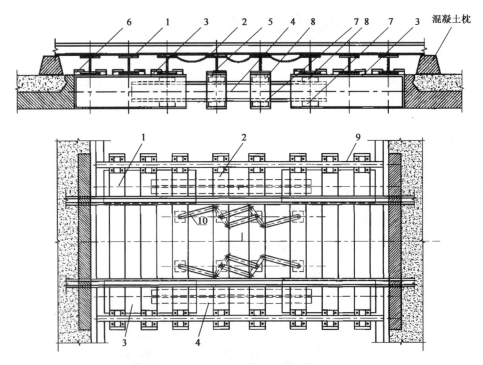

图 12.2-10 早期下承式梁端伸缩装置的侧立面图和平面图
1-固定钢枕;2-滑动轨枕;3-位移箱;4-支承梁;5-吊架;6-枕下垫板;7-承压支座;8-压紧支座;9-侧向导轨;10-连杆

与上承式梁端伸缩装置比较,早期下承式梁端伸缩装置的结构构造比较复杂,与钢轨伸缩调节器没有实现一体化设计,连杆布置于滑动轨枕下方,使得日常检查较为困难。在后续设计过程中,针对钢轨伸缩调节器的方案、扣件形式,梁端伸缩装置连杆位置与结构构造等均开展了相应优化工作。如图 12.2-12 所示。

图 12.2-11　武汉天兴洲长江大桥下承式梁端伸缩装置现场铺设图

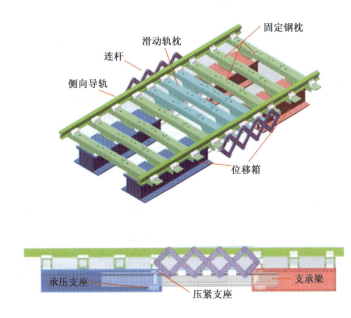

图 12.2-12　下承式梁端伸缩装置 3D 示意图(不含钢轨伸缩调节器)

在引进、消化吸收再创新基础上,近年来我国在上承式梁端伸缩装置的研发方面取得成功(图 12.2-13)。2018 年 7 月 15 日,国产上承式梁端伸缩装置在西安北至机场城际铁路渭河特大桥顺利铺设,设计伸缩量 ±300mm,在梁缝处采用单根滑动轨枕。2020 年 6 月底开通运营的商合杭高铁淮河桥、裕溪河特大桥和芜湖长江公铁大桥,采用了国产上承式梁端伸缩装置与钢轨伸缩调节器,为一体化构造,铁路设计速度分别为 250km/h 和 350km/h,设计伸缩量分别为 ±300mm、±400mm、±600mm,目前运营状态良好。表明我国已建立起设计、生产和铺设上承式梁端伸缩装置及钢轨伸缩调节器的成套技术。

a) 西安机场线渭河特大桥(±300mm)

b) 商合杭高铁淮河桥(±300mm)

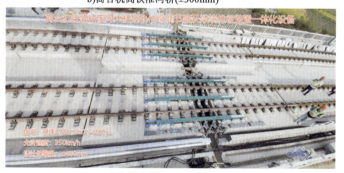

c) 商合杭高铁裕溪河大桥(±400mm)

图 12.2-13　国产上承式梁端伸缩装置的现场铺设图

12.3　研究内容及过程

12.3.1　研究内容

在轨道交通自锚式悬索桥平曲线区段设置大位移梁端伸缩装置与钢轨伸缩调节器，这在世界范围内还是首次，因此需要开展专项研究、装置精细化设计，并通过模型试验对装置性能进行验证。主要研究内容如下：

1）梁端伸缩装置与钢轨伸缩调节器一体化设计

结合以往工程应用实践，研究平曲线区段大位移梁端伸缩装置与钢轨伸缩调节器应满足的各项性能要求，包括伸缩阻力、整体竖向刚度、疲劳性能（含螺栓扭矩）以及考虑现场不利服役环境下的装置静力性能（轨枕空吊下的荷载静力性能）。根据不同性能要求开展伸缩装置与调节器的设计，从一体化角度提出上承式梁端伸缩装置的设计方法，研究总体设计方案和局部构造。

2）上承式梁端伸缩装置的足尺模型试验

开展上承式梁端伸缩装置的足尺模型试验，包括伸缩阻力试验、整体静力性能试验、疲劳性能试验。通过足尺模型试验验证上承式梁端伸缩装置的各项性能，并根据试验结果进一步优化梁端伸缩装置的方案和细部构造。

3）平曲线区梁端伸缩装置与调节器的铺设技术研究

针对平、竖曲线叠合区段铺设梁端伸缩装置与钢轨伸缩调节器，研究现场铺设的总体施工技术，研究施工精度控制标准，建立梁端伸缩装置与钢轨伸缩调节器的一体化铺设关键技术。

4）养护维修关键技术研究

针对世界首座轨道专用自锚式悬索桥的梁端伸缩装置与钢轨伸缩调节器在运营期间的养护维修工作，研究工作状态的评价标准，提出养护维修重点，形成日常检查、养护、维修的成套技术。

12.3.2 梁端伸缩装置与钢轨伸缩调节器一体化设计

针对鹅公岩轨道大桥，开展了大位移的梁端伸缩装置与钢轨伸缩调节器的总体方案设计。根据设计单位要求，调节器的设计伸缩量为 $-600 \sim +800$ mm，梁端伸缩装置的设计伸缩量为 $-600 \sim +800$ mm，适用中和板缝宽1300mm（对应的中和梁缝宽度为800mm）。给出鹅公岩轨道大桥大位移梁端伸缩装置与钢轨伸缩调节器的总体布置图，如图12.3-1所示。同时给出小里程侧曲线钢轨伸缩调节器与梁端伸缩装置的布置图，如图12.3-2所示。伸缩装置采用上承式，与钢轨伸缩调节器均位于轨道上方，为一体化设计。铺设于鹅公岩轨道大桥小里程侧的钢轨伸缩调节器的主要设计要点包括：

（1）采用单向钢轨伸缩调节器，尖轨锁定、基本轨伸缩。针对小里程侧平曲线区段，基本轨加长并跨过梁缝（包括梁端伸缩装置）布置，调节器全长为22180mm，避免焊接接头随基本轨伸缩而前后移动；尖轨位于主桥，尖轨尖端朝向引桥。

（2）在基本轨轨撑下采用间隙垫片，可灵活调整轨撑与轨底间隙，以实现基本轨可滑动扣件、尖轨跟端大阻力扣件的功能。

（3）调节器轨撑螺栓采用了"穿销+开槽螺母+弹簧垫圈+平垫圈"结构，提高轨撑螺栓的防松性能。

（4）采用优化设计的基本轨轨撑，提高了基本轨和尖轨跟端的垂向稳定性，并增加间隙垫片具有限位结构。

（5）加长后的基本轨始端可根据现场配轨需要进行锯切。

（6）尖轨尖端至梁缝（梁端伸缩装置）采用可滑动扣件，基本轨始端至梁缝（梁端伸缩装置)及尖轨跟端采用弹条扣件。

(7)采用硫化弹性铁垫板,与轨枕的连接采用偏心缓冲调距块结构,允许铺设在半径不小于 $R1500m$ 的曲线或直线上。

(8)采用了高速铁路有砟轨道调节器用的钢筋桁架混凝土长枕,以提高调节器铺设精度和整体稳定性。

(9)轨距调整量为 ±32mm,其中一股钢轨偏心套的轨距或矢距调整量为 ±6mm,轨撑的轨距调整量为 ±10mm。

(10)高低调整量为 -4 ~ +20mm。

(11)一股钢轨左右位置调整量为 ±16mm(1 号~21 号枕),轨距调整量为 ±32mm;±10mm(22 号枕),轨距调整量为 ±20mm。

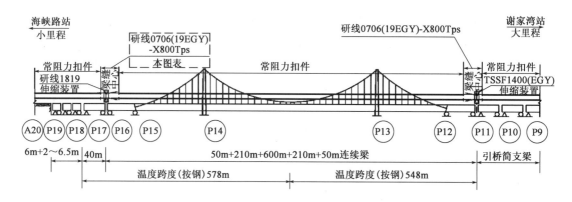

图 12.3-1　鹅公岩轨道大桥大位移梁端伸缩装置与钢轨伸缩调节器总体布置图

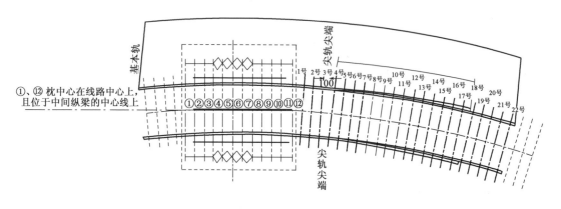

图 12.3-2　小里程侧平曲线区段梁端伸缩装置与钢轨伸缩调节器布置图

鹅公岩轨道大桥小里程端上承式梁端伸缩装置的三维图如图 12.3-3 所示,装置侧立面图和平面图分别如图 12.3-4、图 12.3-5 所示。上承式梁端伸缩装置应保证钢轨在梁缝处具有足够的垂向支承和安全富余量、较小的伸缩阻力及稳定的基础,同时便于养护维修。其主要设计要点包括:

(1)采用上承式"4-3-5"结构,共12根钢枕,其中中间3根(即⑤⑥⑦枕)钢枕为悬空钢枕,其余为埋入式钢枕。

(2)①~④枕铺设在梁缝一侧的梁上无砟道床,⑧~⑫枕铺设在梁缝另一侧的梁上无砟道床。

(3)采用具有低摩擦组件的纵梁(即支承梁),并在②③④枕固定,在⑤~⑫枕可滑动。

(4)采用高强度剪刀叉结构,并采用精密销轴和剪刀臂防锁紧装置。

(5)钢轨在①~④枕采用480X型大阻力扣件,在⑤~⑫枕采用480型可滑动扣件。

(6)轨顶应高于左右纵梁顶面4~8mm。

(7)纵梁活动端安装有防跳装置,其主要目的是防止活动端长悬臂在列车通过时产生上下振动。其具体设计思路为:在纵梁10、11、12范围安装防跳装置,部件包括钢枕上三联扣铁、三联扣铁垫板及螺栓副等;三联扣铁安装在10枕、11枕、12枕,在10枕纵梁下安装纵梁滑动垫板,在11枕、12枕纵梁下安装三联扣铁垫板。三联扣铁垫板与钢枕之间设置2mm(1×2mm)厚调高垫板,与三联扣铁之间设置4.5mm(2×2mm+1×0.5mm)厚调高垫板,通过调整三联扣铁与铁垫板之间的调高垫板厚度,使三联扣铁与纵梁上部滑动面间隙设置为0.1~1mm。

(8)通过三联扣铁的螺栓孔,使三联扣铁与纵梁左右侧滑动面间隙设置为1~2mm。

(9)一股钢轨高低调整量为:①~④枕(480X大阻力扣件)为-19~+17mm;⑤~⑦枕(480可滑动扣件)为-24~+12mm;⑧~⑩枕(480可滑动扣件)为-23~+13mm;11枕、12枕(480可滑动扣件)为-27~+9mm。

(10)一股钢轨左右位置调整量为±20mm,轨距调整量为±40mm。

(11)轨顶高于三根纵梁顶面4~8mm。

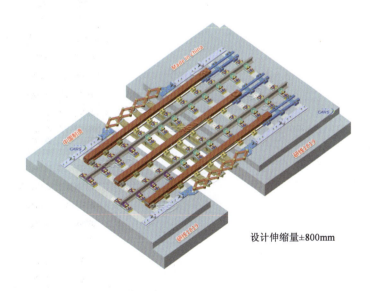

图12.3-3 上承式梁端伸缩装置三维图

针对平曲线上铺设上承式梁端伸缩装置与调节器,应注意以下几点:

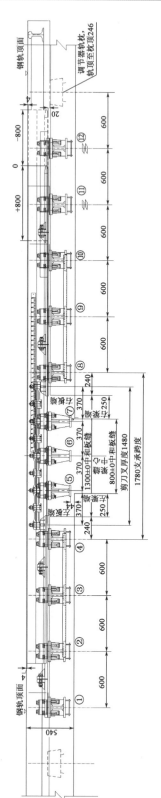

图12.3-4 上承式梁端伸缩装置与钢轨伸缩调节器侧立面图(尺寸单位：mm)

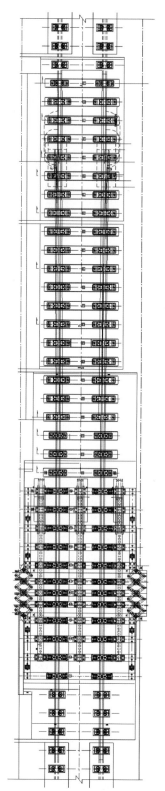

图12.3-5 上承式梁端伸缩装置与钢轨伸缩调节器平面图(尺寸单位：mm)

（1）在半径为 R 的曲线上布置铺设梁端伸缩装置及钢轨伸缩调节器时,应将伸缩装置范围(①~⑫枕)按直线铺设,而调节器轨枕 1 号 ~21 号按曲线曲率进行扇形布置。

（2）伸缩装置①和⑫枕中心置于线路中心(半径 R 曲线)上,且该两点同时处于中间纵梁的中心线上。通过调整伸缩装置范围内的走行轨扣件——480X 型大阻力及 480 型可滑动扣件的轨撑处或铁垫板两端的轨距调整片厚度,使每根轨枕的钢轨矢距满足要求。调整矢距时,要求放置在每个扣件轨撑处和铁垫板两端的轨距调整片的总厚度不应小于 4mm。

（3）通过调整铺设支承机具的高度,使伸缩装置的曲线超高、轨距、高低等轨道几何参数达标。

（4）通过调整轨枕扇形位置,使调节器的左右股轨距线满足线形要求,调整铺设支承机具的高度,使调节器的曲线超高、轨距、高低等轨道几何参数达标。调整时,要求每个弹性铁垫板尽量采用无调整量的"11-11"号缓冲调距块,不得采用"8-14"~"5-17"号缓冲调距块,且轨撑处的一侧轨距调整片总厚度不得超过 14mm,如图 12.3-6 所示。

图 12.3-6　鹅公岩轨道大桥小里程侧钢轨伸缩调节器与梁端伸缩装置现场铺设图

12.3.3　上承式梁端伸缩装置足尺模型试验

为验证上承式梁端伸缩装置的各项性能,开展了足尺模型试验,主要包括:纵向伸缩阻力试验、竖向静力加载试验、疲劳试验。现针对各项试验的试验结果进行总结。

1）纵向伸缩阻力试验

根据《高速铁路抬枕式梁端伸缩装置》中规定的梁端伸缩装置伸缩阻力试验方法开展试验,试验分梁端伸缩装置无安装钢轨及扣件伸缩阻力试验、梁端伸缩装置安装钢轨及扣件伸缩阻力试验,根据该标准,不同数量活动钢枕的上承式梁端伸缩装置,考虑是否安装钢轨和扣件,其对应的纵向伸缩阻力应分别进行规定。具体量值如表 12.3-1 所示。从表中可见,活动钢枕根数直接影响装置伸缩阻力,这主要是因为活动钢枕越多,与钢轨接触的摩擦面越多,对应的伸缩阻力越大。

上承式梁端伸缩装置的伸缩阻力限值　　　　　　　　表 12.3-1

伸缩装置类型	无安装钢轨及扣件的伸缩阻力（kN）	安装钢轨及扣件的伸缩阻力（kN）
具有 1 根活动钢枕	≤6	≤12
具有 2 根活动钢枕	≤12	≤25
具有 3 根活动钢枕	≤18	≤30
具有 4 根活动钢枕	≤24	≤40

鹅公岩轨道大桥上承式梁端伸缩装置样机的纵向伸缩阻力试验情况如图 12.3-7 所示。试验结果如表 12.3-2 所示。从表中可见，鹅公岩轨道大桥上承式梁端伸缩装置在未安装配套扣件及走行轨的条件下，实测的整体纵向伸缩阻力为 7.8kN，安装配套扣件及走行轨后，对应的整体纵向伸缩阻力实测值为 11.9kN，明显小于标准中规定的 18kN 和 30kN 的限值要求，说明装置整体纵向伸缩阻力较小，可以满足装置纵向伸缩过程中的阻力要求。与西安机场线、商合杭芜湖长江大桥比较，两者对应的活动钢枕数量分别为 1、2，对应的伸缩阻力要求在考虑安装配套扣件及走行轨的条件下，分别为 5.6kN 和 13.5kN，说明鹅公岩轨道大桥上承式梁端伸缩装置具有较好的纵向伸缩性能，可以满足使用要求。

图 12.3-7　上承式梁端伸缩装置室内纵向伸缩阻力试验

上承式梁端伸缩装置的伸缩阻力限值　　　　　　　　表 12.3-2

应用地点	要求（kN）		测试结果（kN）	
	未安装配套扣件及走行轨	安装配套扣件及走行轨	未安装配套扣件及走行轨	安装配套扣件及走行轨
西安机场线	≤6	≤12	3	5.6
商合杭芜湖长江大桥	≤12	≤25	5.8	13.5
重庆鹅公岩轨道大桥	≤18	≤30	7.8	11.9

2）静力加载试验

在开展静力加载室内足尺模型试验前，对鹅公岩轨道大桥上承式梁端伸缩装置开展了竖向加载有限元计算。为分析梁端伸缩装置的整体竖向刚度，考虑伸缩装置拉伸至最长状态，也即 800mm+800mm 的状态，即考虑中和温度（不伸缩状态）条件下的梁缝宽度 800mm，同时叠加 800mm 的最大拉伸长度,此时伸缩装置的竖向刚度最小,考察在此状态下,20t 轴重作用于钢轨时产生的伸缩装置整体受力和变形情况。从计算结果来看,纵梁跨中挠度为 0.69mm,底面应力为 15.7MPa,顶面应力为 14.5MPa。活动钢枕挠度为 0.92mm,底面应力为 10MPa,顶面应力为 7.2MPa,钢轨跨中挠度为 1.69mm。静力加载试验如图 12.3-8 所示,考虑了 150kN、200kN 两种不同的竖向加载工况,考虑伸缩装置的伸缩量在 0、+400mm、+600mm、+800mm 等不同拉伸状态,共测试了剪刀叉应力、扣铁应力、纵梁应力和纵梁垂向位移等 60 个参数。静力加载测得各零部件应力及位移均在允许值范围内。

图 12.3-8 上承式梁端伸缩装置静力加载试验

3)疲劳试验

进一步开展了整体组装件的疲劳试验,针对鹅公岩轨道大桥,考察最大伸缩量 +800mm 的最大拉伸状态,其中跨中荷载最大 230kN,最小 46kN,频率 4Hz,循环次数 300 万次。每 50 万次或 100 万次检查各部螺栓扭矩。疲劳试验结果表明,300 万次后,各部件无损坏,无塑性变形;各部螺栓中,剪刀叉、扣铁、连接板螺栓扭矩不变,扣铁铁垫板螺栓部分扭矩减小 12%,因此铺设后应对走行轨扣件铁垫板螺栓加强复拧。

12.3.4　平曲线区梁端伸缩装置与调节器的铺设技术研究

鹅公岩轨道大桥在平曲线区铺设梁端伸缩装置与调节器前,首先需做好导线点和测量控制网的布设,由于本桥为自锚式悬索桥,结构在施工阶段变形较为明显,本桥为无砟轨道,桥梁变形直接影响上部轨道的线形状态,为满足线路专业规范关于最小坡长的要求,需要针对线形进行相应调整。在上述工作基础上,进行平曲线区梁端伸缩装置与钢轨伸缩调节器的铺设。

1）导线点布设

本桥共设置 10 对导线点，其中，桥墩东、西塔台处各 1 对；大、小里程引桥端防撞墙顶部各 4 对。同时，高程控制点在大、小里程引桥处各布置 2 个。导线点坐标如表 12.3-3 所示。

导线点布设及对应坐标　　　　　表 12.3-3

位置	左　线			右　线			备注
	点号	坐标		点号	坐标		
		x	y		x	y	
小里程引桥	GJH823	64646.9634	61138.3490	GJH820	64656.1126	61148.2466	
	GJH829	64648.8865	61061.5391	GJH828	64658.3733	61057.0363	
	GJH831	64645.6801	60970.5141	GJH830	64655.0813	60966.6343	
	GJH833	64645.4240	60833.3300	GJH832	64650.6724	60882.7704	
东塔台	GJH835	64638.1184	60619.1404	GJH837	64657.4993	60622.4226	
西塔台	GJH834	64637.9038	60020.8205	GJH836	64657.1691	60020.4505	
大里程引桥	GJH528	64650.0582	59757.7184	GJH529	64644.8868	59757.4170	
	GJH526	64653.8008	59645.0020	GJH527	64648.6759	59644.4885	
	GJH524	64674.8931	59505.6693	GJH525	64669.7343	59504.9235	
	GJH522	64692.9232	59365.2239	GJH523	64684.1594	59373.0486	
小里程引桥	IISG254　253.2293			IISG253　253.2470			高程控制点
大里程引桥	IISG528　256.927			IISG529　256.937			

2）测量控制网布设施工

相对高程差值固定控制法步骤为：导线点布设→导线接收、复测→控制基标点布设、复测→加密基标点布设→桥面高程及限界测量（大桥土建测量）→大桥拟合线形→轨道拟合线形→逐段轨排架设、钢筋绑扎、模板支设、线路方向调整→轨排精调（相对高程差值固定控制法）→逐段施工完成复测（次日）→总体贯通测量调整。铺轨基标控制网布设如图 12.3-9 所示。

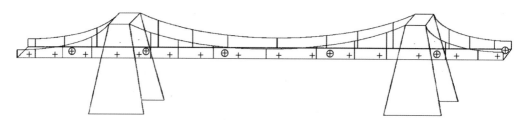

图 12.3-9　鹅公岩轨道大桥铺轨基标控制网布设

3）大跨径轨道专用自锚式悬索桥的轨道线形调整

轨道施工前确定铺轨拟合线形：首先由大桥设计、轨道设计及大桥监控单位根据实际线形结合监控结果通过若干次拟合验算，从而评估比选桥梁结构的最终稳定线形。其次由线路轨道专业、桥梁专业、监控单位根据确定的大桥稳定线形密切配合，多次拟合线路线形，最终调整出既满足线路专业相关规范要求，又满足铺轨要求的线路线形。鹅公岩轨道大桥线路线形原设计分为 5 个坡段，根据实际拟合最终确定分为 8 个坡段，如图 12.3-10 所示，其中，最小坡长满足设计规范 140m 的要求,坡差均小于 2‰。

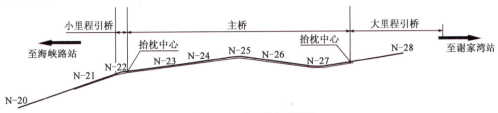

图 12.3-10　铺轨坡段划分图

4) 平曲线区梁端伸缩装置与调节器的铺设技术研究

鹅公岩轨道大桥 P16 桥墩曲线端主桥与引桥设计梁缝宽度为 800mm,由于施工期间正值夏季,温度变化较大,对桥梁变形的影响较大。曲线端钢轨伸缩调节器与梁端伸缩装置的安装对现场施工精度控制提出了很高的要求,因此,一般要求现场安装工作尽量避开日间强日照时段,选择在温度较为稳定的夜间进行,在保证高精度的同时,也对现场的施工进度提出了很高的要求。在调节器与梁端装置铺设时,若调节器基本轨与伸缩装置⑧枕均处于伸缩零点位置,伸缩梁缝中和宽等于 800mm,此时允许调节器与伸缩装置最大伸缩量为(-600 ~ +800mm)。如果调节器铺设时所处位置的梁缝宽度不等于中和温度下的梁缝宽度(也即不产生伸缩时的梁缝宽度),则需在铺设前计算基本轨预留量,如果计算值在 ±5mm 范围内,铺设时就不需设置预留量,调节器可按基本轨处于零点时铺设,否则,在铺设时,应调整基本轨组装位置,使其处于伸缩预留位置。具体计算公式如下:

$$\Delta = W - (W_{max} + W_{min})/2 \tag{12.3-1}$$

式中:Δ——基本轨预留伸缩量(mm);$\Delta > 0$ 时,基本轨伸出,$\Delta < 0$ 时,基本轨缩进;

W——调节器铺设时梁缝宽度(mm);

W_{max}——冬季梁缝宽度最大值(mm);

W_{min}——夏季梁缝宽度最小值(mm)。

从以下四个方面对梁端伸缩装置与钢轨伸缩调节器的铺设技术进行总结:

(1) 调节器与伸缩装置施工前准备

在铺设梁端伸缩装置前,需要对基底进行凿毛及清理,由于梁端伸缩装置钢枕的枕下净空小,在安装前需要先绑扎底层钢筋,否则不利于后续施工。梁端伸缩装置底层钢筋铺设图如图 12.3-11 所示。

图 12.3-11　梁端伸缩装置底层钢筋铺设图

(2) 梁端伸缩装置与调节器吊装及粗调铺设

对梁端伸缩装置与调节器进行组装时，由厂家专人在现场进行指导，选取合理吊点，进行吊装，在吊装过程中需要对调节器组件(含尖轨、基本轨、轨撑、轨撑螺栓、铁垫板等)进行保护。必须轻拿轻放，严禁扔、撞击、翻滚组件。

将梁端伸缩装置三部分吊装至线路中心线位置处，开始进行组装，抬枕装置三部分由钢枕上的三联扣铁进行连接。然后由测量专人用全站仪进行放点校准，由于梁端伸缩装置的钢枕较重，需要用四台千斤顶进行调动。当抬枕装置水平与竖直方向与线路中心线基本吻合后，用钢轨支撑架将梁端伸缩装置起到一定水平位置，调节器开始进行组装，调节器基本轨位于抬枕装置①~⑫枕上。调节器轨枕间距布置为600mm，当调节器钢轨与轨枕组装后，同样用轨排支撑架起到一定水平位置，进行粗调。

(3) 调节器与抬枕装置精调施工

当调节器与梁端伸缩装置一体化铺设后，在测量员的配合下，用千斤顶和撬棍微调梁端伸缩装置的纵向、横向位置和梁端伸缩装置顶面高程，当梁端伸缩装置顶面高程达到设计高程，同时梁端伸缩装置前后左右位置到位后，检查梁端伸缩⑧枕边到梁缝边距离是否是380mm，用靠尺和卷尺测量，在检查悬空钢枕与梁缝边枕下净空是否大于3cm，最后检查抬枕装置标尺刻度与梁缝伸缩量是否一致，当所有条件满足后，将主桥伸缩装置滑动区与引桥锁定区的钢枕用钢筋与桥梁锚固筋进行焊接，这样即可保证装置在随梁缝伸缩处于同一位置伸缩，曲线地段抬枕装置的轨距调整量为±4mm，正矢调整量为-4~+20mm，即可用调整垫片调轨距和正矢，然后在测量员以及施工队伍配合下调整调节器顶面高程和正矢方向，用规矩尺调整调节器超高和轨距。钢轨伸缩调节器的轨距调整量：1号枕~21号枕为±32mm，其中一股钢轨偏心套的轨距和矢距调整量为±6mm，轨撑的轨距调整量为±10mm，22号枕为±20mm，一股钢轨超高调整量为-4~+20mm。

(4) 整体道床浇筑施工

当伸缩调节器与梁端装置一体化设备精调完成后，在浇筑混凝土前需注意将道床板分为C1、C2、D、E四种类型，引桥范围基本轨至梁端伸缩装置范围采用D型板道床，主桥范围梁端部采用E型道床板，E型、D型道床板分别与主、引桥梁缝端部距离250mm，施工时应控制好距离，主桥伸缩调节器部分分为C1型和C2型道床板，道床结构缝为100mm，轨道结构高度均为540mm，道床表面需做3%的横向人字坡，以利于排水。

在道床浇筑前，为了防止道床混凝土伸缩，与梁端伸缩装置钢枕之间产生离缝，雨水等渗入离缝内锈蚀钢枕，道床与钢枕之间需设置凹槽，凹槽内需填充高变形跟随性、高耐久的硅酮嵌缝材料，以适应道床混凝土收缩后离缝大小变化，如图12.3-12所示。梁端伸缩装置钢枕四周凹槽在浇筑之前用宽25mm、深3mm的蓝色挤塑条贴边，方便在浇筑后取出，然后填充硅酮嵌缝材料，如图12.3-13所示。浇筑之前需将调节器与梁端伸缩装置作包装处理，避免污染钢轨扣件和梁端伸缩装置防跳横梁，如

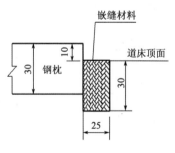

图12.3-12 梁端伸缩装置钢枕四周凹槽嵌缝示意图(尺寸单位:mm)

图12.3-14所示。

浇筑一体化设备时,为了保证尖轨轨尖到伸缩装置钢枕⑫枕中心间距为2300mm,也为了梁端伸缩装置滑动端随梁缝伸缩变化而变化,应分为两次浇筑,引桥调节器基本轨始端与梁端伸缩装置固定区锁定,主桥梁端伸缩装置滑动区属于可滑动状态,先浇筑引桥一侧,当混凝土达到初凝时,松掉引桥固定区基本轨和伸缩装置轨撑扣件,然后将主桥伸缩装置滑动区和调节器基本轨滑动区人为变成固定区,再浇筑主桥一侧的梁端伸缩装置和钢轨伸缩调节器,同样,当混凝土达到初凝时松开主桥滑动区轨撑扣件,避免道床随梁缝伸缩拉裂。

图12.3-13　梁端伸缩装置钢枕四周凹槽嵌缝示意图

图12.3-14　浇筑混凝土前密封包装施工图

12.3.5　养护维修关键技术研究

大跨径桥梁梁端伸缩装置与钢轨伸缩调节器因为需适应梁端区域复杂的空间变位,同时满足行车安全和平稳的要求,往往成为日常养护维修的关键部位。根据对既有上承式梁端伸缩装置的服役状态调研,钢枕歪斜、轨道几何状态不良等成为该类装置的典型病害,开展精细化的养护维修技术研究对保证装置的状态稳定、行车安全具有重要意义。

1)日常养护维修

日常养护维修工作有赖于现场的工务技术人员,为做到心中有数,工务技术人员应对照布置图,了解本调节器及梁端伸缩装置范围各区段的结构和功能。在鹅公岩轨道大桥大位移梁端伸缩装置与钢轨调节器的日常养护维修工作中应做到:

(1)伸缩装置①~④枕的钢轨及②~④枕纵梁锁定,⑤~⑫枕的钢轨及纵梁滑动自如,以及剪刀叉收缩自如。

(2)调节器保持尖轨锁定、基本轨可伸缩状态,防止尖轨爬行或基本轨异常伸缩。

(3)密贴和间隙检查应按照设计要求及《客运专线钢轨伸缩调节器》(TB/T 3401—2015)进行。

(4)每月检查调节器和梁端伸缩装置状态不少于1次,在高温和低温季节应加强检查。

(5)调节器尖轨或基本轨顶面出现飞边现象时,应及时打磨。

(6)调节器尖轨或基本轨轨头出现擦伤时,应及时修复和更换。

(7)每两个月按表12.3-4要求涂油一次;不得对尖轨轨撑贴合面和台板顶面进行涂油或使油污落入。

部件涂油位置及要求 表12.3-4

调节器区段		区段名称	轨枕编号	涂油说明
第Ⅰ区		区间锁定区	区间	同区间扣件要求
第Ⅱ区	第Ⅱ-1区	伸缩装置区	锁定区	①~④	两侧轨撑螺栓;垫板螺栓螺纹范围;剪刀叉销轴及螺母
	第Ⅱ-2区		可滑动区	⑤~⑫	两侧轨撑螺栓;轨撑与轨腰和轨底上表面接触面;剪刀叉销轴螺母;纵梁扣铁与纵梁滑动接触面(滑动顶面、侧面、底面);铁垫板螺栓螺纹范围
第Ⅲ区		基本轨可滑动区	1号~3号	两侧轨撑螺栓;轨撑与轨腰和轨底上表面接触面;弹性垫板螺栓螺纹范围
第Ⅳ区		尖轨密贴及基本轨可滑动区	4号~18号	两侧轨撑螺栓;基本轨撑与轨腰和轨底上表面接触面;尖基轨轨头密贴段;弹性垫板螺栓螺纹范围
第Ⅴ区		尖轨锁定区	19号~21号	两侧轨撑螺栓;弹性垫板螺栓螺纹范围;弹条螺栓
第Ⅵ区		区间锁定区	区间	同区间扣件要求

(8)按表12.3-5检查尖轨轨顶降低值,超出偏差允许值应及时修复。

调节器尖轨降低值、轨顶宽及允许偏差 表12.3-5

至尖轨尖端距离(mm)	尖轨顶宽(mm)	尖轨降低值(mm)	尖轨允许偏差(mm)
0	—	23	±1
448	—	16	
1558	5	10	
2489	—	5	±0.5
3554	15	3	
6044	40	0	

(9)日常清扫灰砂、清除污垢,保持各部件清洁。

2)服役状态监测体系

与大跨径公路桥梁比较,大跨径轨道交通桥梁需要保证梁端区域列车运行的安全性和平稳性,梁端伸缩装置服役状态直接影响到轨道线路几何状态,在监测体系设计时需要考虑针对主、引桥梁端变位,梁端伸缩装置工作状态和轨道几何状态的系统性监测。监测方案整体架构如图12.3-15所示。

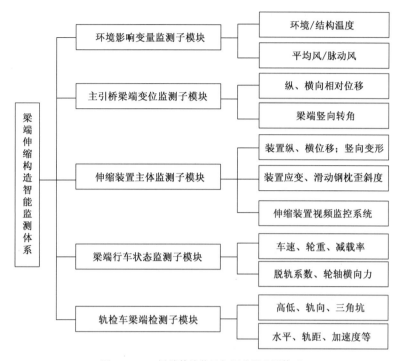

图 12.3-15　梁端伸缩装置与调节器监测体系

3）基于检测监测数据的梁端伸缩装置状态评定

《高速铁路桥隧建筑物修理规则》(TG/GW 114—2011)中明确指出针对梁端伸缩装置应进行状态检查和位移量观测的专项检查工作,根据伸缩装置的不同状态划分了不同的劣化等级,可以在实践中参考使用。针对位移量观测,除借助伸缩装置位移标尺查看位移实时状态以外,针对纵向累积位移、横向位移等关键指标的观测工作则需要借助专门的监测系统。在梁端伸缩装置的长期运营过程中,通过监测系统获取到的海量数据,还需要进一步通过统计分析得到统计特性值,进而对梁端伸缩装置的状态进行评定。本节以梁端纵向位移为例,基于现场采集的监测数据,提出梁端伸缩装置的状态评定方法。

考虑到小波变换(Wavelet Transform,WT)在信号时频分析和处理方面的强大功能,以及经验模态分解(EMD)的自适应性,采用经验小波变换(EWT)研究梁端纵向位移信号的时频特征。EWT 通过提取频域中的最极值点来自适应地分割傅立叶频谱,将信号分离成不同频域,然后在各自频域中构造自适应带通滤波器,在各频域构建正交小波函数并提取调幅调频(AM-FM)成分,该方法在信号全频域具有紧凑的支持傅立叶谱的特点。信号的 EWT 分解原理如下:

假设信号由 N 个 AM-FM 分量组成:

$$f(t)=\sum_{i=0}^{N-1}f_i(t) \tag{12.3-2}$$

将信号的傅立叶谱标准化到 $[0,\pi]$。对于所有分量,用 $N+1$ 个边界将信号的傅立叶频谱范围 $[0,\pi]$ 分成 N 个区间。去掉频谱的边界 0 和 π,需要确定 $N-1$ 边界。设 $[\omega_{n-1},\omega_n]$ 是

第 n 个区间 $(\omega_0=0,\omega_N=\pi)$ 的边界,$1\leq n\leq N-1$。频谱前 n 个最大值分别位于相应的第 n 个区间中。以每个 ω_n 为中心定义一个宽度为 $T_n=2\pi n$ 的过渡段。令 $\tau_n=\gamma\omega_n$,$\gamma=\min[(\omega_{n+1}-\omega_n)/(\omega_{n+1}+\omega_n)]_n$。在确定区间 $[\omega_{n-1},\omega_n]$ 的划分之后,构造经验小波并定义为每个区间上的带通滤波器。基于 Meyer 小波,经验小波函数和经验尺度函数定义如下:

$$\hat{\psi}_n(\omega)=\begin{cases}1,(1+\gamma)\omega_n\leq|\omega|\leq(1-\gamma)\omega_{n+1}\\ \cos\left\{\dfrac{\pi}{2}\beta\left\{\dfrac{1}{2\gamma\omega_{n+1}}[|\omega|-(1-\gamma)\omega_{n+1}]\right\}\right\},(1-\gamma)\omega_{n+1}\leq|\omega|\leq(1+\gamma)\omega_{n+1}\\ \sin\left\{\dfrac{\pi}{2}\beta\left\{\dfrac{1}{2\gamma\omega_n}[|\omega|-(1-\gamma)\omega_n]\right\}\right\},(1-\gamma)\omega_n\leq|\omega|\leq(1+\gamma)\omega_n\\ 0,\text{other}\end{cases}$$

(12.3-3)

$$\hat{\phi}_n(\omega)=\begin{cases}1,|\omega|\leq(1-\gamma)\omega_n\\ \cos\left\{\dfrac{\pi}{2}\beta\left\{\dfrac{1}{2\gamma\omega_n}[|\omega|-(1-\gamma)\omega_n]\right\}\right\},(1-\gamma)\omega_n\leq|\omega|\leq(1+\gamma)\omega_n\\ 0,\text{other}\end{cases}$$

(12.3-4)

式中:$\beta(x)$——任意多项式平滑函数,x 的定义域为 $[0,1]$;

$\hat{\phi}$——傅立叶变换。

参照经典小波变换的构造方法,经验小波变换的细节系数 $W_f^e(n,t)$ 和近似系数 $W_f^e(0,t)$ 可由内积计算为:

$$W_f^e(n,t)=\langle f,\psi_n\rangle=\int f(\tau)\overline{\psi_n(\tau-t)}d\tau=\left[f(\omega)\overline{\hat{\psi}_n(\omega)}\right]^{\vee} \quad (12.3\text{-}5)$$

$$W_f^e(0,t)=\langle f,\phi_1\rangle=\int f(\tau)\overline{\phi_1(\tau-t)}d\tau=\left[f(\omega)\overline{\hat{\phi}_1(\omega)}\right]^{\vee} \quad (12.3\text{-}6)$$

式中:$\phi(\tau-t)$——共轭复数;

$\hat{\phi}$——拟傅立叶变换;

$\langle f,\phi\rangle$——内积。

因此,信号 $f(t)$ 的重构可以表示为:

$$f(t)=W_f^e(0,t)^*\phi_1(t)+\sum_{n=1}^N W_f^e(n,t)^*\psi_n(t)=\left[\hat{W}_f^e(0,\omega)\phi_1(\omega)+\sum_{n=1}^N W_f^e(n,\omega)\psi_n(\omega)\right]^{\vee}$$

(12.3-7)

式中:W_f^{e*}——卷积。

然后,由 EWT 分解的 AM-FM 分量 $f_i(t)$ 可以表示为:

$$f_0(t)=W_f^e(0,t)^*\phi_1(t) \quad (12.3\text{-}8)$$

$$f_k(t)=W_f^e(k,t)^*\psi_k(t),k=1,2,3,\cdots,N-1 \quad (12.3\text{-}9)$$

使用经验小波变换,通过开展梁端纵向位移响应的时频分析可以得到其与温度之间的关系。以某座跨长江的高速铁路大跨径钢拱桥为例,通过分析环境温度变化、纵向伸缩位移的统计时频特性,建立基于统计的梁端伸缩装置的状态评定方法。图 12.3-16 给出了 2017 年某天的大气温度趋势及其在一天内的功率谱密度,从图中可见,当日大气温度数据的主要频率小于0.0015Hz。

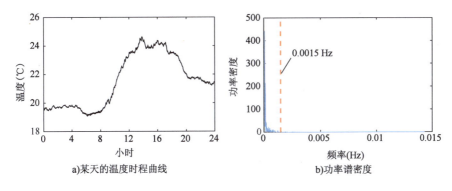

图 12.3-16　单日大气温度与频谱

进一步给出该桥梁端伸缩装置某日纵向位移的 EWT 分解结果,如图 12.3-17 所示。EWT 分解频率边界为[0,0.0015],[0.0015,0.0416],[0.0416,0.0751],[0.0751,0.1014],[0.0751,0.5]。分析可知,伸缩装置的纵向位移趋势低频成分与大气温度趋势存在一定的相关性,伸缩位移从 10h 开始出现比较明显的变化,直至 14h,在此期间正是温度变化率最大的时段,但伸缩装置纵向位移趋势的低频成分与大气温度趋势并不完全一致,大气温度从 8h 开始明显上升,这反映了伸缩装置纵向位移响应对温度的滞后效应。进一步分析图 12.3-17,伸缩装置纵向位移的第一个分解成分主要是环境温度引起;第二、三、四和五分解部分是主桥和引桥(第五个分解成分包括白噪声)温度响应的高频部分,当环境温度急剧变化时,主桥响应和引桥叠加,桥梁响应会产生明显的较高频部分。结合支座的监测结果可知,伸缩装置纵向位移对温度变化的敏感性比支座更高,由于本桥为纵向固定体系,同时在整个列车运营时间(6~24h)内不存在明显非平稳波动,过桥列车对伸缩装置的纵向位移没有明显影响。伸缩装置纵向位移信号的白噪声小于 0.03mm。

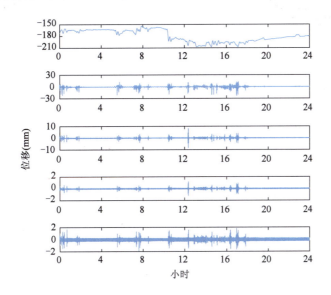

图 12.3-17　梁端伸缩装置纵向位移信号经验小波变换分解结果

在得到梁端伸缩装置纵向位移的时频特征后,进一步分析梁端纵向位移的长期特征。给出某年6月至12月大桥支座与伸缩缝的纵向位移趋势,如图12.3-18所示。从图中可见,伸缩装置的纵向位移变化量与支座的纵向位移变化量处于同一量级。进一步给出7个月内的梁端支座和伸缩装置纵向位移与大气温度之间的长期相关性,如图12.3-19所示。从图中可见,支座和伸缩装置的纵向位移与大气温度存在明显的线性相关性。由于该桥梁端伸缩装置的设计伸缩量为±600mm(2根滑动轨枕),因此伸缩装置在日常运营过程中的纵向位移量并未超限,如在日后的监测过程中发现超限,则可以根据劣化评定标准进行分级。通过建立伸缩位移与温度之间的相关关系,可以实现对纵向伸缩位移安全性和合理性的评价。

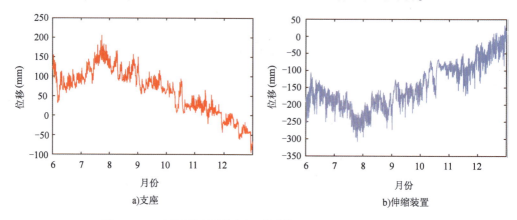

图12.3-18　大桥上海侧梁端支座和伸缩装置的纵向位移长期时程曲线

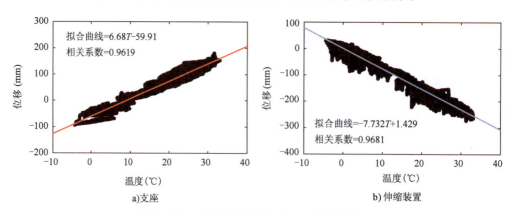

图12.3-19　上海侧梁端纵向位移与大气温度相关性

注:图中T代表2次抛物线。

根据国内外相关规范标准,梁缝两侧主引桥之间轨道相对横向偏移不应大于1mm,或主引桥间的横向折角应在0.1%~0.25%,轨道的横向偏移可以作为梁端行车安全性的评价指标。图12.3-20给出了在-1mm固定端相对横向位移作用下钢轨横向偏移的几何线形。轨道在2000mm的纵向距离内偏移量约1mm,相应的横向折角为0.05%。考虑到客专列车单节长度为25m,则列车以高速通过存在横向折角的梁端时,横向折角将会对通过的列车车轮产生冲击,过桥高速列车的横向稳定性将被削弱,这一问题已在前述考虑伸缩构造的车桥耦合动力分析中得到确认。某高速铁路钢桁拱桥在开展健康监测系统的升级改造过程中,将梁端区域监测作为模块之一加入监控监测系统,通过对主桥钢梁梁端横向偏移的监测,发现因为温度荷载引起的钢梁横向变形对伸缩装置的剪刀叉弯曲变形和轨道几何形态存在影响,因此,在大跨径铁路钢桥日常维护时,应将梁端横向位移及由此引起的钢轨横向偏移作为一个重要的观测指标。

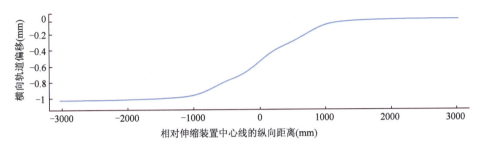

图12.3-20　-1mm 固定端相对横向位移作用下横向钢轨偏移的几何线形

假设 Z 是轨道横向挠度的离散数据向量,则 Z 的元素小于 αr 的概率(累积分布函数,CDF值)可表示为:

$$P = P(Z \leq \alpha r) = \int_{-\infty}^{\alpha r} f_Z(Z) \mathrm{d}Z \tag{12.3-10}$$

式中:$f_Z(Z)$——Z 的概率密度函数 PDF,对概率密度函数 PDF 积分可以得到对应的累积分布函数 CDF;

　　　r——规范或工程经验确定的伸缩装置处轨道横向偏移限值;

　　　α——用于监测或巡检预警的统计冗余度。

以下承式梁端伸缩装置的导轨横向偏移为研究对象。图 12.3-21 给出了导轨横向偏移的 PDF 和 CDF 核估计。αr 在概率为 99.995% 的值为 0.6,如图 12.3-21b)所示。关于列车行车稳定的伸缩装置横向钢轨偏移的限值(r)为 1mm,建议用于预警的统计冗余度 α 可设为 0.6。如果基于实时监测数据计算出的横向钢轨偏移超过 0.6mm,则可将伸缩装置状态划归为 A1级,通过进一步的监测和判断,确定具体的整治或临时加固措施等。随着运营时间的延长,监测数据的不断积累,对应钢轨横向偏移的概率密度函数和累积分布函数都会出现变化,对应图中曲线的变化,根据相应的标准,可对伸缩装置的服役状态进行评定。鹅公岩轨道大桥梁端伸缩装置的横向位移可以根据此思路给出相应的服役状态评定标准建议。

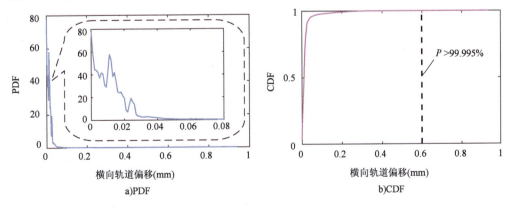

图 12.3-21　伸缩装置横向轨道偏移的长期统计数据核估计

12.4 研究结论

通过开展鹅公岩轨道大桥大位移梁端伸缩装置与钢轨伸缩调节器的一体化研究,得出以下结论:

(1)系统总结了国内外轨道交通桥梁大位移梁端伸缩装置与钢轨伸缩调节器的最新发展,分析了三类代表性伸缩装置的结构特点,对比结果表明滑动轨枕式梁端伸缩装置中的上承式类型结构更为简单,且实现了与钢轨伸缩调节器的一体化,是一种形式较优的梁端伸缩装置结构形式。

(2)根据鹅公岩轨道大桥关于调节器与伸缩装置设计伸缩量为 -600~+800mm 的情况,提出采用上承式梁端伸缩装置与钢轨伸缩调节器一体化的设计思路。采用单向钢轨伸缩调节器,尖轨锁定、基本轨伸缩。针对小里程侧平曲线区段,基本轨加长并跨过梁缝(包括梁端伸缩装置)布置,调节器全长为22180mm,避免焊接接头随基本轨伸缩而前后移动;尖轨位于主桥,尖轨尖端朝向引桥。对调节器的具体设计细节进行了明确。

(3)平曲线区段上承式梁端伸缩装置采用上承式"4-3-5"结构,共12根钢枕,其中中间3根(即⑤⑥⑦枕)钢枕为悬空钢枕,其余为埋入式钢枕。上承式梁端伸缩装置与钢轨伸缩调节器为一体化设计,伸缩区采用可滑动+大阻力扣件。剪刀叉同时位于线路上方,适应在最小和最大拉开状态时的钢轨扣件支承间距相等,且满足要求。考虑到纵梁悬臂端过大可能在列车通过时引起高频振动,专门设置了纵梁防跳装置。

(4)上承式梁端伸缩装置的足尺模型试验结果表明,梁端伸缩装置可以同时满足纵向伸缩阻力、竖向刚度、抗疲劳性能等系列要求,鹅公岩轨道大桥上承式梁端伸缩装置在未安装配套扣件及走行轨的条件下,实测的整体纵向伸缩阻力为7.8kN,安装配套扣件及走行轨后,对应的整体纵向伸缩阻力实测值为11.9kN,明显小于标准中规定的18kN和30kN的限值要求,说明装置整体纵向伸缩阻力较小。

考虑伸缩装置拉伸至最长状态,也即800mm+800mm的状态,20t轴重作用于钢轨时产生的伸缩装置整体受力和变形情况为:纵梁跨中挠度为0.69mm,底面应力为15.7MPa,顶面应力为14.5MPa。活动钢枕挠度为0.92mm,底面应力为10MPa,顶面应力为7.2MPa,钢轨跨中挠度为1.69mm。伸缩装置的应力水平很低,且装置的竖向挠度变形可以满足竖向刚度要求。

300万次疲劳试验结果表明,各部件无损坏,无塑性变形;各部螺栓中,剪刀叉、扣铁、连接板螺栓扭矩不变,扣铁铁垫板螺栓部分扭矩减小12%,因此铺设后应对走行轨扣件铁垫板螺栓加强复拧。

(5)建立了平曲线区梁端伸缩装置与钢轨伸缩调节器的一体化、高精度铺设技术。从导线点和测量控制网施工、大跨径轨道专用自锚式悬索桥的轨道线形调整、平曲线区梁端伸缩装置与调节器的铺设技术(含粗调和精调)等几个方面对施工技术进行了总结,可以作为在平曲线区桥梁铺设上承式梁端伸缩装置与钢轨伸缩调节器的施工技术参考。

(6)从日常养护维修、服役状态监测体系、基于检测监测数据的梁端伸缩装置状态评定三方面,介绍了大位移梁端伸缩装置的养护维修关键技术。这方面的研究应结合结构自身特点,做到状态的定量评价和精细化管养。以其他桥梁为背景建立的基于检测监测数据的梁端伸缩装置状态评定方法,可适用于鹅公岩轨道大桥,需进一步结合大桥健康监测系统,构建针对梁端区域的健康监测子模块,通过监测数据的持续采集和分析,实现对伸缩装置与调节器的状态合理评价,同时指导养修。

(7)轨道交通自锚式悬索桥属于全新的结构体系,平曲线区大位移梁端伸缩装置与钢轨伸缩调节器也没有现成的经验可供参考。铁科院大位移梁端伸缩装置与钢轨伸缩调节器研发团队成功设计并指导铺设了这套装置,自2019年年底开通运行以来,梁端区域的轨道几何状态和行车性能良好。建议后期重点关注梁端变位的特征,同时通过实测和理论分析研究梁端变位对轨道几何状态的影响以及行车安全的影响。

参 考 文 献

[1] Zhang WM, Ge YJ. Nonlinear aerostatic stability analysis of new suspension bridgeswith multiple main spans[J]. The Brazilian Society of Mech. Sci. Eng, 2013,35:143-151.
[2] Xu F. Y, Chen A. R., Zhang Z. Aerostatic wind effects on the Su Tong Bridge[C]. Proceedings of ISDEA 2013. IEEE. Piscataway. USA,2013.
[3] Wang X. Y, Xiong R. Study on wind resistance strategy and stability calculation of a single-span suspension bridge[J]. Appl. Mech. Mat,2011,90-93:1082-1086.
[4] 胡晓伦. 大跨径斜拉桥颤振抖振响应及静风稳定性分析[D]. 上海:同济大学,2006.
[5] 埃米尔·希缪,罗伯特·H·斯坎伦. 风对结构的作用—风工程导论[M]. 刘尚培,项海帆,谢霁明,译. 上海:同济大学出版社,1987.
[6] 项海帆,葛耀君,朱乐东,等. 现代桥梁抗风理论与实践[M]. 北京:人民交通出版社,2005.
[7] 杨泳昕,葛耀君,项海帆. 大跨径桥梁典型断面颤振机理[J]. 同济大学学报(自然科学版),2006,34(4):455-460.
[8] 郭震山. 桥梁断面气动导数识别的三自由度强迫振动法[D]. 上海:同济大学,2006.
[9] 张志田,葛耀君,陈政清. 基于气动新模型的大跨径桥梁频域抖振分析[J]. 工程力学,2006,23(6):94-101.
[10] Xu Y L,Sun D K,Ko J M,Lin J H. Fully coupled buffeting analysis of Tsing Ma bridge[J]. Wind Engineering and Industrial Aerodynamics,2000,85:97-117.
[11] 刘春华,项海帆,顾明. 大跨径桥梁抖振响应的空间非线性时程分析法[J]. 同济大学学报,1996,24(4):380-386.
[12] 刘春华. 大跨径桥梁抖振响应的非线性时程分析[D]. 上海:同济大学,1995.
[13] 廖海黎. 大跨悬索桥风致振动研究[D]. 成都:西南交通大学,1996.
[14] 刘高,王秀伟,强士中,等. 大跨径悬索桥颤振分析的能量方法[J]. 中国公路学报,2000,13(3):20-24.
[15] 郭薇薇. 风荷载作用下大跨径桥梁的动力响应及行车安全性分析[D]. 北京:北京交通大学,2004.
[16] 胡建华,沈锐利,张贵明,等. 佛山平胜大桥全桥模型试验研究[J]. 土木工程学报,2007,(05):17-25.
[17] 朱建甫. 自锚式悬索桥吊索安装施工控制研究[D]. 西南交通大学,2008.
[18] 檀永刚,张哲,严伟飞. 自锚式悬索桥施工控制中的力学特性[J]. 公路交通科技,2006,(06):92-94.
[19] 邢智. 自锚式悬索桥吊索张拉过程优化分析[D]. 长安大学,2009.
[20] 宋旭明,戴公连,方淑君. 三汊矶湘江大桥整体模型试验[J]. 中国公路学报,2009,(01):53-59.

[21] 李传习,柯红军,刘建,等.平胜大桥体系转换施工控制的关键技术[J].土木工程学报,2008,(04):49-54.

[22] 李传习,柯红军,杨武,等.黄河桃花峪自锚式悬索桥体系转换方案的比较研究[J].土木工程学报,2014,09:120-127.

[23] 邱文亮,张哲.自锚式悬索桥施工中吊索张拉方法研究[J].大连理工大学学报,2007,(04):552-556.

[24] 乔朋,狄谨.混凝土自锚式悬索桥吊索张拉优化研究[J].世界桥梁,2014,(02):42-46.

[25] 牛登辉,周志祥,吴海军,等.自锚式悬索桥体系转换过程的无应力状态控制法[J].重庆交通大学学报(自然科学版),2014,(01):21-24.

[26] 松浦章夫.高速铁路运行车辆与桥析结构的相互作用[R].铁道技术研究资料,1974,31(5):14-17.

[27] 王庆波,高速铁路连续梁桥动力响应分析[J].北方交通大学学报,1997,21(4):399-404.

[28] 曹雪琴.列车通过时桥梁结构竖向振动分析[J].上海铁道学院学报,1981,2(3):1-15.

[29] 陈英俊.桥上列车在地震作用下的运行安全性[C].中国土木工程学会第9届年会,2000:174-177.

[30] 曾庆元,田志奇,杨毅,等.桁梁行车空间振动计算的析段有限元法[J].桥梁建设,1985,4:1-16.

[31] 曾庆元,杨毅,骆宁安,等.列车-桥梁时变系统的横向振动分析[J].铁道学报,1991,13(2):38-46.

[32] Xia H, Zhang N, Cao Y M. Experimental study of train-induced vibrations of environments and buildings[J]. Journal of Sound and Vibration,2005,280(3):1017-1029.

[33] Xia H, Zhang N. Dynamic analysis of railway bridge under high-speed trains[J]. Computers&Structures,2005,83(23):1891-1901.

[34] 李奇.车辆-桥梁/轨道系统耦合振动精细分析理论及应用[D].上海:同济大学,2008.

[35] 李奇,吴定俊,邵长宇.考虑车体柔性的车桥耦合系统建模与分析方法[J].振动工程学报,2011,24(1):41-47.

[36] 李奇.车辆-桥梁/轨道系统耦合振动精细分析理论及应用[D].上海:同济大学,2008.

[37] 李奇,吴定俊,邵长宇.考虑车体柔性的车桥耦合系统建模与分析方法[J].振动工程学报,2011,24(1):41-47.

[38] 翟婉明.车辆-轨道耦合动力学[M].2版.北京:中国铁道出版社,2002.

索 引

C
车-桥耦合振动　train-bridge coupled vibration ··· 2
船撞　vessel collision ·· 3

D
顶推施工　incremental launching construction ··· 145
动力性能　dynamic performance ··· 19
多尺度模型　multi-scale model ··· 5

E
二类稳定　second-class stability ·· 5
风-车-桥耦合振动　wind-vehicle-bridge coupling vibration ··························· 2

G
钢轨伸缩调节器　rail expansion joint ·· 4
钢混结合段　steel-concrete composite section ··· 6

J
技术标准　technical standard ·· 3
结构变形　structural deformation ·· 19
局部稳定　local stability ·· 3

K
抗风性能　wind resistance performance ·· 4
抗震性能　seismic performance ·· 195

M
模型试验　model test ··· 6

N
耐久性　durability ··· 7

P
疲劳分析　fatigue analysis ··· 4

S
设计准则　design criteria ··· 4
伸缩装置　displacement expansion device ··· 4
数值模拟　numerical simulation ·· 27
斯佩林指标　Sperlin indicator ·· 4

T
体系转换　system transformation ·· 3

脱轨系数　derailment coefficient ·· 4

X

先斜拉后悬索　cable stayed first and then suspended ·· 2

Z

整体稳定 overall stability ·· 3
正交异性钢桥面板　orthotropic steel bridge deck ··· 4
主缆锚固段　cable anchorage section ··· 4

鸣谢 Mingxie

"重庆鹅公岩轨道大桥大跨径自锚式悬索桥建造关键技术丛书"由重庆市轨道交通(集团)有限公司和中国铁建投资集团有限公司牵头负责编撰,众多单位参与了丛书部分内容的编写或提供相关资料,在此一并表示感谢!同时感谢编审委员会和编写委员会各位同仁的辛勤付出!

1. 参与丛书编撰的单位有(排名不分先后):
上海市政工程设计研究总院(集团)有限公司
林同棪国际工程咨询(中国)有限公司
中国铁建大桥工程局集团有限公司
中铁十五局集团路桥建设有限公司
重庆交通大学
中铁建重庆轨道环线建设有限公司
重庆育才工程咨询监理有限公司
铁科院(北京)工程咨询有限公司
上海市隧道工程轨道交通设计研究院

2. 提供相关资料的单位有(排名不分先后):
重庆市住房和城乡建设委员会
重庆大学
上海交通大学
同济大学
西南交通大学
中南大学
武汉工程大学
重庆市勘测院
招商局重庆交通科研设计院有限公司